O HOMEM QUE VIVIA COM LOBOS

SHAUN ELLIS

O HOMEM QUE VIVIA COM LOBOS

SHAUN ELLIS

1ª edição

Tradução de
ALEXANDRE MARTINS

EDITORA RECORD
RIO DE JANEIRO • SÃO PAULO
2015

CIP-BRASIL. CATALOGAÇÃO NA FONTE
SINDICATO NACIONAL DOS EDITORES DE LIVROS, RJ

E43h

Ellis, Shaun
O homem que vivia com lobos / Shaun Ellis; tradução de Alexandre Martins.
– 1. ed. – Rio de Janeiro: Record, 2015.
il.

Tradução de: The man who lives with wolves
Inclui índice
ISBN 978-85-01-09109-3

1. Ellis, Shaun. 2. Homens – Inglaterra – Biografia. 3. Relação homem-animal.
I. Título.

15-22472

CDD: 920.71
CDU: 929-055.1

Texto revisado segundo o novo Acordo Ortográfico da Língua Portuguesa.

Título original em inglês:
THE MAN WHO LIVES WITH WOLVES

Direitos exclusivos de publicação em língua portuguesa para o Brasil adquiridos pela
EDITORA RECORD LTDA.
Rua Argentina, 171 – 20921-380 – Rio de Janeiro, RJ – Tel.: 2585-2000,
que se reserva a propriedade literária desta tradução.

Impresso no Brasil

ISBN 978-85-01-09109-3

EDITORA AFILIADA

Seja um leitor preferencial Record.
Cadastre-se e receba informações sobre nossos lançamentos e nossas promoções.

Atendimento direto ao leitor:
mdireto@record.com.br ou (21) 2585-2002.

Gostaria de dedicar este livro à memória de meu avô, Gordon Ellis. Obrigado, Velho, por seu ensinamento paciente. Sua sabedoria e seu conhecimento estão comigo aonde quer que eu vá. Certa vez o povo Nez Percé do meu irmão Levi me disse que as pessoas só morrem se você as esquece. Você estará para sempre em meus pensamentos.

Sumário

Nota do autor

Quando você está vivendo com lobos só o que importa é permanecer vivo e proteger a alcateia; dias se transformam em semanas, semanas em anos. O tempo como nós o conhecemos não tem relevância, e quero me desculpar antecipadamente caso seja um pouco confuso em relação a datas e momentos. Nunca mantive um diário, nunca fui de escrever cartas e nunca me aferrei a nada. Passei grande parte da vida com apenas uma mochila, de modo que tenho muito poucos bens de qualquer tipo. Portanto, há muito pouco para me lembrar de quando os vários acontecimentos da minha vida realmente se deram. Se atribuí algo ao ano errado, por favor, dê um desconto. Dos acontecimentos propriamente ditos eu me lembro como se fosse ontem.

Nota do autor

[illegible]

PREFÁCIO

Tocando um nervo

Eu estava ajudando em um centro de vida selvagem em Hertfordshire, um dos condados da região metropolitana norte de Londres. Um homem apareceu do lado de fora do cercado dos lobos certo dia empurrando uma criança em uma cadeira de rodas antiquada que parecia quase vitoriana, com uma grande bandeja retangular na frente. Fiquei imediatamente chocado com o quanto ela parecia deslocada. Ele me disse que ele e o filho, que devia ter 13 ou 14 anos de idade e, percebi em um relance, tinha uma grave deficiência, haviam dirigido desde a Escócia, uma distância de cerca de 800 quilômetros. Havia escutado que nós permitíamos que o público interagisse com os lobos, e queria que o filho conhecesse um.

Fiquei surpreso que aquele homem houvesse viajado tanto para mostrar um lobo ao filho. A criança não parecia poder ganhar alguma coisa com o encontro. Estava sentada imóvel, silenciosa, olhando para nada, e duvidei até mesmo que conseguisse afagar o pelo do animal. Eu normalmente adorava essa parte do trabalho. As crianças chegavam com muitos preconceitos. Pulavam para trás e gritavam quando o lobo se aproximava, convencidas por todas as histórias que haviam lido e os desenhos animados a que assistiram de que os lobos eram criaturas maliciosas e maldosas que comiam vovozinhas, sopravam as casas de porquinhos e abriam a garganta de garotinhas. Eu crescera exatamente com o mesmo terror. Precisara de muitos anos para descobrir que na realidade os lobos são animais tímidos e inteligentes com uma estrutura social muito sofisticada cuja reputação de sanguinários não é merecida. Eu não achava nada mais gratificante do que ver crianças tocando os lobos e escutando o que tinha a dizer a elas sobre esses animais, e ver desaparecerem seu preconceito e ignorância.

Eu tinha uma postura quase evangélica em relação a isso. Pensava que se as crianças pudessem sentir seu pelo e olhá-los nos olhos poderiam ter suas próprias opiniões sobre eles, de modo que com o tempo as futuras gerações talvez estejam prontas a devolver aos lobos o lugar no mundo a que têm direito.

Houve um tempo em que lobos e homens viveram juntos, cada um respeitando e se beneficiando do modo de vida do outro. Infelizmente, esse tempo passou, e acredito que somos mais pobres por isso. O equilíbrio natural que eles estabeleciam na natureza foi rompido, e várias espécies, incluindo a nossa, seguiram sem controle e ficaram doentes — no mais verdadeiro sentido da palavra.

Isso pode parecer um pouco ingênuo, mas acredito que, além de curar o mundo natural e restabelecer seu equilíbrio, a sociedade humana poderia se beneficiar de ter os lobos mais uma vez percorrendo as florestas. Poderíamos aprender muito com a lealdade que eles demonstram para com membros da família, com o modo como cuidam dos seus e as circunstâncias nas quais usam seu considerável arsenal para matar. O mundo ainda não está pronto para isso, mas gosto de pensar que de alguma forma modesta meu trabalho dos últimos vinte anos pode ter iniciado o processo.

Sempre que eu apresentava uma criança aos lobos era vital que ela não ficasse assustada. Eu tinha de estudar suas reações cuidadosamente, de modo a que não causasse mais mal do que bem com o exercício.

Aquele garoto não falava. Sua deficiência claramente era mental além de física, e eu achava que ele podia ser autista. Vi imediatamente que haveria problemas, e perguntei ao pai, com o maior tato possível, se a criança seria capaz de indicar quando não quisesse mais ficar perto do lobo, explicando o quão isso era importante. "Ele não será capaz", disse o homem secamente. "Ele nunca falou e nunca reagiu de modo algum a nada. E nunca expressou uma emoção na vida."

O bom senso gritava comigo para que eu dissesse ao homem para dar meia-volta e levar seu pobre filho de volta para a Escócia, mas, por razões que não sei explicar e algumas poucas que sei, concordei em ir em frente.

Havia no cercado um lobo jovem chamado Zarnesti, que nos primeiros meses de vida havia tido muito contato com humanos e, portanto, era perfeito para ser apresentado a crianças. A mãe pisara e rolara sobre ele pouco depois do nascimento, quebrando sua mandíbula. Como resultado ele havia sido criado por humanos e não ficava tão nervoso perto deles quanto a maioria dos lobos. Eu o adorava; ele tinha uma personalidade maravilhosa, mas parecia um pouco com o Pateta, o cão dos desenhos do Mickey.

Duvidando da minha sanidade, eu fui para o cercado e saí carregando Zarnesti. Ele tinha então cerca de três meses de idade, era do tamanho de um *spaniel* e uma bola agitada de energia. Eu me esforçava para contê-lo; ele estava quase saltando dos meus braços quando o coloquei sobre a bandeja daquela cadeira de rodas antiquada, diante do garoto. Segurei o filhote com força pelos dois lados, mas aconteceu uma coisa milagrosa. No momento em que Zarnesti viu a criança, ficou imóvel. Olhou nos olhos do garoto, e eles ficaram se encarando. Então o filhote se sentou sobre as pernas de trás, com as da frente esticadas. Soltei uma das mãos e logo me dei conta de que também poderia soltar a outra. Após alguns momentos, ainda olhando em seus olhos, o filhote avançou e começou a lamber o rosto do menino. Eu me estiquei para detê-lo, em pânico de que Zarnesti mordesse a boca do menino com seus dentes afiados como agulhas, que é o que filhotes fazem com lobos adultos quando querem que regurgitem comida. Mas Zarnesti não mordiscou; apenas lambeu, muito suavemente.

A cena foi eletrizante. Enquanto olhava para o garoto, vi uma única lágrima brotar no olho direito, depois escorrer lentamente pela face. Imaginando que aquilo nunca havia acontecido antes, eu me virei para o pai. Aquele escocês grande, forte e experimentado estava de pé, vendo o que se desenrolava diante dele, com lágrimas lhe correndo pela face. Em questão de segundos o filhote de lobo chegara ao menino de um modo que nenhum humano havia conseguido fazer em quatorze anos.

1

Um relacionamento especial

Era de manhã cedo. Eu havia me arrastado para fora da cama, como costumava fazer quando criança, e saído para o celeiro onde os cachorros da fazenda dormiam, para me enroscar com eles — algo para o que meus avós gentis fechavam os olhos. Eu era um solitário; os cachorros eram meus melhores amigos e o mais parecido que tinha com irmãos. Acordei e encontrei o mais velho dos cachorros de pé acima de mim, a cabeça virada para a porta. Quando me mexi ele se virou para mim e ergueu uma sobrancelha. Imediatamente soube que havia alguma coisa errada. Ele tinha a boca aberta e pingava saliva da língua. Os cachorros mais novos estavam deitados enroscados ao meu lado, que era onde Bess, o mais velho, também deveria estar. Ouvi um grande tumulto no pátio do lado de fora, e meu avô chamava meu nome. Eu não poderia ter mais de seis ou sete anos, mas foi uma lembrança marcante, e, embora não tivesse noção disso na época, o começo de uma jornada muito longa para mim.

Bess havia mordido um dos funcionários da fazenda, cujo braço estava grosseiramente enrolado em um lenço, com pontos de sangue manchando o tecido fino. Ele se queixava com irritação. Havia ido ao celeiro para pegar uma motosserra que estava em uma prateleira acima da minha cabeça e, sem avisar, o cachorro, que o conhecia bem, o atacou. Bess não era um cachorro agressivo; passara a vida inteira na fazenda, e nunca antes havia atacado. O homem estava muito indignado, mas meu avô, um homem sábio e maravilhoso que não era dado a histeria, logo conseguiu acalmar a situação. Ele havia passado a vida inteira no interior com animais, como seu pai antes dele, e soube imediatamente o que havia acontecido. Minha ligação com os cachorros da fazenda havia se tornado tão forte que Bess, o cachorro mais velho e dominante, passara a me ver como parte da matilha e um membro mais jovem dela. Quando o funcionário apareceu no celeiro, acordando Bess e provavelmente os outros cachorros, Bess achou que eu estava em perigo e me protegeu na única forma que conhecia, a forma como seus parentes selvagens teriam protegido os mais novos.

Meu avô decidiu que no interesse da segurança era hora de acabar com minhas incursões noturnas ao celeiro, mas reconheceu que os cachorros desempenhavam um papel tão importante no meu bem-estar que eu deveria poder ter o meu próprio, que poderia dormir comigo dentro de casa.

A cadela de um fazendeiro vizinho havia tido filhotes, e pouco depois desse incidente meu avô me levou para escolher um da ninhada. Na época nós não tínhamos carro; meus avós eram pessoas simples que viviam com dificuldade. Muito do que comíamos vinha da floresta. Atirávamos em coelhos, lebres, pombos e faisões, mas sempre fui ensinado a caçar com moderação, respeitar a natureza e nunca abater mais do que precisávamos ou mais do que a população podia sustentar. Sempre que caçava algo, tinha de abrir o animal bem longe para retirar as entranhas e jogá-las no limite da floresta para que as outras criaturas comessem. Eu não tinha problema em matar ou esfolar coelhos e lebres para prepará-los para a panela. Vida e morte faziam parte do mundo natural, e na fazenda nós éramos parte integrante dele.

Embora o fazendeiro com os filhotes fosse um vizinho, a definição de *vizinho* em nosso mundo era alguém que vivia a um dia de caminhada, então partimos logo depois de um café da manhã cedo, quando mal havia clareado. Era uma manhã fria; eu podia ver minha respiração no ar gelado, e usava um casaco quente e botas. Levava no ombro uma bolsa de caçador com chá frio e grossos sanduíches de queijo que minha avó fizera para nós. Eu estava acostumado a longas caminhadas — com frequência acompanhava meu avô quando ele ia prestar respeito ou fazer negócios com fazendeiros vizinhos — e gostava do tempo passado sozinho com ele. Não havia ao redor da fazenda outras crianças com quem brincar, nada de televisão, videogames ou qualquer das outras coisas que divertem as crianças hoje em dia. Estávamos a quilômetros de tudo; éramos apenas eu e meus avós, os cachorros e os animais da fazenda. Ocasionalmente — ou era o que me parecia — minha mãe vinha, mas isso era raro, e meu pai nunca era mencionado.

Mas eu não era infeliz. Adorava meus avós, e nunca pensei por um momento que estava perdendo algo. Meu avô e eu levávamos os cachorros conosco nas nossas caminhadas, e nunca demorava muito para ele parar e apontar algo interessante. Podia ser um ninho abandonado nos limites da floresta — e ele me contaria tudo sobre os pássaros que o haviam ocupado, quantos filhotes teriam tido e até onde seu território se estendia. Ele desmontaria o ninho para que eu pudesse ver a habilidade com que havia sido construído. Ele identificaria um ovo de pássaro quebrado no chão e explicaria como chegara até ali, talvez roubado do ninho por um predador; ou apanharia uma bola de fezes de coruja depositada em um batente de portão de madeira e a partiria, expondo os pequenos fragmentos de osso, tudo o que restara dos roedores que a grande ave de rapina havia comido durante a noite.

Ele podia me mandar fechar os olhos e dizer o que conseguia ouvir; até fechar os olhos eu achava que estava silencioso, e de repente havia um barulho ensurdecedor — pássaros cantando e conversando, insetos esfregando as pernas, pequenos mamíferos correndo, até mesmo ovelhas balindo a distância ou uma vaca tossindo a três campos dali — muitos sons e cantos diferentes. Ou investigaríamos uma toca de coelho em busca de sinais de movimentação e identificaríamos as pegadas deixadas por cervos ou outros animais nas trilhas enlameadas. Ele transformava cada saída em uma aventura, tornava toda descoberta excitante. Eu adorava ouvi-lo falar, escutando quando explicava, com seu forte sotaque de Norfolk, quais pássaros preferiam quais frutas, ou por que raposas matavam mais do que podiam comer ou levar embora; e algumas vezes, quando eu pedia, ele falava sobre si mesmo e sua infância, e como a vida havia sido diferente quando tinha minha idade, quando não havia conveniências modernas como refrigeradores, tratores ou eletricidade; quando eles colhiam com foices e ordenhavam as vacas à mão.

Quando chegávamos ao nosso destino, nunca me levava para dentro ao entrar. Ele me deixava esperando com os cachorros a pouca distância, enquanto ia ver quem houvesse ido visitar. Algumas vezes decorriam várias horas enquanto ele e o amigo dividiam uma ou duas garrafas de cerveja preta forte, mas eu havia sido ensinado a esperar pacientemente. Nunca teria passado pela minha cabeça me queixar; eu adorava aquele homem e nunca questionei sua autoridade, desfrutando apenas de sua aprovação. Ademais, eu sabia que não importava quanto tempo ficasse longe, ele sempre voltava. Aparecia de repente, dizendo: "Então vamos, garoto", e eu colocava minha mão em sua manopla grossa. Voltávamos sobre nossos passos e encontrávamos coisas novas para ver e falar a caminho de casa.

Um dia fizemos uma viagem dessas para escolher meu filhote. Meu avô e o fazendeiro se cumprimentaram calorosamente, como amigos que não se viam havia muito tempo, e desapareceram juntos em um celeiro, onde mãe e filhotes estavam presos, me deixando sozinho no quintal. "Espere aqui, garoto, não vai demorar", disse ele. E assim, sem questionar, a despeito da excitação e de minha impaciência para ver a ninhada, encontrei um lugar confortável e me sentei para esperar.

De repente ouvi a porta do celeiro ranger quando uma rajada de vento a abriu, e uma grande cadela escapou pela abertura e correu na minha direção, latindo furiosamente, as orelhas coladas na cabeça. Eu conhecia o suficiente para saber que não era uma saudação amistosa. Fiquei sentado imóvel, mantive as mãos do lado do corpo e esperei; não me ocorreu sentir medo. Bess e os cachorros da fazenda com frequência corriam na minha direção, e, por mais agressivos que eles soassem em matilha, sempre me mantive firme, e assim que me cheiravam se tornavam amistosos. Os pelos na nuca da cadela estavam eriçados, o rabo erguido, e rosnava quando me alcançou, os dentes expostos. Não me mexi. Deixei-a cheirar minhas pernas, mãos e cabeça. Logo o rosnado parou e virei as mãos para mostrar as palmas, que cheiravam aos sanduíches de queijo que eu havia comido durante a caminhada. Ela as lambeu e olhou para meu rosto com olhos serenos. Comecei a coçar o pelo comprido sob o focinho, algo de que ela obviamente gostou, pois se sentou e apoiou o corpo no meu, permitindo que eu esfregasse o resto de seu corpo sedoso.

A porta do celeiro rangeu novamente, e quando meu avô e o fazendeiro saíram a cadela ao meu lado deu um rosnado profundo, um latido agudo, e correu na direção dos dois homens. Imaginei que ela era a mãe dos filhotes e, em função do pânico que se seguiu, percebi que não gostava de visitantes. O fazendeiro gritou para ela com raiva:

— Entre no celeiro, agora!

A cadela baixou o corpo e recuou furtivamente na minha direção. O fazendeiro avisou:

— Fique imóvel, garoto. Não se mexa e ela não o machucará.

Mas enquanto ele corria na minha direção, gritando com a cadela para que voltasse ao celeiro, ficou claro que não confiava nem um pouco no animal. No momento em que ele me alcançou, a cadela havia escondido seu corpo assustado e trêmulo no meu, e, ignorando o comando dele de ficar imóvel, voltei a acariciá-la, ao mesmo tempo falando suavemente.

— Que Deus me abençoe. Venha e dê uma olhada nisso — disse o fazendeiro, o boné na mão e coçando a cabeça, incrédulo. — Nunca vi nada assim. Ninguém nunca conseguiu chegar perto dessa cadela. Só continuo com ela porque é muito boa com as ovelhas, mas sempre foi um grande problema com estranhos.

— A mãe sempre disse que o garoto tinha um dom com cachorros — disse meu avô, ainda mantendo uma distância segura. — Ela jura que ele entende o que dizem.

Sem confiar em que a cadela permaneceria calma, o fazendeiro a trancou enquanto íamos ao celeiro para que eu escolhesse um dos filhotes. Eles estavam presos atrás de fardos de palha — cinco no total, quatro fêmeas e um macho —, enroscados em uma grande bola de pelo preto, marrom e branco. Eram mestiços, um cruzamento com galgo, portanto dariam bons caçadores. Eu sabia que queria uma fêmea; meu avô me ensinara que as cadelas eram muito melhores que os cachorros para sustentar as famílias, e eu queria que aquele cão ganhasse seu sustento.

Havia um pé de coelho amarrado na ponta de uma corda trançada, que o fazendeiro balançou diante do bolo, guinchando como um coelho assustado. Imediatamente as orelhas dos filhotes adormecidos se ergueram e eles olharam ao redor. Quando viram o pé balançando ao alcance, ficaram inteiramente despertos, e certamente foram as cadelas que chegaram primeiro, duas delas à frente das outras. Foi com uma delas que escolhi ficar. Eu a peguei e tomei nos braços, e, enquanto meu avô dava duas grandes garrafas de cerveja clara em pagamento, escutei o fazendeiro dizer em meio aos lambidos frenéticos do filhote:

— O garoto está certo, sabe. Ela é a que eu teria escolhido.

O fazendeiro disse com um sorriso divertido:

— Então vá, garoto. Cuide dela.

— Não se preocupe, senhor — disse eu, sorrindo de orelha a orelha, o filhote quente e agitado em meus braços. — Vou cuidar dela.

Eu a chamei de Whiskey, e durante os treze anos seguintes ela quase não saiu do meu lado.

2

Uma infância no interior de Norfolk

O interior da Inglaterra não é um lugar óbvio para uma criança desenvolver uma paixão por lobos, e não foi algo imediato, mas animais têm estado em minha vida desde que me lembro.

Certa noite de verão minha mãe voltou para casa do trabalho. Ela havia passado o dia arrancando do chão cenouras ou outro vegetal, e estava exausta.

— Há trabalho esperando por você ali — disse meu avô. — Shaun esteve ocupado novamente.

Ela abriu a porta e recuou, horrorizada. Havia sapos pulando, coaxando e subindo em todas as superfícies do quarto. Eu havia passado a tarde os apanhando no lago estrada acima, indo e voltando rapidamente com um balde, e o quarto estava tomado por sapos. E passei aquela noite indo e vindo com o balde novamente, devolvendo todos.

De outra vez ela entrou no depósito de carvão depois que a noite caíra para pegar combustível para o fogo e gritou quando cinco galinhas pretas começaram a bater asas e cacarejar. Eu as havia encontrado em minhas travessias dos campos — e na manhã seguinte fui mandado para levá-las de volta.

E houve a vez em que levei para casa um pato-do-mato, com direito ao ninho cheio de ovos. Minha mãe ficou com medo demais de tocar no pato — um bicho feio, como ela chamou —, então levei o pato debaixo do braço enquanto ela carregava o ninho e os ovos de volta ao lago, onde recolocamos o grupo entre os juncos. Pobre mãe; eu estava sempre causando paradas cardíacas lhe ao chegar em casa com alguma criatura para a qual encontraria um lar em algum lugar da casa.

Cresci no mato e era fascinado pelo mundo natural. Não havia dinheiro para passeios, diversão ou brinquedos quando eu era criança; as árvores, campos e florestas eram meu parque, e os cachorros, minha companhia. Eu andava horas; explorava os arbustos em busca de ninhos de pássaros, sabia quando coelhos tinham filhotes, observava lebres lutando na primavera, sabia onde encontrar tocas de raposas e texugos. Reconhecia corujas em voo e sabia a diferença entre falcões e gaviões da Europa. Seria incapaz de atravessar uma rua movimentada de Londres ou encontrar o caminho no metrô aos 10 anos de idade — e, para ser honesto, aos 40 ainda me sinto desconfortável em cidades grandes —, mas não havia muito que não soubesse sobre a vida selvagem do lado de fora da porta.

Minha casa ficava no norte de Norfolk, uma área distante de um condado distante na costa mais oriental da Inglaterra, famosa por seus pântanos, a caça ao faisão e as terras planas e férteis. Os donos da terra estavam entre os mais ricos do país; aqueles que trabalhavam nela estavam entre os mais pobres. Minha família estava entre os últimos. Eles eram trabalhadores rurais, e vivíamos da panela para a boca, uma vida muito simples. Apanhávamos o que comíamos e comíamos o que apanhávamos; e meu trabalho como o membro mais jovem da família — quando era novo demais para ter um emprego — era apanhar isso, com os cachorros que tínhamos na fazenda. Eles eram meus amigos, mas eram cães de trabalho. Afora Whiskey, viviam no celeiro, do lado de fora, e eu nunca pude ser sentimental em relação a eles. No nosso mundo, cada animal tinha um sentido. Não podíamos alimentar nenhuma criatura que não ganhasse a própria vida — e Whiskey era uma rastreadora habilidosa.

Nossos vizinhos viviam da mesma forma. As pessoas do campo são afetuosas, mas não sentimentais. Eu me lembro de, quando tinha uns 8 anos, ir com meu avô visitar um amigo dele que cuidava de animais de caça. O homem tinha um lindo labrador negro. Era o seu orgulho e a sua alegria. O pelo do cão reluzia, e ele tinha a boca mais suave possível; era capaz de apanhar um ovo ou qualquer coisa que tivesse de recuperar sem deixar marca alguma. Era impecavelmente treinado; parecia ler os pensamentos do dono. Certo dia o homem descobriu que os dois filhos haviam levado o cachorro para caçar ratos no celeiro, e todo o trabalho e o treinamento que ele pacientemente dera ao cão haviam sido desperdiçados em menos de uma manhã. Na primeira vez que o labrador foi até o rato, o animal o mordeu no focinho e ele ficou tão traumatizado que a partir de então perdeu o equilíbrio. O cachorro estava arruinado; então o homem matou o cão e deu uma surra nos dois garotos. Ele sabia que falhara com o cachorro, não o protegera dos filhos, mas não podia consertar o dano e não podia manter o cachorro como animal de estimação. Eu fiquei horrorizado; a morte do cachorro parecia sem sentido. Mas era a realidade do mundo no qual fui criado.

Meu avô — Gordon Ellis, pai de minha mãe — me ensinou tudo o que eu sabia. Ele tinha 67 anos quando nasci, mas ele e minha avó, Rose, me criaram, e, embora minha mãe vivesse na cabana conosco, quando eu era criança, ela parecia nunca estar lá. Assim, me sentia mais ligado a meus avós do que cheguei a ser à minha mãe.

A verdade, como descobri quando retornei muito recentemente a Norfolk, após anos longe, é que ela simplesmente sempre estava fora ganhando nosso sustento. Saía de casa de manhã, frequentemente antes do alvorecer, para trabalhar nos campos — longos dias de esforço exaustivo por muito pouco dinheiro. Era apanhada por um capataz que a levava, juntamente com outras mulheres da vila, para qualquer fazenda que precisasse de mão de obra. Algumas vezes viajavam uma ou duas horas até o outro lado do condado para colher peras, batatas ou amoras, o que era determinado pela estação, e deixada em casa no final do dia, exausta. Ia diretamente para a cama depois de uma refeição. Se não trabalhasse, não recebia, e tínhamos dificuldades. Como mãe solteira, ela não tinha alternativa.

Quando criança eu não me dava conta de como a vida dela era impiedosamente dura e não valorizava o que ela fazia por mim — e gostaria muito de ter feito isso. Sabia apenas que ela não estava lá e meus avós estavam. Meu avô era o meu herói. Ele era gentil, sábio e maravilhoso, e, se tivesse me pedido que andasse sobre brasas, eu o teria feito sem sequer perguntar por quê. Era um homem magro e seco, o rosto curtido. Suas mãos eram calosas e grossas de décadas de trabalho braçal duro, mas por dentro era um verdadeiro cavalheiro, e eu adorava cada momento ao seu lado.

Ele e minha avó haviam tido onze filhos, seis meninas e cinco meninos. A maioria deles já havia deixado a vila quando eu nasci, em 12 de outubro de 1964, e nunca os conheci. Alguns ficaram, mas afora uma irmã, Leenie, que era muito chegada à minha mãe, não lembro de ter visto nenhum deles. Acho que minha chegada, fora do casamento, causou uma ruptura na família.

A cabana em que vivíamos parecia enorme quando eu era um garotinho, mas na verdade era muito modesta, com tetos baixos nos quais eu batia a cabeça sempre que tentava pular na cama. Era uma típica cabana cedida ao trabalhador, feita do tijolo vermelho local, erguida no final de um caminho estreito e debruçada sobre um pasto atrás, com floresta densa mais além. À noite eu deitava na cama com a janela inteiramente aberta e escutava os barulhos da noite — praticamente nenhum feito pelo homem. Não havia estradas principais nem rodovias ou ferrovias em quilômetros. A única coisa que de vez em quando quebrava o silêncio era o barulho de jatos passando acima, saídos de uma das muitas bases aéreas do condado. As bases ainda estão lá, mas quarenta anos depois Norfolk ainda é um dos cantos mais inacessíveis do país.

Nos anos 1960 era como um lugar esquecido pelo tempo. Enquanto o resto do país desfrutava da prosperidade do pós-guerra, as pessoas na vila de Great Massingham ainda viviam como séculos antes. Havia muitas fazendas na localidade, a maioria delas mista: tinham rebanhos leiteiros, ovelhas, porcos e gado de corte, bem como culturas de cereais, legumes, verduras e frutas. Na época a terra era dividida em pequenas parcelas separadas por matas densas e florestas que bloqueavam a maior parte do frio do Ártico — e ofereciam uma cobertura perfeita para a vida selvagem. E quase todos os fazendeiros soltavam filhotes de faisão na primavera e faziam caçadas nos meses de inverno.

Os invernos eram rigorosos. O frio soprava dos Urais a leste e do Ártico ao norte, levando enormes quantidades de neve e gelo. As barreiras vegetais impediam que a maior parte da neve se acumulasse, mas às vezes as estradas ficavam intransitáveis, e a paisagem branca durante semanas e os lagos da vila se transformavam em rinques de patinação.

Naquela época havia muito poucas máquinas, embora isso tenha mudado à medida que eu crescia. Tratores já haviam tomado o lugar dos pesados cavalos de carga — mas não muito tempo antes. Os velhos cavalos de nossa fazenda viviam uma alegre aposentadoria no pasto atrás de nossa cabana. Não havia colheitadeiras nem produtos químicos. O trabalho era feito manualmente. Cada fazendeiro tinha seus próprios trabalhadores, a maioria vivendo em cabanas simples como a nossa nas fazendas, e na colheita grupos de trabalhadores eram levados de fazenda em fazenda para capinar, colher e enfardar.

Meu avô trabalhava na fazenda Ward. Ward era um dos maiores proprietários de terras da vila, e meu avô tinha a cabana enquanto tivesse o emprego. Não havia instalações sanitárias internas nem água quente ou aquecimento, e as velhas janelas de ferro estavam enferrujadas e encaixavam mal. O reservado ficava no jardim, e eu me lembro que nas noites de domingo havia banhos noturnos, quando a velha banheira de cobre era colocada na sala de estar diante da lareira e enchida com água aquecida em uma grande panela de cobre pendurada acima das brasas. Nós tomávamos banho em turnos, e por ser o mais novo eu era o último.

Havia pessoas vivendo em nossa vila que nunca haviam saído dela. E não tinham motivo para isso. A vila era autossuficiente. Havia um açougue, onde meus avós trocavam vegetais da horta por carne; uma padaria com um pão fresco delicioso a qualquer hora do dia, uma leiteria, uma loja que vendia mantimentos em geral, um cabeleireiro, uma escola primária, um carro de bombeiros, cinco pubs e um ferreiro que colocava ferraduras e consertava máquinas. Era uma comunidade agrícola típica. E o tipo de comunidade na qual todos se conheciam — e sabiam tudo sobre todos.

Na época não havia turistas, nenhum estranho vagando pela vila, a não ser quando o circo se instalava. Até mesmo os ciganos que chegavam para a colheita eram os mesmo que faziam a viagem ano após ano. E não havia crime. Todos deixávamos as casas abertas, as pessoas entravam sem bater e tomavam um chá quando passavam para dizer olá. Era uma verdadeira comunidade. O pior que podia acontecer era quando alguém notava a falta de uma galinha e avisava Phil, o policial da vila. Ele sabia de tudo; tinha exata noção de onde achar o culpado e fazia uma visita discreta. No dia seguinte duas galinhas seriam misteriosamente entregues à parte ofendida.

Shirley, minha mãe, me tivera aos 24 anos de idade, sabendo que teria de me criar só e sem ajuda. Naquela época e naquele tipo de comunidade fechada, ter um filho fora do casamento foi extraordinariamente corajoso, mas aparentemente seus pais deram muito apoio. Lamentavelmente, não conheço a história; não sei se ela estava apaixonada por alguém que por algum motivo não era disponível. Não sei sequer se meu pai soube que eu existia. Só o que sei é que ela nunca teve ou quis outro parceiro. Então, não sei quem foi meu pai. Mesmo hoje, 45 anos depois, minha mãe não fala sobre isso.

Minha aposta é que ele era um cigano — que não deve ser confundido com os nômades e viajantes que deram fama tão ruim aos ciganos ao longo dos anos. Os ciganos que conhecíamos eram pessoas maravilhosas, impecavelmente limpas e honestas, com uma noção de família muito forte e um rígido código moral. Eles costumavam viajar pelo interior em suas tradicionais carroças de madeira belamente pintadas puxadas por cavalos, indo para onde havia trabalho. Colhiam lúpulo e frutas em Kent e vegetais e amoras em Norfolk. Eventualmente colocavam os cavalos para pastar no pasto da vila, mas tinham uma base permanente em um pedaço de terra comunitária na periferia da vila, perto de uma velha estrada romana chamada Peddars Way.

Todo verão eu costumava brincar com eles. Saíamos com os cachorros e capturávamos coelhos enquanto os trabalhadores da fazenda faziam a colheita. Eles tinham muitos cachorros, grandes mestiços. Recordo-me particularmente de um, chamado Scruff: era um mestiço de *wolfhound*, enorme, e caçava coelhos até cair exausto.

Um pouco acima da Way havia uma carroça isolada que pertencia a uma velha cigana que, dizia-se, comprava doenças. Ela era muito velha e enrugada, com cabelos grisalhos compridos e brincos de argola de ouro, e parecia com as ciganas antiquadas que se veem em livros ilustrados. Pessoas doentes costumavam procurá-la. Não sei se ela as deixava melhor, mas imagino que ninguém ousaria dizer que não, pois dizia-se que ela colocava uma maldição em quem falasse mal dela.

Eu me sentia muito à vontade com os ciganos, e, embora ela nunca tivesse dito nada, tenho uma forte sensação de que minha mãe ficava satisfeita. Acho, retrospectivamente, que ela podia estar tentando me apresentar à família de meu pai. Era incomum ver crianças da vila misturadas aos ciganos. Eles nunca foram apreciados pelo povo da vila e se fazia com que não se sentissem bem-vindos nas lojas e pubs. Eu sabia como era ser tratado como um pária.

Eu era uma criança solitária. Frequentei a pequena escola primária de Great Massingham até os 11 anos de idade, mas não me recordo de muitos amigos dessa época, embora deva ter tido um estranho, pois me lembro de jogar pedaços de pau na castanheira do pátio da igreja e ser expulso pelo vigário — e não me imagino fazendo isso sozinho. Mas, não tendo pai, acho que eu mesmo devia ser visto como uma espécie de pária. Talvez eu pensasse não precisar de amigos; tinha Whiskey e os cachorros da fazenda, e eles eram muito mais fáceis que meus colegas. Cachorros não provocam brigas, atormentam ou fazem comentários grosseiros.

Não que eu tivesse muito tempo para amigos. Sempre tinha de voltar correndo da escola para casa de modo a cortar madeira para a lareira, carregar carvão ou alimentar os animais e com frequência passava várias semanas longe da escola para ajudar na colheita ou em outros trabalhos que precisassem ser feitos na fazenda. A escola parecia nunca sentir minha ausência — eu nunca seria o melhor aluno da turma e não era a única criança da escola afastada para trabalhar na terra em épocas atarefadas. Os professores pareciam se concentrar nas crianças que obviamente tinham um futuro acadêmico e não davam muita atenção ao resto de nós. Assim, eu dava duro nas matérias de que gostava, que além de arte eram relacionadas a animais — biologia e outras ciências — e esportes. Aquelas eram coisas que eu realmente podia fazer, e estive em todas as equipes de futebol, rúgbi e críquete. Adorava jogar bola e fazer atletismo.

Também adorava pescar. Havia na vila três grandes lagos onde costumávamos pescar. Certo verão um deles secou e resgatamos os peixes com baldes e corremos para colocá-los nos outros lagos antes que morressem. O norte de Norfolk tem dezenas de pequenos lagos, ou "buracos", como eram chamados, muitas vezes no meio dos campos, cercados por árvores altas. Era uma característica curiosa da paisagem naquela região do condado. Havia várias teorias sobre como eles surgiram. Algumas pessoas diziam que eram crateras criadas por bombas alemãs lançadas durante a Segunda

Guerra Mundial; outras diziam que foram provocados por algum tipo de escavação mineral. O que quer que os tenha criado, eram cheios de peixes, como carpa, ruivo, lúcio e brama, e ofereciam horas de diversão para crianças como eu.

Algumas vezes íamos pescar mais longe. Um lago de que gostávamos especialmente ficava em um campo ao lado da estrada, a cerca de 6,5 quilômetros de Great Massingham. Era cheio de peixes dourados, mas sempre que estávamos prontos o fazendeiro saía correndo do pátio da fazenda do outro lado do campo, gritando furiosamente e agitando um bastão na nossa direção, então montávamos nas bicicletas e saíamos em disparada.

Eu tinha uma Chopper verde, que era a bicicleta mais legal da época. Acho que meu avô deve tê-la encontrado em alguma pilha de lixo. Parecia ter sido esmagada por um rolo compressor e estava toda enferrujada, mas ele a consertou para mim, pintou, conseguiu um banco novo, e ela se tornou meu bem mais valioso.

Uma clínica médica era a única coisa que faltava na vila. Era a 4 quilômetros de caminhada, na vila de Harpley, que o dr. Bowden tinha sua clínica. Um caminho que eu conhecia bem. Eu raramente ficava doente, mas costumava sofrer acidentes e muitas vezes precisava levar pontos após quedas feias ou ao ser derrubado em jogos de futebol ou rúgbi.

Eu não me importava muito com médicos, mas odiava os dentistas com fervor. Só fui ao dentista uma vez na vida, para um check-up quando tinha uns 11 anos, em uma clínica em Fakenham, cidade a cerca de 20 quilômetros. O dentista disse que eu precisava extrair um molar, e, embora tenha me dado anestesia local, nunca senti uma dor como aquela. Ele colocou o joelho em meu peito enquanto lutava para arrancar aquele dente. Foi uma experiência terrível. Não consegui suportar. Odiei o cheiro, odiei o barulho, odiei a injeção e não suportei a dor. Jurei que nunca mais chegaria perto de um dentista, e não cheguei. Em compensação, isso me fez escovar os dentes adequadamente, e os únicos que perdi desde então foram arrancados por lobos demasiadamente agitados.

Foi menos fácil evitar os hospitais. Caí através de um telhado no final da adolescência e quebrei um pulso, e atravessei um parabrisa pouco depois de ter aprendido a dirigir, mas minha primeira temporada em um hospital foi aos 9 anos de idade. Perdi a firmeza no trepa-trepa da escola e caí no chão duro, esmagando um cotovelo. Fui levado às pressas para o hospital em King's Lynn, onde passei três semanas na ala infantil com o braço erguido acima da cabeça. Havia um garoto na cama ao lado que escorregara e caíra sob as rodas de um ônibus de dois andares.

Não tenho lembranças de visitas de minha mãe, mas ela me diz que parou de trabalhar naquelas três semanas e toda manhã apanhava o ônibus para King's Lynn, que ficava a 24 quilômetros de distância, para ficar ao lado da minha cama até o começo da noite, quando pegava o ônibus de volta.

Certo dia a irmã encarregada da ala a abordou e disse: "Você está vindo aqui todo dia há quase três semanas, e nunca a vi comer nada. Hoje você vai almoçar. Eu acertei isso com a cozinha." A irmã avaliara corretamente que não tendo trabalhado todo esse tempo, sem receber, minha mãe não tinha como se alimentar.

Mas em casa nós comíamos bem. Minha avó era uma boa cozinheira. Domingo era seu dia de assar, e cheiros maravilhosos chegavam ao quintal. Na preparação, ela comprava ovos para complementar aqueles que nossas galinhas punham. Certo domingo ela não conseguiu encontrar os ovos que havia comprado e, depois de procurar por toda parte, desistiu de assar. Naquela noite meu avô entrou em casa e disse: "Encontrei seus ovos, mãe. Estão embaixo das galinhas no alto do jardim." Eu os pegara e colocara embaixo de uma galinha chocadeira para ver se eles iriam eclodir.

Minha avó costumava cantar enquanto cozinhava, e sempre vou me lembrar dela usando um vestido floral azul. Havia sempre um grande cozido ou uma caçarola no fogão, feito com vegetais que minha avó plantava no jardim e alguma caça que havíamos derrubado ou abatido em terra. Aprendi a atirar bem pequeno, e ainda podia usar uma faca. Nunca tive problema em matar e sabia esfolar e estripar.

Aos oito ou nove anos meu trabalho era levar para casa nossas refeições. Minha avó preparava para mim sanduíches com fatias grossas de queijo e, também, chá gelado — por alguma razão nunca tínhamos bebidas quentes — e me mandava embora com um canivete, um pedaço de barbante e uma moeda de dez pence — para o que aquilo servia eu não tenho ideia — e me dizia que estava equipado para conquistar o mundo. Eu partia com os cachorros e não voltava até ter o suficiente para todos comerem.

Eu não matava indiscriminadamente. Meu avô me ensinara quais animais apanhar e quais deixar. Eu sabia deixar coelhas que estavam cuidando de filhotes. A 50 metros ele conseguia identificar "leiteiras", como as chamava, pelo seu estado físico e a falta de pelo no ventre. Ele sabia que havia filhotes sob a terra que morreriam se a mãe fosse morta. Assim, aprendi a procurar os machos jovens, que do contrário iriam superpovoar a área.

Toda a filosofia de meu avô dizia respeito à sustentabilidade e a manter o equilíbrio da natureza. Fazendeiros mais jovens queriam exterminar os coelhos porque destruíam as plantações, mas ele queria protegê-los, sabendo que, se reduzisse drasticamente uma espécie, outra ocuparia o lugar. Ele dizia que só há problemas quando os seres humanos interferem.

3

Um lobo na janela

Na cama à noite, quando eu era pequeno e as luzes estavam apagadas, me convencia de que podia ver um lobo do lado de fora da janela do meu quarto. Imagino que devesse ser a forma de um galho de árvore. Quando adulto, claro, a ideia de um lobo ser alto o bastante para olhar através de uma janela no segundo andar é claramente ridícula, mas quando criança eu estava convencido. E aterrorizado. Para escapar, toda noite eu escondia a cabeça sob o cobertor preto grosso que me cobria, mas não conseguia resistir a espiar para descobrir se ele havia partido e me assustava novamente. Era sempre a cabeça do lobo, orelhas levantadas, olhando para sua esquerda; mas pela manhã, à luz do dia, não havia sinal dele.

Quando era pequeno, eu sabia muito sobre os animais selvagens ao redor de casa — provavelmente muito mais do que a maioria das crianças da minha idade —, mas não sabia nada sobre aqueles no resto do mundo. Não assistia a programas sobre vida animal porque não tínhamos televisão, e não visitei um zoológico até ser adolescente, pois não havia dinheiro para esse tipo de coisa. Assim, a única informação que tinha sobre grandes e perigosos animais selvagens vinha de livros e contos de fadas. E tudo o que sabia sobre lobos era que eles eram maliciosos, sinistros, ferozes e mortais; e as imagens das histórias que minha avó me contara assombravam minha imaginação. Demorou muito tempo para que eu enfrentasse meu medo.

Raposas, por outro lado, eram conhecidas, e, embora elas também tivessem uma reputação assustadora, eu não as temia. Certa noite fui despertado do sono pelo barulho dos velhos cavalos *shire* correndo de um lado para outro pelo pasto atrás da cabana. Era uma noite de lua cheia, a mais brilhante que já vira. Era quase que luz do dia do lado de fora, então me vesti, disse a Whiskey para ficar debaixo da cama e me esgueirei para fora de casa. Fui em silêncio até a beirada da floresta para ver o que estava deixando os cavalos agitados.

O que vi foi mágico. No momento em que cheguei lá, os cavalos haviam começado a se acalmar e a mais linda raposa com quatro filhotes brincavam entre os cascos gigantescos. Eles estavam tão ocupados saltando uns sobre os outros e correndo que pareciam não se dar conta da minha presença, então me sentei a pequena distância e acompanhei a brincadeira.

Era uma visão excitante. Eu nunca havia visto uma raposa tão de perto antes. Tudo o que tivera havia sido vislumbres de pelo marrom-avermelhado a distância ou uma cauda, com sua ponta branca característica, desaparecendo no mato enquanto o animal corria em busca de segurança quando eu estava fora com os cães. Ali, no escuro — no ambiente deles, não no meu —, eu me sentia como se estivesse testemunhando um outro mundo.

Voltei para casa e não contei a ninguém o que havia visto, mas na noite seguinte retornei e lá estavam eles de novo. Só posso imaginar que a toca deles ficava logo no limite da floresta e que aquele era o parque de diversões. Mais uma vez me sentei a pouca distância e mais uma vez eles me ignoraram, mas permitiram que ficasse. Isso continuou durante vários meses, à medida que os filhotes ficavam maiores e mais fortes, se preparando para assumir seu lugar no mundo.

Toda noite eu saía para meu encontro secreto — era inebriante me descobrir bem-vindo entre criaturas que eram instintivamente tão assustadas com o homem. Com o tempo eles passaram a brincar em um pequeno semicírculo em frente a onde eu me sentava, mas, embora não demonstrassem nenhum sinal de nervosismo, pareciam nunca me dar atenção alguma. Até que certa noite houve um barulho atrás de mim e um dos mais corajosos dos quatro filhotes começou a brincar nos arbustos atrás de onde eu estava sentado. Ele saiu para o espaço aberto, correu ao redor de mim e brincalhonamente emboscou um dos irmãos. Eu já não era um observador; me tornara parte do jogo.

Aprendi muito sobre raposas naquela época. Vi a raposa levar comida para os filhotes. É um mito que as raposas matam por prazer, que entram em um galinheiro e matam muito mais do que podem comer. Pensamos isso porque elas normalmente são apanhadas no ato e fogem. Se não for descoberta, a raposa levará uma galinha do galinheiro, que é o que consegue carregar de cada vez, e voltará repetidas vezes até ter recolhido todas as que matou. Elas comerão o máximo de que a família precisa naquele dia e enterrarão o resto no chão, onde ficará conservado. Nada é desperdiçado. Sei porque vi o que elas faziam e vi como aquela mãe cuidava bem dos pequenos e os ensinava a cuidar de si mesmos.

Seis meses depois tive uma visão que me encheu de dor e horror. Caminhando na floresta com os cachorros, me deparei com o corpo flácido e sem vida do filhote de raposa mais corajoso balançando em uma árvore. Ele estava preso pela perna em uma armadilha grosseira e teve uma morte dolorosa e lenta. O fato de que aquela criatura que eu passara a conhecer tão bem ao longo dos meses, que havia sido tão majestosa, tão bela, tão cheia de energia, podia ter sua vida tirada daquela forma tão vil e cruel me fez sentir vergonha da minha espécie. Fiquei nauseado. Estava furioso por um ser humano ignorante ter tirado aquela vibrante vida jovem por nenhuma razão melhor do que por poder fazer isso.

Os nativos americanos diriam que nesse momento meu destino foi selado. Eles dizem que você assina um contrato não escrito de trabalhar com animais ainda muito pequeno como resultado de alguma experiência, boa ou ruim, que acontece no começo da infância. Olhando para trás, não há dúvida de que o choque de ver aquela magnífica raposa jovem — minha amiga — pendurada naquela árvore me deixou com nojo de minha própria espécie e com o desejo de me afastar da raça humana.

Minha preocupação com as raposas me colocou em confronto com o resto da comunidade. Os fazendeiros as odiavam porque em uma situação de vida ou morte uma raposa abateria um cordeiro recém-nascido, e os tratadores de animais de caça as odiavam porque elas caçavam faisões. Então os caçadores locais podiam ir a qualquer lugar aonde o cheiro os levasse, e esse era um esporte popular. Os resultados eram nauseantes.

Muitas foram as vezes em que passei por uma toca onde a raposa se enterrara e os caçadores a haviam tirado e jogado gás e matado os filhotes. O cheiro mortal do veneno ainda permanecia no ar. Algumas vezes era uma família que eu observara durante semanas, vendo os filhotes se tornarem mais fortes e aventureiros. Todos eles desaparecidos, eliminados, sem uma chance de escapar — tudo por causa de uma reputação que a raposa não merecia e do desejo de esporte de algumas pessoas.

Minha avó costumava contar uma história de como certo dia estava fazendo a limpeza de primavera da cabana com as portas da frente e dos fundos abertas e uma raposa veio correndo pelo pátio, entrou por uma porta, atravessou a casa e saiu pela outra. Momentos depois toda a matilha de trinta e tantos cães de caça a seguiu. Eram como uma onda tomando tudo, saltando sobre mesas e cadeiras, seguindo o cheiro, e arrasando o lugar. Ela teve toda a sua melhor louça derrubada da cristaleira, e tudo foi destruído. Pouco depois os caçadores passaram em seus cavalos, todos vestindo casacos cor-de-rosa, e quando ela perguntou o que iriam fazer em relação àquilo eles simplesmente acenaram com os chapéus e saíram galopando.

Ninguém me dava atenção quando eu tentava protestar dizendo que a caça à raposa era cruel. E, sendo um garotinho, era difícil argumentar com os mais velhos sem ser desrespeitoso, mas me parecia que, se você não queria que raposas entrassem em seus galinheiros, precisava construir um cercado à prova de raposas. Parecia absolutamente injusto colocar cães de caça para matar raposas porque os seres humanos eram preguiçosos demais para cuidar adequadamente de suas galinhas. Sempre que tentava falar isso a alguém, era avisado para ter mais modos: o que eu sabia? Eu era apenas uma criança.

Isso foi anos antes de eu ser vingado e a caça à raposa ser banida na Inglaterra e no País de Gales. Durante o acalorado debate travado antes, eu estava envolvido em uma pesquisa sobre os efeitos causados na raposa pela caça. O movimento pró-caça dizia que eles só apanhavam animais velhos e doentes, mas isso simplesmente não era verdade. Examinei raposas que haviam sido apanhadas e entre elas havia corpos de raposas de 18 meses — animais no começo da vida —, jovens demais para saber como se salvar.

Outro mito era o de que o cachorro líder derrubava a raposa e tudo terminava em segundos com uma única mordida. A verdade era que eles perseguiam a raposa exaustivamente até seu cérebro ferver e inchar, seus pulmões sangrarem e ela se afogar em seu próprio sangue. Elas com frequência estavam mortas antes que os cães as tocassem. Era a morte mais horrenda.

Mas, sendo criança nos anos 1960, ninguém me escutava, e eu rapidamente me tornei trapaceiro. Saía com os cachorros e, desde que voltasse para casa com dois coelhos ou pombos, poderia ficar fora do início da manhã até depois de escurecer e ninguém fazia perguntas. Passava meus dias estudando raposas, horas sentado, vendo e esperando; e guardava para mim todas as coisas maravilhosas que via, experimentava e aprendia sobre elas e seu mundo. Eu sabia que nenhum humano era confiável, que se contasse a alguém onde estivera vendo famílias brincar eles iriam diretamente para a toca e matariam todas as criaturas dentro dela. Sem saber, eu me tornei o que os nativos americanos chamam de protetor da natureza.

Foi o começo de um momento ruim para mim. Meu mundo, que havia parecido tão seguro e garantido, tão feliz e amoroso, começou a desmoronar. Voltei da escola certo dia e descobri que meu avô tivera um derrame que o deixara com um lado do corpo paralisado. Eu não estava de modo algum preparado. Nunca passara pela minha cabeça que ele um dia pudesse não ser apto e forte, me ensinando as histórias do campo e tomando as decisões para a família. Não conseguia imaginá-lo de outra forma e não o queria de outra forma. Mas de repente ele pareceu velho e frágil e já não podia fazer todas as coisas que costumávamos fazer juntos. A mente dele parecia ter desaparecido. Algumas vezes se lembrava de quem eu era; em outras parecia ter esquecido. E se um dia eu dependera dele, ele naquele momento dependia dos outros.

Pouco depois ele teve um segundo grande derrame e morreu no banco de madeira em casa onde estava deitado. Minha avó o cobriu com um paletó e se sentou com ele, se recusando a se mover até que viessem buscá-lo. Eles deviam estar casados havia mais de sessenta anos, e foram tão íntimos e amaram tanto um ao outro que acho que a morte dele partiu seu coração. Haviam passado por tudo juntos, feito tudo juntos, e eu nem uma única vez os ouvi discutir ou dizer algo duro um ao outro. Se vovó ia às lojas, ele sempre ia encontrar com ela e voltavam caminhando juntos, ou ele ia de bicicleta.

Eu me lembro deles rindo. Em dia de lavar ela sempre carregava os lençóis molhados para o jardim para espremê-los no rolo. Ela os colocava e meu avô girava a manivela, e certo dia ele disse a ela algo que a fez rir tanto que não conseguiu colocar os lençóis entre os rolos.

Eu tinha apenas treze anos quando ele morreu. Ele tinha oitenta e vivera e trabalhara em Great Massingham a vida inteira. Havia sido um homem popular, e a igreja de St. Mary, onde foi o funeral, estava lotada, mas entre os rostos conhecidos havia uma família de estranhos sentada no fundo. Quando a cerimônia terminou, eles foram até minha avó e o estranho explicou por que haviam comparecido. Disse que muitos anos antes ele e a irmã, quando crianças, estavam passando fome, e meu avô havia pegado um grande pão para cada um do fundo da carroça do padeiro e dito a eles para enfiá-los dentro dos casacos. O homem não vivia mais na região, mas contou que nunca esquecera a gentileza e queria ir prestar seus últimos respeitos.

Meu avô foi enterrado no pátio da igreja à sombra da castanheira de onde eu costumava recolher castanhas.

A morte dele mudou tudo. Tivemos de deixar a cabana, pois ela estava ligada ao emprego de meu avô, e, por alguma razão que nunca foi explicada, nós deixamos de ser uma família. Minha avó, que eu via como mãe, foi viver sozinha em um abrigo público em Jubilee Terrace, perto do filho mais velho e da família dele, e eu e minha mãe fomos para um novo bangalô público apertado em Summerwood Estate, no final de uma rua sem saída. Eu estava infeliz e com raiva, e arrasado de dor. Sentia como se houvesse perdido tudo. Minha mãe nunca havia sido quem cuidara de mim ou cozinhara para mim; não havia sido quem passara tempo comigo, me levado para caminhadas ou me ensinado o que eu precisava saber para levar a vida. Haviam sido meus avós, e ambos haviam partido. Eu não queria ficar com minha mãe e culpava meu avô por ter morrido e me abandonado quando eu mais precisava dele. Estava aterrorizado; não sabia como iria viver sem ele.

Apenas quando eu voltei, aos quarenta e quatro anos, e olhei para a lápide do túmulo de meu avô, descobri que minha avó vivera treze anos após a morte dele. Achei que havia morrido meses depois. Não tenho lembrança de vê-la novamente após termos nos mudado. Só lembro da necessidade de me afastar de tudo que me fizesse recordar do que havia perdido.

Deve ter sido muito difícil para minha mãe. Descontei nela minha raiva e minha dor. Eu estava então em uma escola secundária em Litcham, que ficava a cerca de 11 quilômetros de Great Massingham, e ela ficava fora o dia inteiro, trabalhando muitas horas, como de hábito. Eu me tornei muito independente e a deixei de fora da minha vida. Eu ia e voltava no ônibus da escola, que era um grande dois-andares azul da Carter's, de Litcham. Era o ônibus mais velho da frota da empresa e o único de dois andares. Os garotos de todas as outras vilas iam em ônibus de um andar, e sempre que havia neve, que podia chegar a um metro e meio ou mais, apenas um ônibus conseguia passar, deixando para trás carros e caminhões atolados. Para nossa irritação, era o nosso.

Eu quase nunca via minha mãe. Quando chegava em casa da escola, e nos fins de semana, se havia trabalho, eu fazia colheita, enfardava, dirigia tratores, depenava perus, castrava porcos, ajudava vacas a parir — tudo e qualquer coisa. E, se não havia trabalho, eu saía com Whiskey, minha cadela. Algumas vezes passava dias fora, dormindo em celeiros, sem pensar em como minha mãe estaria preocupada. Eu me tornei uma espécie de recluso, um tanto selvagem, andando pela floresta, me sentindo bem com a natureza em um mundo ao qual cada vez mais sentia pertencer — o único lugar onde conseguia chorar.

4

Juventude desperdiçada

A não ser por jogar nas equipes de esporte da escola, o que eu adorava, meu período na escola secundária em Litcham não foi marcante. Eu tinha amigos, mas meu melhor amigo morrera de um ataque de asma. Lembro do diretor reunindo toda a turma certa manhã e dando a notícia. Naquele momento pensei que estava fadado a perder tudo.

Eu frequentava regularmente o gabinete do diretor, então não foi surpresa que tenha deixado a escola sem qualquer qualificação no primeiro momento em que pude fazer isso legalmente, quando mal completara 16 anos. Eu precisava sair e ganhar a vida, e queria me afastar de casa. Ainda estava com raiva, ferido e querendo esquecer. Então, em vez de procurar trabalho na terra, entrei para uma empresa de telhados chamada Western and Bolton Roofing. Era trabalho duro, carregando telhas e subindo e descendo escadas o dia inteiro, mas isso me deixou forte e atlético, e me levou a canteiros de obras por todo o país. Às vezes pegávamos um trabalho de semanas ou meses e eu ficava em hospedarias ou albergues, voltando apenas no fim de semana, e não necessariamente para casa, muitas vezes ficando com amigos.

Foi por intermédio do trabalho que comecei a fazer meus primeiros amigos e a ter uma vida social, que basicamente girava em torno de pubs. Havia muitos bons pubs na região, e uma vez a cada três meses, em uma noite de sábado, havia uma discoteca no pequeno centro comunitário de Fakenham. Era *o* lugar para ir. Todos os melhores DJs de Norfolk tocavam lá, e pessoas viajavam quilômetros para ouvir. Havia ótima música, bebidas, garotas bonitas, que podíamos levar para fora e beijar colados na parede, e muitas brigas — todas as boas coisas da vida. Depois, de algum modo conseguíamos voltar para casa.

Eu me lembro que certa noite a neblina era tão densa que mal se conseguia ver a própria mão em frente ao rosto, e um dos meus companheiros disse que conhecia a estrada tão bem que podia ir vendado. Todos o seguimos em nossas pequenas motos de 150 cilindradas — eu estava na garupa de uma, como de hábito — e ele perdeu uma curva. Seguiu em linha reta para uma vala profunda e todos o acompanhamos um depois do outro, sem perceber até estarmos com água até metade das rodas.

Fakenham era a capital da moda de Norfolk. Nos dias de discoteca íamos à cidade pela manhã e comprávamos tudo de que precisávamos, tomávamos umas cervejas, voltávamos para casa, jogávamos futebol durante duas horas, colocávamos as roupas novas, retornávamos a Fakenham, comíamos *fish and chips* no começo da noite, então íamos ao The Crown para mais umas cervejas e depois para o Rampant Horse, que era um inferno — sempre que você queria uma briga, ia para lá — antes de chegar tarde na discoteca.

Um dos meus melhores amigos era um ladrilheiro chamado Benny Elson, que vivia em Weasenham, uma vila vizinha, e por intermédio dele conheci minha primeira namorada, Michelle Pearce. Benny era mais velho que eu, como a maioria dos caras com quem trabalhava, e Michelle era sobrinha da esposa dele, Jac. Ela estava visitando a casa deles certo dia em que ele e eu nos arrumávamos para sair e perguntou quem eu era.

Comecei a frequentar o Fox and Hounds em Weasenham, onde ela morava, e ela voltava da escola e se escondia atrás do bar, e

Skiffy, o gerente, fazia um sinal para mim e nós íamos juntos para a floresta, sentávamos e conversávamos durante horas. Escrevíamos bilhetinhos um para o outro e eu costumava levar os cachorros dela para passear. Ela dizia todas as coisas que eu precisava ouvir, e a vida não melhorou muito. O pai dela era um dos tratadores de pombos da rainha — construí um pombal para ele no jardim — e lembro de certo dia chegar à casa deles para pegar Michelle e ver todo mundo em um estado de grande excitação porque a rainha acabara de fazer uma visita.

Eu me sentia loucamente apaixonado, mas ela era bonita demais para mim e acabou me trocando por outro, o que partiu meu coração. Éramos ambos muito jovens, mas definitivamente havia alguma coisa, e muitas vezes me pergunto como as coisas poderiam ter sido se eu tivesse pressionado um pouco mais ou sido menos bundão.

O verdadeiro nome de Skiffy era Freddy Scarf e ele era uma figura. Não se aborreceu quando comemorei meu aniversário de 18 anos no pub — depois de anos bebendo sem ter a idade legal —, mas me pagava regularmente em cerveja pela caça que ele tinha no cardápio e que eu e dois parceiros levávamos em sacos pela porta dos fundos! Eu havia aprendido a fazer caça ilegal com Pete, que conhecia de trabalhar na terra. Ele era casado e tinha família — eu nunca soube exatamente muito sobre ele, exceto que era especialista em faisões e em como consegui-los ilegalmente, o que aprendera com o avô.

Pete tinha um irmão, e nós três costumávamos sair com uma velha escopeta 4-10 de cano duplo, uma legítima arma de caçador ilegal que desmontava para que se pudesse escondê-la. Ela passara de uma geração a outra da família. Disparava com um barulho terrível e fazia muita fumaça, de modo que a noite do ano mais segura para disparar era 5 de novembro, a Noite das Fogueiras, quando todos soltavam fogos.

Pete tentou fazer um silenciador para a arma, mas a primeira tentativa, de cano de cobre e enchimento, ficou pesada demais para levantar. A versão modificada foi muito mais bem-sucedida, até certa noite em que Pete estava atirando em um pássaro bem acima dele. O silenciador devia ter saído do lugar quando passamos por cima de uma sebe e acabou ficando bem na linha de tiro. Assim, quando Pete puxou o gatilho, saiu fogo do cano e o silenciador em chamas disparou no ar, caindo depois diretamente em sua testa, quase o nocauteando.

Era um negócio perigoso, e não apenas por causa de silenciadores voadores. Se fôssemos apanhados, teríamos ido para a prisão — e chegamos perto disso várias vezes. Certa noite senti uma mão enorme nas costas me jogando na sebe. Eu sabia que não devia gritar. Pete e o irmão estavam colados no chão ao meu lado, o rosto para baixo, e fiquei lá sem mover um músculo por vários minutos. Não se ouvia ruído algum; então vi o perfil de dois pares de botas seguindo pela trilha a menos de um metro e meio do meu rosto — tratadores patrulhando seu terreno. Meu coração estava disparado; eu estava convencido de que iriam escutar. Devem ter se passado quatro ou cinco minutos antes que ousássemos nos mexer novamente. Perguntei como ele soubera que os tratadores estavam vindo. Eles conheciam todos os truques; o irmão de Peter sentira o cheiro da fumaça do cigarro dos tratadores.

Sempre tentávamos evitar as áreas onde os pássaros eram soltos, porque era onde os tratadores esperavam caçadores ilegais — colocavam armadilhas e patrulhavam. E Pete me ensinou a nunca atirar em um faisão branco, embora obviamente fossem mais fáceis de ver no escuro. Disse que os tratadores os criavam de propósito porque eram mais fáceis de contar, e, se um estivesse faltando, saberiam que havia um caçador ilegal na área e intensificariam as patrulhas.

Então caminhávamos quilômetros pelos campos na direção de depressões, rastejávamos sob os arbustos até o fundo, que normalmente estava cheio de água, e ficávamos deitados fora de vista. Era possível olhar através das árvores acima, onde faisões acocorados ficavam perfeitamente silhuetados contra o céu, e derrubá-los dos galhos. Por ser o mais novo, meu trabalho era apanhá-los onde caíssem, que normalmente era na água, e colocá-los no saco. Pete dava os tiros e o irmão segurava a lanterna e identificava.

Gostava da minha nova vida, mas sempre havia algo faltando. Eu era um dos caras e gostava de me vestir para sair e me divertir — costumavam dizer que eu parecia o George Michael com meus jeans brancos —, mas nunca perdi a necessidade de sair sozinho com o cachorro e vagar pelo interior, observando raposas, identificando pássaros, procurando sinais de vida selvagem. Sempre havia uma parte de mim que continuava isolada de meus colegas.

Certo dia apanhei o ônibus e fui visitar o zoológico local, na periferia de Thetford. Vi animais que nunca havia visto antes. Estava tão excitado que parecia uma criança — e então cheguei ao cercado dos lobos, e de pé a menos de 3 metros de distância, estavam as criaturas que tanto haviam me aterrorizado noite após noite.

Havia um em particular, um bonito macho cor creme com adoráveis olhos dourados que imediatamente se fixaram nos meus. Ficamos nos encarando, e naqueles poucos segundos senti que ele tocara minha alma. Era como se aquela criatura maravilhosa compreendesse tudo sobre mim, conhecesse meus segredos, pudesse ler meus pensamentos e medos mais profundos e ver todas as feridas e a dor. Senti que ele tinha o poder de curar essas feridas e me tornar novamente integral. Foi uma conexão extraordinária, e eu soube que o que eu procurava na vida estava bem na minha frente.

Ele provavelmente olhava para todos os visitantes da mesma forma, na esperança de que jogassem comida, mas não imagino que qualquer um tenha sentido o que senti ou visto o que vi. Talvez fossem todos aqueles anos passados com cachorros e raposas, vivendo com um dos pés no mundo deles, sempre ligeiramente desconfortável com o mundo humano. Ou talvez fosse algo mais profundo. O que quer que fosse, era o começo de um contrato vitalício. Soube que tudo o que haviam me dito sobre aquela criatura era mentira e que ele e eu tínhamos muito em comum e estávamos vivendo fora do nosso tempo.

Senti que precisava voltar para a terra, então larguei o negócio de telhados e me candidatei a um emprego de meio expediente como assistente de tratador de animais em uma propriedade com uma grande caçada comercial. Era bom estar de volta à floresta, mas o trabalho ia contra tudo o que meu avô me ensinara. Ele incutira em mim a noção de que se mata para comer, não por diversão. Naquela propriedade eram abatidas tantas aves que era difícil colocar o pé no chão sem pisar em uma delas; e, no que dizia respeito aos tiros, não havia habilidade envolvida — era um massacre. Era mais difícil *não* acertar um pássaro do que acertar. Eles não queriam voar; tínhamos de jogá-los no ar para que fossem para algum lugar.

Fiquei ali por cerca de dezesseis meses, mas, quando ouvi falar que a fazenda de Morton, um negócio muito menor, estava procurando um tratador assistente, fui lá. Era uma das fazendas da vila nas quais eu trabalhara muitas vezes ao longo dos anos, e o emprego dava direito a uma pequena cabana de um cômodo, o que era perfeito. Monty, o tratador-chefe, era um artesão da velha escola, e eu sabia que iria aprender muito com ele. Ele me treinou e foi muito bom comigo; depositou em mim muita confiança, da qual, para minha vergonha, abusei. Mas eu estava no emprego errado.

Ele queria que eu matasse as raposas para impedir que apanhassem os pássaros jovens. Em vez disso, eu matava faisões e coelhos e os dava às raposas. Havia uma raposa fêmea em especial que eu havia observado durante meses. Ela construíra uma toca na linha das árvores, onde criava uma ninhada, e eu a vi transferir toda a ninhada para outra toca, que havia feito em outra linha de árvores em um campo diferente, do outro lado de uma estrada a cerca de 500 metros. Por alguma razão, ela devia ter decidido que eles já não estavam seguros no primeiro local, então os levou um por um, segurando-os pela pele do pescoço na boca, atravessando os campos sob a proteção da escuridão.

Isso foi quatro meses antes de eu ser apanhado. Monty descobriu as provas certo dia e me confrontou. Senti que o desapontara muito. Quando contei a história a Pete, meu amigo caçador ilegal, ele disse: "Você não pode correr com a raposa e caçar com os cachorros." Ele estava certo e o episódio em nada contribuiu para aumentar minha popularidade com os locais. Para eles, raposas eram pragas, e eu era desprezado por meus pontos de vista.

Estava sem emprego e sem casa, mas logo consegui trabalho em construção novamente e aluguei uma pequena cabana da vila, para onde me mudei com Sue, uma garota com quem estava saindo havia algum tempo. Não acho que fosse uma paixão para nenhum de nós, mas ficamos bem por algum tempo e casamos, sem nenhuma grande cerimônia, e tivemos uma garotinha, Gemma.

Nessa época comecei a estudar as raposas seriamente. Eu sabia que queria trabalhar com animais, não com tijolos e telhas, mas não conseguia ver como fazer isso, e a construção civil pagava o aluguel. Então lia livros e ia à floresta à noite e nos fins de semana.

Certa noite houve uma batida na porta e descobri que nem todos na vila estavam contra mim. Havia uma mulher de pé com um pequeno filhote de raposa escondido sob o casaco e o deu a mim. O filhote não podia ter mais de duas semanas de vida, e ela o achara faminto, com frio e à beira da morte. Sua mãe presumivelmente havia sido morta. Eu disse que ficaria com ele até ter idade bastante para se cuidar sozinho, e então o soltaria na floresta.

Eu o chamei de Barney, fiz uma pequena toca para ele no celeiro com um grande cano de esgoto forrado de palha e comecei a ensinar o que vira raposas ensinando aos pequenos. Quando ele tinha idade suficiente para comida sólida, eu o alimentei com ratos, camundongos e coelhos, que esfolava e picava, deixando a carne o mais parecida possível com a que sua mãe teria regurgitado, e gradualmente o acostumei com pele e animais inteiros. Então mostrei a ele como defender sua comida — abri bem minha boca e fiz um rápido som de risada, que vira raposas selvagens fazer. Ele aprendeu rapidamente e logo estava defendendo sua comida de mim. Brinquei com ele como havia visto tantos filhotes fazerem uns com os outros: perseguindo, rolando-o e tendo brigas de mentira.

Finalmente decidi que estava pronto para ser solto, mas antes passei várias noites na floresta com ele para que pudesse escutar os sons e dominar o local antes de deixá-lo cuidar de si mesmo. Quando chegou o momento de soltá-lo, eu não tinha ideia se meu treinamento seria de utilidade. Ele disparou na direção das árvores, se virou um instante para olhar para mim e desapareceu.

Imaginem minha alegria quando o vi muitas vezes nos anos seguintes e soube que todas aquelas horas que havia passado quando criança sentado, escutando, vendo e aprendendo haviam salvado a vida daquela jovem criatura.

5

Pela rainha e a pátria

Olhando para trás parece que tudo no começo da minha vida estava me preparando para meu futuro com lobos, embora na época não parecesse ter relação alguma. Pouco depois disso eu estava em King's Lynn com três colegas. Um deles precisava de dinheiro urgente, então estávamos em ruas secundárias roubando rádios de carros — não algo de que me orgulhe muito — quando alguém viu uma dupla de policiais vindo na nossa direção. Corremos para a High Street com os policiais atrás, procurando desesperadamente uma loja cheia na qual desaparecer. Devia ser um dia de fechamento antecipado, porque não havia nada aberto, a não ser um escritório de recrutamento do Exército, com uma reconfortante luz acesa. Saltamos para dentro sem fôlego e com o coração acelerado e anunciamos que íamos nos alistar. Imagino que não haviam recebido tanta gente na semana inteira; eles nos recepcionaram de braços abertos e nos levaram rapidamente para uma sala nos fundos para ver um vídeo sobre a vida no Exército. Perfeito.

Ficamos todos impressionados com o que vimos, e aquilo se tornou minha vida pelos sete anos seguintes. Nós nos alistamos naquela tarde, mas eu fui o único a ir até o fim. Eu nunca pensara em entrar para o Exército, e, se não estivesse fugindo da polícia, provavelmente nunca teria feito isso, mas quanto mais aprendia sobre ele, mais parecia a carreira perfeita para mim.

Minha relação com Sue estava no fim. Eu era selvagem demais, raivoso demais, desligado demais. Tinha vinte e dois anos e queria sair de Norfolk; não achava que houvesse nada para mim lá. Gostava da vida ao ar livre, gostava de exercício físico, estava acostumado a disciplina desde pequeno e era bom em aceitar ordens sem questionar. Todas elas eram qualidades que aprendera com meu avô, elementos fundamentais para um soldado bem-sucedido. Em uma das entrevistas me perguntaram por que eu queria entrar para o Exército e falei sobre os rádios de carro. Acho que eles provavelmente pensaram que eu estava brincando.

Fui enviado para cerca de oito semanas de treinamento básico no Woolwich Arsenal, onde dois dos três treinadores eram do 29º Regimento de Comandos da Artilharia Real. O encarregado era um homem chamado John Morgan, que passara pela seleção para as Forças Especiais, mas se ferira na última etapa. Era um homem forte, justo e equilibrado, nunca arrogante, capaz de lidar com tudo que a vida colocasse em seu caminho, mas não alguém que se devesse provocar. Se tivesse de apontar modelos em minha vida e os homens que respeitava — heróis ao estilo de meu avô —, ele seria um.

Seus colegas eram Lugsy Williams, assim chamado por causa de suas grandes orelhas, e um homem muito baixo chamado Corbet, conhecido como Ronnie por causa do comediante britânico Ronnie Barker. Corbet era um dínamo humano. O homem nunca parava — tenho certeza de que ele fazia estrelas e flexões dormindo. Eles costumavam se revezar para nos colocar no que chamávamos de corridas Bergen de 4, 5 ou 6 milhas, de botas e todo o equipamento, carregando até 30 quilos em uma mochila. Isso era além do treinamento normal e projetado para melhorar nosso preparo físico. Era terrível, e eu costumava rezar pela vez de John Morgan, porque ele era lento e constante, como eu. Os outros costumavam nos jogar no chão.

Eu me saí suficientemente bem nos testes escritos para poder escolher o serviço ao qual queria me juntar. Tendo visto fotografias de pessoas fazendo rapel de helicópteros e caminhando pela neve e esquiando, e tendo falado com John Morgan e Lugsy Williams, escolhi o 29° Regimento de Comandos da Artilharia Real. Na época ele estava baseado no HMS Drake, alojamentos navais no litoral sul, cerca de 5 quilômetros ao sul de Plymouth. A base normal do regimento era no Royal Citadel, um belo prédio do século XVII no centro de Plymouth, com muralhas de 21 metros projetadas para conter os holandeses nas guerras daquele século. Havia sido a mais importante defesa da Inglaterra nos cem anos seguintes, mas quando cheguei em 1986, o prédio estava sendo reformado e todo o pessoal do 29° havia sido transferido para as instalações modernas (construídas na década de 1880) na mesma rua.

O 29° de Comandos era um regimento de artilharia de apoio, parte da divisão de armas pesadas que apoiava a 3ª Brigada de Comandos dos Fuzileiros Reais. Em termos leigos, quando os fuzileiros tomavam as praias, estávamos lá para atrair fogo, mas era como se vivêssemos em uma terra de ninguém, entre dois mundos. Não éramos exatamente Marinha e não éramos exatamente Exército, e nenhum dos dois parecia gostar particularmente de nós. Íamos para todo e qualquer lugar a que os fuzileiros iam, e como a 3ª de Comandos era especializada em atuar em condições e temperaturas extremas — planícies geladas, selvas e desertos —, esses eram os lugares e condições em que treinávamos.

O treinamento inicial aconteceu no Centro de Treinamento de Comandos dos Fuzileiros Reais perto de Lympstone, em Devon. Foi a coisa mais dura que eu já havia experimentado — isso dito por alguém que passara anos fazendo telhados, subindo e descendo escadas correndo com pilhas de telhas. Não parávamos; corríamos ou fazíamos flexões, abdominais ou puxadas — treinamento de força e resistência — o dia inteiro. Isso fazia as corridas com Lugsy e Ronnie parecerem brincadeira de criança.

Era impiedoso; dia após dia nossos corpos eram levados ao limite. Fazíamos até três testes por dia. Estávamos desgastados, exaustos, além da exaustão física e mental. Eu entrava no banho à noite e sentia como se nunca fosse conseguir caminhar novamente — o amanhã nunca chegaria lentamente o bastante. Mas tudo era feito com um objetivo. Por sermos comandos, precisávamos não apenas da forma física para cruzar terreno hostil, como também da resistência mental para conseguir lutar e nos defender assim que chegássemos lá. Se não pudéssemos fazer isso, não teríamos serventia na unidade.

E quando não levávamos nossos corpos ao limite, estávamos lendo mapas, fazendo treinamento de sobrevivência em condições climáticas extremas, fazendo cursos de noção militar tática, aprendendo a cuidar de nosso equipamento, dominando o ambiente e nos preparando para ser jogados em zona inimiga à noite "por mar, por ar e por terra" — o lema da força.

Durante o treinamento éramos conhecidos como boinas, redução de boinas de *merda*, porque usávamos boinas pretas sem identificação. A prova final para conquistar a cobiçada boina verde era uma trilha de 48 quilômetros através de Dartmoor que tinha de ser completada em oito horas. Era uma combinação de corrida e marcha com equipamento completo. A taxa de abandono nesse estágio era entre 40% e 45%. Foi tão duro quanto qualquer coisa que havíamos feito, mas nossa equipe chegou no tempo. Não houve fanfarra de heróis, nenhuma cerimônia. Os instrutores estavam esperando por nós no ponto de chegada, e, enquanto mancávamos à beira do desmaio, eles jogavam as boinas verdes na nossa direção. Ainda me lembro da textura do material, da excitação de segurá-la apertada nas mãos enquanto retornávamos à base na traseira de um caminhão aberto, cansados e congelando — e a sensação de um inacreditável orgulho. Foi uma sensação de realização diferente de qualquer outra que já tive.

Não pudemos descansar sobre os louros. Aquilo foi apenas o começo. Passávamos entre oito e meio e nove meses por ano fora da base, e o treinamento que recebemos nesse tempo e os lugares que conhecemos foram fenomenais. Eu achava que sabia tudo sobre vida ao ar livre, mas estar na floresta de Norfolk não chegava perto das planícies geladas da Noruega no meio do inverno, quando pode fazer 20° abaixo de zero. Aquele lugar o matará se você não souber cuidar de si mesmo. Aprendi tudo sobre sobrevivência. Aprendi como me manter aquecido, como me manter saudável comendo o tipo de comida que o corpo pode usar em vez de comida que simplesmente sacia a fome ou é reconfortante. Aprendi como e onde cruzar lagos congelados e como tirar vantagem do ambiente. Nessas condições é possível ir de temperaturas abaixo de zero para 2 graus acima de zero fazendo algo simples como cavar um buraco na neve para se abrigar. Aprendi onde e como fazer esses buracos em menos tempo, usando um volume mínimo de energia.

Se estávamos viajando longas distâncias a pé naquele terreno nessas temperaturas, a pessoa da frente nunca abria a trilha por muito tempo. Ela nos liderava por cerca de 500 metros, depois parava e ia para trás, e a pessoa seguinte liderava por outros 500 metros, e assim por diante. A lógica era que abrir caminho em meio a neve alta é mais cansativo que seguir os passos de alguém, e, supondo-se que todos teríamos de lutar assim que chegássemos ao destino, todo soldado tinha de estar tão preparado quanto os demais.

Sempre pensei em como as pessoas haviam descoberto isso, mas só quando estive com lobos selvagens nas montanhas do centro de Idaho anos depois é que percebi que eles usavam exatamente a mesma técnica na neve. Após algum tempo o líder saía e ia para o fim da fila, garantindo que quando chegassem para a caçada todo animal houvesse conservado energia suficiente para ser eficaz. Minha aposta é que os inuit, o povo indígena da América do Norte e da Groenlândia, aprendeu com os lobos e transmitiu suas técnicas a nossas tropas especializadas quando elas chegaram para treinar nessas regiões.

Não houve nada que eu tenha aprendido em meu tempo no Exército que não fosse inestimável para meu trabalho com lobos, e muitas das técnicas de sobrevivência os lobos também usavam. Fui ensinado a, em combate, usar o elemento surpresa, combater o inimigo em um ambiente *conhecido*, onde as chances de manter o controle eram a *meu* favor. Uma pessoa sozinha contra 12 em terreno inimigo não tem chance, mas se apanhar esses 12 em um ambiente familiar as chances de sobrevivência aumentam consideravelmente.

Descobri que os lobos fazem exatamente isso. Eles sempre irão se assegurar de mudar o ambiente para aumentar suas chances antes de enfrentar um oponente. Vi três lobos atacando um urso que deveria pesar entre 350 e 400 quilos e mantendo o controle apenas por esperar que ficasse escuro como breu antes do ataque final. Por serem animais noturnos, os lobos ainda podiam ver claramente, mas o urso, que é fundamentalmente uma criatura diurna, estava em desvantagem.

Minha unidade não foi para o Afeganistão ou o Iraque; nossa única missão regular foi na Irlanda do Norte, mas fizemos várias excursões "corações e mentes" com as Nações Unidas. Eu me lembro especialmente de estar em Chipre, onde a ONU mantinha uma zona neutra entre as partes grega e turca da ilha. Certo dia fui para o lado turco entregar comida. Eu era o motorista e tinha um parceiro, mas assim que chegamos nos tornamos redundantes. Capangas locais se apresentaram e começaram a distribuir comida — e violência caso houvesse qualquer problema. Eu vi com cinismo todo o exercício; a mim parecia que só o que estávamos fazendo era ajudar os ricos a ficar mais ricos e os pobres a ficar mais pobres.

Enquanto esperava, percebi uma senhora lutando para empurrar um carrinho de madeira por um beco de paralelepípedos na direção do caminhão. Ela tinha um rosto enrugado e marcado e vestia preto, como muitas das mulheres dali. Os capangas não pareciam estar dando atenção alguma a ela, então eu silenciosamente carreguei o carrinho dela com comida e, enquanto ela seguia, murmurando, o empurrei colina acima até sua cabana, que devia ficar a 600 ou 700 metros. Eu não falava uma palavra de turco e ela não falava uma palavra de inglês, mas quando chegamos à porta, ela me agradeceu segurando minhas mãos nas dela. Então fez a coisa mais inacreditável: enfiou a mão no carrinho e tirou uma preciosa maçã, insistindo que eu pegasse. Tentei explicar que não precisava, que tinha muita comida, mas ela não me escutou. Fiquei muito comovido; aquela velha não tinha nada e eu tinha três refeições completas por dia. Sua generosidade de espírito era humilhante. Sua cultura e sua criação determinavam que ela retribuísse um ato de gentileza, e, por mais que eu admire os bilionários que dão milhões para a caridade, não há nada como o gesto de alguém dar uma fruta que pode fazer a diferença entre vida e morte.

Havia muitos motivos pelos quais eu adorava as Forças, e momentos como este certamente estavam entre eles. Tendo sido uma criança solitária, também gostava da noção de camaradagem. Adorava o estilo de vida de Homem de Ação ao ar livre e acreditava em tudo que as Forças Armadas defendiam. Era perfeito para mim. Eu me sentia seguro com a rotina e a disciplina. Tinha uma sensação de família entre meus colegas de farda. Imaginava que ficaria lá por muito tempo. Tentei até mesmo ingressar no reconhecidamente difícil Serviço Aéreo Especial (SAS) e no Serviço Embarcado Especial (SBS).

Normalmente você só pode se candidatar ao SAS estando no Exército, e ao SBS estando na Marinha, mas o governo começara a experimentar trocas. Eu me ofereci para fazer parte da experiência. O treinamento do SBS foi duro, mas depois fui para o País de Gales para o treinamento do SAS, e foi um massacre. Passei pelo primeiro estágio, mas não consegui chegar a Hereford, a base da unidade. Foi desapontador, mas eu me consolei por ter superado o primeiro dia. Das 150 pessoas que haviam começado, 40 ficaram pelo caminho antes do cair da noite. Seus corpos exaustos estavam jogados por Brecon Beacons como bosta de ovelha.

Eu obviamente não estava destinado a ingressar nas Forças Especiais, mas acabou se revelando que também não estava destinado a fazer uma longa carreira no Exército. Em vez disso ele provou ter sido um valioso aprendizado para o verdadeiro trabalho que eu iria fazer na vida.

6

Íntimo e pessoal

Desde o meu extraordinário encontro com aquele grande lobo creme no zoológico de Thetford eu queria ver e conhecer mais sobre essas criaturas que tanto haviam feito parte de minha imaginação quando criança. Comecei a ler livros de história natural, e muito do que havia aprendido sobre raposas ao observá-las durante anos parecia se aplicar ao que estava lendo sobre lobos. As raposas estavam sendo perseguidas cruel e sistematicamente por causa de uma reputação que, eu sabia, não mereciam; a humanidade dera um passo além no caso dos lobos, exterminando-os na maior parte do mundo. Comecei a pensar se todas as histórias negativas que havia escutado sobre lobos enquanto crescia seriam mais confiáveis que as falsidades que me haviam contado sobre suas pequenas primas ruivas.

Costumava haver lobos por toda parte. Houve um tempo em que eles estavam atrás apenas dos humanos em sua distribuição pelo planeta, e, quando os homens eram caçadores-coletores, caçavam as mesmas presas que os lobos e viviam bem lado a lado, em benefício mútuo. Eles eram respeitados como colegas caçadores poderosos e recebiam qualidades místicas e mágicas. Os norte-americanos nativos ainda acreditam que os espíritos de seus ancestrais vivem disfarçados de lobos. Eles não assinam um tratado a não ser que um lobo, ou atualmente um cachorro, esteja presente. Ao longo dos séculos houve inúmeras lendas sobre lobos amamentando bebês humanos. Rômulo e Remo, os gêmeos que fundaram Roma, teriam sido resgatados e criados pela loba que os encontrou descendo o rio Tibre em um cesto.

Mas quando o homem passou de caçador-coletor para fazendeiro e os lobos começaram a caçar seu gado, rapidamente passaram de heróis a vilões. Foram demonizados, perseguidos e caçados, em muitos lugares até a extinção. Embora estejam ameaçados, ainda são caçados em algumas regiões do mundo e amplamente temidos como criaturas selvagens que caçam à luz da lua, roubam bebês de berços e atacam pelas costas e dilaceram camponeses russos em trenós.

Eu havia sentido uma empatia tão intensa e intrigante com aquele lobo no zoológico que, baseado apenas no instinto e no hábito de me identificar com os marginalizados, senti uma necessidade irresistível de descobrir a verdade e fazer o que pudesse para ajudar e defender essas criaturas.

Isso logo se tornou uma obsessão. Descobri o Dartmoor Wildlife Park na aldeia de Sparkwell, perto de Plymouth, que tinha uma alcateia, e na primeira oportunidade fui para lá e conversei com os tratadores. Retornei várias vezes sempre que tinha uma folga do regimento e me ofereci para dar uma mãozinha quando eles estavam sem pessoal. Conheci o dono do parque, Ellis Daw, que vivia em uma casa imponente no meio dele, e logo me ofereci para trabalhar no Natal e em outros feriados nos quais os tratadores regulares queriam folga. Havia um apartamento em uma ala da casa no qual os tratadores viviam, e eu podia ficar lá. Sempre que tínhamos folga e meus amigos e colegas voltavam para casa para rever a família, eu ia para Sparkwell. Passei mais de dez anos sem retornar a Norfolk. Sentia que os lobos eram minha família.

O parque ficava em uma colina, cerca de 12 hectares no total, fazendo limite com o parque nacional Dartmoor. O cercado dos lobos ficava no alto da colina, ao longo da cerca do perímetro. Era um cercado pequeno, não muito mais do que 4 mil metros quadrados e para seis lobos, e delimitado por cercas de arame grosso com 1,80m de altura e portão duplo para impedir a fuga acidental de um lobo quando os tratadores entravam e saíam. Embora a área fosse pequena, tinha vegetação densa, e havia um talude no fundo, sob a sombra das árvores mais densas, onde os lobos haviam cavado uma toca subterrânea. Exceto por isso, havia uma cabana retangular baixa que parecia um abrigo antiaéreo e outra estrutura menor de teto plano onde os lobos pareciam gostar de ficar durante o dia. Os tratadores levavam carcaças para os animais em intervalos de alguns dias. Fora isso, o único contato que eles tinham com humanos era quando um dos animais precisava de cuidados veterinários. Os tratadores certamente não tinham o hábito de permanecer tempo algum do lado errado da cerca, e ninguém nunca chegava perto dos lobos à noite. O parque fechava antes de escurecer e todos os tratadores eram dispensados.

Era comum que todos que entravam no cercado estivessem armados com um cabo de vassoura. Era rotina com todos os grandes predadores, para o caso de algo dar errado, mas os lobos nunca eram ameaçadores. Ao contrário, pareciam se sentir ameaçados por nós. Entravam em pânico quando alguém chegava perto; disparavam para o canto mais distante do cercado ou desapareciam sob a terra e só se aproximavam da comida quando estávamos bem longe. Eles não me pareciam criaturas maldosas que atacariam assim que nos vissem.

A curiosidade logo foi mais forte. Eu queria chegar perto daqueles animais e saber mais sobre eles, e comecei a me sentar em silêncio dentro do cercado. Fiquei sentado lá horas a fio, por várias semanas, esperando que os lobos pudessem começar a se interessar, como as raposas haviam feito, e fossem me investigar. Não fizeram isso. Então me dei conta do que estava fazendo de errado. Estava invadindo o território deles à luz do dia, quando *eu* me sentia confortável. Fiquei pensando no que aconteceria caso eu mudasse a aposta e, como havia feito com as raposas, me aproximasse deles à noite, quando eles estavam em vantagem. Será que então teria uma compreensão melhor de como aquelas criaturas realmente eram? Apliquei às avessas a psicologia que havia aprendido no exército. Queria que os lobos sentissem que *eles* tinham vantagem, não eu. Meus colegas haviam ficado chocados com meu desejo de me sentar no cercado durante o dia, e, quando disse a eles que gostaria de entrar à noite, acharam que eu era louco de carteirinha. Mas Ellis Daw, o dono que eu então já conhecia muito bem, me deixou experimentar.

Nem mesmo hoje tenho ideia do que queria com aqueles lobos ou por que me sentia tão compelido a conhecê-los daquela forma. Talvez fosse uma jornada de descoberta pessoal, para apagar os fantasmas da minha infância. Talvez fosse porque eles me lembravam os cães com os quais havia crescido e eu esperasse sentir com os lobos um pouco do conforto e da segurança que sentira com os cachorros — e que não experimentava plenamente desde a morte de meu avô. Ou talvez apenas estivesse completamente maluco. Só sei que me incomodava que aquelas belas criaturas achassem tão estressante o contato com seres humanos e esperava que, se me conhecessem, eu de alguma forma seria capaz de tornar um pouco melhores suas vidas em cativeiro.

Certa noite de lua nova vesti um velho agasalho de corrida e, tomando a coragem com as duas mãos, entrei no cercado e fechei as portas atrás de mim. Estava aterrorizado, absolutamente aterrorizado; pelo que sabia, ninguém nunca havia feito aquilo antes — e houvera muitos acidentes com lobos em cativeiro. Não havia como saber como aqueles lobos poderiam reagir, se iriam se esconder ou me fazer em pedaços. Mas eu tinha de descobrir. Envolvido pela escuridão e tropeçando em galhos caídos e raízes de árvores, fui na direção do talude no alto e me sentei para esperar não sabia bem o quê. Era difícil ver, e a noite estava cheia de barulhos estranhos, com os animais noturnos do parque se exercitando. Mas em pouco tempo comecei a relaxar. Os lobos permaneceram escondidos nas sombras e não me deram motivo de preocupação. Comecei a me sentir confortável com a escuridão. Quando criança eu adorava o escuro e os barulhos da floresta; eles me faziam sentir seguro quando estava deitado na cama sob o grosso cobertor preto em Norfolk, e começaram a me deixar seguro também ali.

Fui ao cercado todas as noites durante uma semana e meia. Vesti as mesmas roupas, sabendo, por minha experiência na floresta, da importância do cheiro, embora na época não soubesse que a dieta também era importante. Eu estava comendo a comida humana normal, mas, à medida que aprendi mais, descobri que teria de mudar. Nas três primeiras noites eu me sentei no mesmo lugar; embora os lobos mantivessem distância, eu sabia que eles estavam começando a ficar curiosos. Na noite seguinte me levantei e mudei para outro ponto do cercado durante a noite. Eles imediatamente se espalharam, como se assustados, mas pude ver que dois dos lobos foram para onde eu estivera sentado para investigar meu cheiro e farejar ou urinar sobre ele. Depois se instalaram a uma distância segura, mas eu tinha consciência de que me observavam. Isso continuou assim mais algumas noites. Eles estavam interessados, mas não tinham coragem de se mostrar e me encarar.

Na noite seguinte um dos lobos, Reuben, que hoje sei que era o animal beta, caminhou corajosamente na minha direção e começou a me farejar e farejar o ar. Não tocou — estava apenas me conferindo; e fez isso por duas noites. Na seguinte eu estava sentado no talude no ponto mais alto do cercado, com as pernas dobradas à frente. O mesmo lobo foi até mim, fazendo exatamente o que havia feito nas duas noites anteriores: me farejou, farejou o ar, farejou minhas pernas, e de repente, sem aviso, avançou e em uma fração de segundo seus incisivos deram uma mordida forte e muito dolorosa na carne do meu joelho.

Fiquei paralisado. Não sabia o que fazer. Se me levantasse e corresse, ele correria atrás de mim com o bando e me derrubaria? Se avançasse nele, isso o deixaria mais agressivo? Então, por pura ignorância, fiquei lá sentado, pensando: Deus do céu, é isso, fim de papo.

Mas ele recuou e me olhou interrogativamente, como se avaliando minha reação. Então se virou e desapareceu na escuridão, e não o vi novamente até a noite seguinte, quando voltou e fez exatamente a mesma coisa. Ele repetiu o comportamento todas as noites durante umas duas semanas, momento em que meus joelhos estavam cobertos de hematomas. Ele podia morder um joelho diferente ou meu queixo, mas o procedimento era sempre o mesmo; se aproximava, farejava, avançava e desaparecia na noite. Algumas vezes fazia isso duas ou três vezes por noite.

Eu não tinha ideia do que ele estava fazendo, mas sabia que ele não queria me machucar de verdade, porque nunca prosseguiu com qualquer sinal de agressão e nunca chamou outro lobo para se juntar a ele — e com mandíbulas capazes de aplicar uma pressão de 35 quilos por centímetro quadrado, arrancaria minha patela em segundos. Mas ele escolheu não o fazer, e foi isso que me fez voltar em busca de mais. A única marca que tinha de seus ataques eram linhas finas de contusões nos joelhos e nas pernas, como mordiscadas amorosas de lobos. Não reagi em nenhuma oportunidade, e mais tarde descobri que foi o que me salvou.

Eu me dei conta de que a primeira coisa que um lobo faz é descobrir se um recém-chegado é confiável; e ele faz isso vendo como o estranho reage a uma mordida. O lobo que chega imediatamente expõe a área vulnerável da garganta para indicar que veio em paz e o lobo estabelecido o dominará até estar satisfeito de que não há ameaça. Se eu houvesse me afastado ou gritado, tudo acabaria muito rápido.

Após duas semanas de mordidas Reuben passou a transferir seu cheiro para mim. Começou pelos pés, esfregando-os com o lado da cabeça, os dentes, a parte de trás das orelhas, a nuca e o rabo. Depois fez o mesmo com minhas pernas, nunca mordendo, apenas se esfregando. Se eu me levantasse ou me movesse durante o processo, ele me mordia, recuava, e se eu não reagisse — coisa que não fazia —, avançava e começava a se esfregar em mim novamente. Percebi que ele estava me testando. Esse é o papel do beta na alcateia: proteger os outros e atuar como segurança na porta, garantindo que nenhum indivíduo indesejado ou ameaçador a transponha. Devo ter mostrado que era aceitável, pois, após quatro ou cinco semanas, ele começou a trazer outros membros do bando.

É o processo que ocorre no mundo selvagem quando um lobo solitário tenta ingressar em uma alcateia estabelecida, como mais tarde descobri. Todos os que foram me encontrar tinham alta posição e inicialmente não me tocaram; apenas ficaram atrás de Reuben, observaram e farejaram enquanto ele se movia lentamente ao redor de meu corpo, mordendo. Ele mordeu minha nuca, não com tanta força quando havia mordido em outros pontos, mas o suficiente para abrir feridas que viraram cascas. Uma ou duas vezes tentei me mover para me esfregar nele, mas qualquer movimento, sutil ou súbito, me garantia outra mordida. Ele mordia para me manter no lugar — e garantir que eu podia lidar com o mundo deles, no qual mordiscadas e mordidas são uma parte importante da comunicação.

Eu sabia que o cheiro era importante, e descobri que, se colocasse roupas diferentes, tomasse banho ou comesse comidas diferentes, o macho beta voltava a me morder até ficar satisfeito de que o novo cheiro não significava que eu iria reagir de modo diferente à abordagem ou que minha disposição havia mudado. Os outros lobos de alta posição faziam o mesmo, mas ele não envolveu todos os lobos do cercado. Eu iria aprender que os membros inferiores do bando não questionam o que os membros superiores decidem; eles são soldados — têm um importante papel, mas não é função deles pensar por conta própria.

7

Uma questão de moralidade

Eu me senti muito lisonjeado por aquelas criaturas confiarem tanto em mim a ponto de estarem dispostas a se esfregar em mim, e tive uma inacreditável sensação de realização por ser tolerado. Aquilo significava mais para mim do que qualquer relação humana que havia estabelecido. Eu me vi ansiando pelo fim de cada dia, quando poderia ir e ficar novamente com eles, e passei a ficar cada vez mais tempo à noite. Era um grande privilégio ser autorizado a sentar em meio àquele grupo familiar e sentir que de alguma pequena forma eu estava me tornando parte dele. Estava começando a precisar daquelas criaturas que havia temido por tanto tempo; queria estar com elas. Mas o que elas pensavam de mim? O que pensavam que eu era? Elas sempre ficavam curiosas quando eu chegava, mas o que pensavam quando as deixava? Será que sentiam minha falta? Eu estava atribuindo a elas valores e sentimentos humanos que, depois descobri, não faziam parte do seu mundo. Eu tinha de aprender a desligar os meus próprios.

Depois de algum tempo eles começaram a me receber quando entrava no cercado durante o dia e a me testar da mesma forma como faziam à noite, um sinal claro de que me reconheciam e aceitavam. Havia algumas mordidas e um pouco de interação que os outros tratadores começaram a perceber. Era bom ver a reação deles, observar a surpresa em seus rostos e vê-los reavaliando seus pontos de vista acerca daquelas criaturas que eles mantinham a distância com cabos de vassoura. Pouco a pouco os dias e as noites se fundiram, descobri que uma semana se passara e os únicos momentos em que havia ficado longe dos lobos haviam sido em escapulidas para comer. Um dia levei um saco de dormir, mas foi um erro. Os lobos o despedaçaram. Eles aceitavam minhas roupas, mas nada mais; e a verdade era que eu não precisava de nada mais. Quando me deitava para dormir, eles se instalavam comigo, e o calor de seus corpos me aquecia. Era difícil conter minha excitação com o que conseguira com eles.

Mas nunca me permiti ficar despreocupado. Eu sabia que tudo podia acontecer e que o fato de que minha última interação ter sido boa não garantia que a seguinte também seria. Eu ficava apreensivo sempre que entrava no cercado, pensando no que aconteceria a seguir. Via o modo como eles se comportavam entre si — o modo como lutavam e brincavam, rosnavam e batiam os dentes —, e sabia que, se eles começassem a me tratar da mesma forma, eu não seria capaz de suportar. Minha pele não era grossa como a deles. Eu não tinha o corpo coberto de pelo grosso, e se eles fossem duros comigo como havia visto serem uns com os outros aquilo não apenas doeria como eu poderia ficar gravemente ferido. Será que eles reconheceriam que meu corpo era completamente diferente do deles? Seus pescoços e gargantas, duas das áreas que eles mais usavam para se comunicar, também eram as partes mais protegidas de seus corpos. Minha garganta era uma das mais vulneráveis. Uma mordida como as que eu os vira dar em outros lobos seria o meu fim.

Mas aquela sensação de perigo era tão cativante quanto assustadora. Era como assistir a um filme de terror atrás de um travesseiro, não querendo ver, não querendo desligar e não sendo capaz de resistir a uma espiadela. A excitação e o prazer que extraía de estar com os lobos superavam o risco. Eu me sentia à vontade com eles; admirava a hierarquia que obviamente governava a alcateia, a disciplina que eles impunham aos membros que rompiam limites ou avançavam para comer antes dos mais velhos e melhores. Na época eu não conseguia colocar isso em palavras, mas o que mais tinha era uma sensação de fazer parte de algo. Ali estava um grupo de algumas das criaturas mais temidas e reverenciadas da Terra, e elas me aceitaram nele. Eu passara por exames de admissão rigorosos, colocara minha vida em risco e, por uma mistura de sorte e intuição, havia sido aprovado.

Mas eu não iria me embalar em satisfação pessoal por muito tempo. Certa noite entrei no cercado, exausto de um longo dia, e adormeci. Eu estava deitado, roncando, e, sem avisar, Reuben correu e pulou no meu peito, aterrissando com as quatro patas. Mais de 54 quilos de lobo no peito é um senhor despertador. Logo após aterrissar, ele se afastou e ficou me observando intrigado antes de começar a marcar os limites, deixando seu cheiro. Ele continuou olhando para trás, como querendo que o seguisse, e eu cometi o erro de ignorá-lo e voltar a dormir. Não me dei conta até ser tarde demais de que ele estava tentando me ensinar a identificar seu cheiro e que aquela era uma lição importante, pois sua missão era cuidar da dupla alfa, o que incluía a disciplina da caçada. Qualquer comida que tivesse seu cheiro estava reservada para eles.

Os alfas são os membros mais importantes por serem os tomadores de decisões, e sem eles a alcateia não tem liderança. Portanto, sua sobrevivência está acima de tudo. Se a comida é escassa, eles comem primeiro e podem ser os únicos a comer. Os outros membros da alcateia não comerão, nem mesmo os filhotes, e passarão fome se necessário. E o resto do grupo sabe que não deve tocar em nada que tenha o cheiro do beta. Eu aprendi da forma mais dura.

Era normal nas caçadas locais abater pássaros na temporada, e certo dia três patos caíram dentro do cercado. Na época eu não sabia muito sobre as diferentes comidas dos lobos ou o valor que davam a elas. Nos meses de inverno, quando é frio e há neve no solo, patos gordos e gordurosos são uma valiosa fonte de alimento para os animais de alto nível. A dupla alfa pegou os dois primeiros patos, e, embora eu não quisesse comer, achei que seria melhor proteger a minha parte, então apanhei o terceiro, ignorando que o lobo beta havia deixado um arco de cheiro ao redor dele.

Eu estava no chão em fração de segundo. Reuben se lançou sobre mim a cerca de 3 metros de distância com tanta força que me senti atingido por um trem. O pato voou no ar, caiu nas minhas costas e ficou lá, de asas abertas, enquanto ele prendia meu rosto nas suas mandíbulas e apertava. Ele ao mesmo tempo rosnava, um rosnado ameaçador grave, e saliva acumulava-se em seus lábios. Eu podia sentir os ossos das bochechas cedendo à pressão. Soava como um punhado de galhos secos sendo esmagados. Pensei, é isso — acabou. Ele vai me matar, e brevemente pensei no que poderia fazer, mas estava sendo apertado contra o chão com tanta força que minhas opções eram limitadas. Então decidi fazer o que ele já havia me ensinado: demonstrar respeito e confiança, sabendo que, com o arsenal de que dispunha, se ele tivesse querido me matar, eu já estaria morto. Ele estava me ensinando uma lição. Então tentei virar a cabeça para expor o pescoço, que eu aprendera ser a área vulnerável da confiança, e quando fiz isso ele passou a mordida do rosto para o pescoço, ainda rosnando. Ele me manteve imobilizado por mais alguns segundos e depois soltou e recuou, ainda rosnando, os dentes à mostra.

Se eu houvesse lido os sinais corretamente e soubesse o que buscar, para começar, nunca teria tentado apanhar aquele pato. Teria percebido a evolução do comportamento dele até aqueles rugidos e bater de dentes enérgicos, que deveriam chamar minha atenção para suas armas e o que elas fazem. Ele estava me alertando, e eu deveria ter visto a posição de suas orelhas me dizendo que ele protegia aquele pato de longe. Elas estariam esticadas para fora como as asas de um avião, para indicar que cobriam algo que pertencia a ele.

Foi uma experiência que mudou toda a minha perspectiva. Saí do cercado pensando em quem no nosso planeta eram os monstros. Os humanos classificaram os lobos como assassinos impiedosos, mas a verdadeira força é ter as armas e não as usar. Tendo aquele tipo de poder assassino à sua disposição, quantos humanos teriam a contenção de não o usar?

Eu havia passado sete anos no Exército sendo parte da brutalidade do homem contra o homem e cada vez mais nauseado com isso. Se fosse um homem religioso, poderia ter me voltado para a Igreja em busca de perdão por meus pecados e pelos pecados da minha espécie, como muitos veteranos do Exército fazem. Em vez disso, vi aquelas criaturas e senti o que só posso descrever como um laço espiritual com elas. Aquele lobo no zoológico olhara dentro da minha alma e vira a dor que marcara minha infância. Aqueles lobos pareciam sentir minha angústia e minha vergonha, e, de alguma forma, senti que eles eram o segredo da minha redenção.

Havia muitas coisas que eu adorava no Exército; ele me levara por todo o mundo. Adorava os desafios, adorava ser parte de uma equipe de elite. Era excitante ter o controle de armas pesadas, mas a guerra moderna é tão distante da realidade que na maior parte do tempo eu não sabia pelo que estava lutando. Fiquei cada vez mais desiludido. Eu havia sido criado para matar pelas razões certas e para respeitar o animal que matava e respeitar seu lugar no mundo. Como soldado, fazia parte de uma organização que matava por outras razões, e eu não tinha estômago para elas.

Para mim, a gota d'água foi na Irlanda do Norte, onde eu servi bastante tempo. A província era como uma zona de guerra. Eu me lembro de certo dia andar uniformizado por uma rua e ter de me defender de um grupo de crianças, com no máximo 6 ou 7 anos. Elas gritavam palavrões e arremessavam cacos de tijolos e qualquer coisa em que colocassem as mãos. Tenho certeza de que o único motivo pelo qual faziam aquilo era terem visto os pais e avós fazerem o mesmo, mas havia muito ódio nos olhos delas. Aquelas crianças deveriam estar em casa brincando de Lego, vestindo bonecas ou assistindo a *Vila Sésamo*; deveriam estar em qualquer lugar, menos naquelas ruas, porque os tijolos de hoje serão as bombas de amanhã.

Não sei se matei alguém na Irlanda do Norte. Disparei durante batalhas e pessoas morreram, mas nunca soube se foram minhas balas que as mataram, nem quero saber. Era suficientemente nauseante ter feito parte daquilo. Não era a batalha certa a travar, e descobri que era muito difícil lidar com isso. As pessoas que queriam o Exército lá não gostavam de nós, e as pessoas que não queriam nos odiavam com tanta paixão que só o que fazíamos era alimentar a situação. Tinha de haver uma forma melhor, e, no final, anos depois, eles descobriram: conversaram.

No pouco tempo que eu passara observando lobos pude ver uma clara diferença entre a agressão deles e a nossa, e suspeito que um dia, há centenas de anos, não havia grande diferença. Os lobos têm o poder de matar e ameaçam usar esse poder o tempo todo, mas só o usam quando necessário. Eles lutarão até a morte para salvar sua família e preservar os recursos alimentares que permitirão à família sobreviver ao inverno, e serão arqui-inimigos de outras alcateias, mas também respeitam seus rivais e os valorizam pelo que fazem. Não valorizamos nossos inimigos; na guerra moderna sequer precisamos ver nossos inimigos — podemos matá-los apertando um botão, e a maioria de nós que participa da luta sequer sabe por que eles são nossos inimigos. A matança é sem sentido e desnecessária — e a moralidade, altamente questionável. Bastava para mim.

8

Passagem para uma nova vida

Eu tinha lobos sob a pele e minha cabeça estava a mil. Só sentia desprezo por meus pares humanos e admiração por aquelas criaturas que haviam me aceitado em seu mundo. Era no mundo deles que eu queria ficar. Era mais seguro que o meu, mais disciplinado, e com uma sensação maior de pertencimento.

Então, pouco depois de sair do Exército eu me vi em um avião para os Estados Unidos. Era uma insanidade sob qualquer ponto de vista. Iria me encontrar com um homem que não conhecia, para trabalhar em um programa para o qual não era qualificado, em um país onde não conhecia ninguém, e havia vendido todos os meus bens para comprar a passagem. O homem era um nativo americano de quem eu ouvira falar, um membro da tribo Nez Percé chamado Levi Holt. Ele dirigia o Centro de Educação e Pesquisa de Lobos em terras tribais perto de Winchester, em Idaho, com um grupo em cativeiro concebido para ensinar às pessoas sobre os lobos e dar aos membros da tribo uma oportunidade de ter contato com sua cultura. Também comandava um polêmico programa de reintrodução de lobos selvagens nas Montanhas Rochosas. O programa era implantado por uma equipe de biólogos altamente qualificados, e eu não tinha mais que um diploma básico de marcenaria.

Tudo começou quando vi na televisão um documentário chamado *Living with Wolves*, com um casal americano chamado Jim e Jamie Dutcher. Eles passaram seis anos vivendo com um grupo em cativeiro em Idaho. O filme era absolutamente fascinante; o casal havia feito o mesmo que eu e chegado às mesmas conclusões sobre a estrutura do grupo, a hierarquia e a importância da família para as criaturas. Era como se houvéssemos vivido vidas paralelas. Após seis anos a autorização para manter os animais expirara e eles precisaram encontrar um novo lar para os lobos. A tribo Nez Percé se apresentara para o resgate, especialmente Levi Holt.

Eu nunca me encontrara com Levi, mas falara com ele pelo telefone, dizendo que gostaria de ir para Idaho e estudar. Ele disse que tudo bem, mas, como era um programa científico e eu não era qualificado, teria de fazer um estágio para que eles tivessem certeza de que eu sabia registrar os dados corretamente e era capaz de ajudar os biólogos em campo. Então me disse quanto custaria, e mencionou um número que claramente me deixou sem fôlego. Era de vários milhares de dólares, e Levi percebeu minha reação pelo telefone.

— Qual o problema? — perguntou.

— Eu vendi tudo. Mal tenho dinheiro suficiente para a passagem — respondi.

— Então o que vai fazer?

— Ouvi dizer que você tem um bando em cativeiro que usa como embaixadores para ensinar às pessoas sobre lobos. Eu trabalhei em parques naturais com lobos em cativeiro, talvez pudesse ajudar com eles, e isso pagaria o meu estágio.

— O dia só tem 24 horas — disse ele. — Como você pretende fazer?

— E se eu trabalhasse o dia inteiro e estudasse à noite?

— Espere um pouco. Vamos ver se entendi bem. Você quer vir para cá, trabalhar o dia inteiro e estudar a noite inteira para seu estágio?

— Sim.

O telefone ficou mudo pelo que pareceram horas, enquanto ele consultava seus colegas.

— Certo — disse ele. — Compre a passagem, venha e veremos o que podemos fazer.

Só mais tarde descobri como eles haviam rido com aquele britânico maluco que estava se preparando para ir para lá sem nada além da promessa de uma tenda na qual dormir, mas minha idiotice os atraíra.

Uma semana depois eu estava no avião, e tenho de admitir que aterrorizado. Eu não sabia no que havia me metido. Vendera meu carro, minhas coisas, minhas facas, a maior parte de equipamento e roupas e juntara o dinheiro da passagem. Se tudo desse errado, eu não tinha nada para o que voltar.

Voei para Boise, capital de Idaho, que fica no sudoeste do estado, onde fui recebido por um alto caubói texano chamado Rick, casado com Cathy, uma voluntária no centro juntamente com Levi. Eu passaria a noite com eles, e na manhã seguinte ela me levaria de carro a Winchester. Após uma refeição muito agradável e uma noite confortável na casa deles, Cathy, eu e uma amiga que ela levava para lhe fazer companhia na volta partimos para a reserva ao amanhecer. Rick ficou cuidando do filho pequeno deles. Era uma viagem de cerca de 400 quilômetros, e a neve fraca sob a qual partimos logo se tornou uma tempestade mais séria. Paramos várias vezes no caminho para colocar correntes de neve nos pneus e depois retirar quando a estrada ficava limpa, mas no momento em que chegamos às Montanhas Rochosas a neve era alta e as correntes, permanentes. Estávamos na terra dos lobos — terreno pedregoso, florestas de pinheiros e montanhas cobertas de neve —, e a maior parte do tráfego na estrada era relacionada à indústria madeireira: enormes carretas levando madeira de um lado para o outro. Passamos a maior parte do dia no carro, e, enquanto seguíamos, Cathy explicou o trabalho que era feito no Centro e como funcionava o programa de soltura de animais.

O problema havia sido uma batata quente política por muitos anos, desde que o Serviço de Pesca e Vida Selvagem dos Estados Unidos, responsável pela proteção de espécies ameaçadas, sugeriu um plano de recuperação para o lobo em 1980. O lobo foi oficialmente classificado como ameaçado em 48 estados em 1978. O plano era reintroduzir lobos no noroeste de Montana, centro de Idaho e no parque nacional de Yellowstone, mas foi repetidamente alvo de ações jurídicas, movidas principalmente por comunidades agrícolas que temiam que os lobos selvagens matassem seu gado. Finalmente, em 1994, após muita discussão, o secretário do Interior assinou o plano de soltura, pedindo que órgãos estaduais administrassem os lobos após a libertação, mas os três estados se recusaram a colaborar. Finalmente os Nez Percé apresentaram um programa de administração para Idaho, e em janeiro de 1995, após 15 anos de discussão, 15 lobos cinzentos canadenses foram soltos em cerca de 5,2 milhões de hectares de floresta nacional nas Rochosas. Dois anos depois foram soltos outros vinte, e eles estavam se saindo tão bem que os biólogos já previam que não seriam necessários mais de sete anos para que fossem retirados da lista de espécies ameaçadas de extinção.

Chegamos ao Centro quando começava a escurecer, e todos saíram para nos receber. Acho que estavam ansiosos para dar uma olhada no maluco que tinha vindo da Inglaterra. Ficava a cerca de meia hora de carro da cidade de Winchester, subindo uma trilha sinuosa na montanha. Toda a região era de uma beleza de tirar o fôlego, com trilhas na montanha em meio a florestas de pinheiros e abetos. A principal atração era um grande lago que atraía para a região turistas, além de águias e pássaros pescadores. No verão o lago oferecia canoagem e esportes aquáticos, e no inverno, patinação e pesca no gelo. A população da cidadezinha era de menos de trezentas pessoas, e as instalações se limitavam a uma cantina, um bar, uma mercearia e um posto de gasolina, e era aonde íamos toda semana para comprar provisões, tomar banho e lavar roupas.

No acampamento não havia água corrente nem eletricidade; a água potável tinha de ser levada e a comida era feita em fogões a propano. Um dos biólogos me mostrou o lugar. As acomodações incluíam um conjunto de tendas cônicas individuais, uma menor que era o toalete e uma barraca maior, isolada das habitações principais, que funcionava como cozinha e refeitório e onde sempre havia um grande bule de café à disposição. Ela ficava isolada porque com frequência ursos saíam da floresta em busca de comida, e qualquer comida tinha de ser enterrada ou pendurada para tentar impedir que eles a pegassem. As tendas eram distribuídas de acordo com a antiguidade, e as no centro do acampamento tinham maior prestígio. Percebi que havia uma que não poderia estar mais distante. Ficava bem no limite da floresta; tinha um buraco no teto, limo crescendo nas laterais da lona e uma porta pendurada. Pena do pobre-diabo que tinha de viver nela, pensei. E, sim, eu era o pobre-diabo.

As tendas eram semipermanentes. Tinham um piso de madeira, uma cama de madeira suspensa a cerca de 90 centímetros do chão e um pequeno fogão a lenha, fundamental naquela temperatura. Naquela noite, fiquei sentado em minha tenda escutando os lobos que iria encontrar pela manhã e aumentei o fogo com madeira. Eu estava quebrado, não tinha o equipamento certo porque havia gastado tudo na passagem e pegara emprestado com um amigo um saco de dormir pequeno demais. Não tinha travesseiro nem confortos como os que decoravam as outras tendas, mas no momento em que pousei a cabeça meus nervos repousaram, e tive uma sensação muito boa na boca do estômago. Senti que poderia ser aquilo o que estava buscando.

Na manhã seguinte acordei antes de todos os outros, excitado e desconfortável demais para dormir. Calcei minhas botas do Exército, vesti algumas camadas a menos do que gostaria e saí para o frio da primeira luz da manhã; devia estar fazendo 26 graus negativos. Achei que poderia compensar as roupas de baixa qualidade com meu conhecimento de técnicas de sobrevivência, cuja regra de ouro é ter consciência da temperatura do seu corpo e resistir à tentação de vestir tudo o que tem. Se você se aquecer e suar, tudo fica molhado e, depois, gelado. À medida que o sol começava a se erguer sobre as montanhas Sawtooth, vi a beleza das vizinhanças. A neve tinha entre 60 e 90 centímetros de profundidade, quebradiça sob os pés e pesada no topo das árvores — árvores magníficas de troncos enormes que se erguiam mais de 30 metros acima da minha cabeça e cheiravam levemente a baunilha. O silêncio era tal que seria possível ouvir um alfinete caindo; eu havia chegado ao paraíso.

O cercado dos lobos ficava no centro do acampamento, perto do centro de visitantes, onde o público ia ver os lobos e aprender sobre eles e a história e a cultura dos Nez Percé. Era uma das principais atrações turísticas da região, mas também muito útil como forma de reduzir o medo e o preconceito que tantas pessoas tinham contra essas criaturas. Eles tinham em cativeiro onze lobos cinzentos vivendo em 19 hectares de floresta com cercas duplas e uma faixa entre elas. Meu trabalho era caminhar entre as cercas no começo da manhã procurando aberturas ou montes de neve congelada que pudessem levantar o solo o bastante para que os lobos escapassem por cima.

Depois do pequeno cercado de Sparkwell era bom ver que aqueles lobos tinham tanto espaço para percorrer, embora em visitas posteriores eu me desse conta de que mesmo aqueles lobos podiam sofrer dos distúrbios de comportamento que vira em pequenos cercados e sempre atribuíra ao espaço apertado. Aqueles animais tinham tudo que a natureza oferecia e ainda assim começaram a ter dificuldade em viver uns com os outros. Era uma valiosa lição de que o espaço não era o fator mais importante. Descobri que o que faltava era um grupo rival. Assim como os seres humanos se unem em face de uma ameaça ou um inimigo comum, também os lobos. Se a vida é fácil demais, a comida abundante e não há perigo imediato, eles começam a se voltar uns contra os outros.

De volta da patrulha matinal, eu ia à barraca da cozinha e preenchia o diário, anotando todas as descobertas incomuns. Então me servia uma caneca de café preto quente, ou, se não houvesse ninguém acordado, fazia o primeiro bule da manhã. Café era a única coisa fornecida. Todos compravam e preparavam sua própria comida, mas havia café à vontade o dia inteiro, e nas três primeiras semanas vivi de café e jujubas, a goma que descobri que podia comprar muito barato na mercearia de Winchester. Eu costumava descer — a caminhada levava cerca de duas horas — e comprar quase um quilo e meio por vez, o que me sustentava durante a semana seguinte. Elas eram cheias de açúcar, claro, o que me dava um pique instantâneo seguido por um bode terrível. Não era a dieta ideal para quem trabalhava 18 horas por dia em temperaturas abaixo de zero, mas eu não tinha dinheiro suficiente para mais nada, e sabia que era questão de tempo antes que não pudesse sequer pagar as jujubas.

Éramos no total umas doze pessoas, a maioria delas da tribo. Havia um gerente de animais permanente, dois gerentes do centro, dois ou três biólogos e cerca de cinco ou seis estudantes o tempo todo. Eles eram formados ou pessoas precisando concluir trabalhos acadêmicos antes da graduação, e permaneciam cerca de três meses. Academicamente eu estava abaixo de todos e sabia que tinha a oportunidade da minha vida. Vivia com medo de que eles me mandassem embora a qualquer momento e estava desesperado para aprender o máximo que pudesse antes disso. Havia muito a aprender, e era um privilégio inacreditável estar entre aqueles nativos americanos que haviam vivido com lobos durante séculos e os viam não como inimigos ou uma forma de vida inferior, mas como irmãos e mestres

Levi Holt correspondia a tudo o que eu poderia esperar. Era difícil adivinhar sua idade, mas ele devia estar na casa dos 50 anos e era o protótipo do chefe indígena. Tinha o rosto marcado, vincado e emoldurado por cabelos negros retintos que desciam em duas tranças compridas até a cintura. Possuía o ar de quem conhecia tudo e não deixava nada passar. Em ocasiões especiais ele vestia traje tribal completo, mas no dia a dia usava jeans, camisetas, suéteres e anoraques, como o resto de nós. Quaisquer ilusões românticas que eu pudesse ter sobre como os Nez Percé estariam vivendo na reserva — baseados nos filmes de faroeste que havia visto — foram instantaneamente destruídas. Não havia tendas pintadas, cavalos apaloosa, tangas ou bisões pastando ao fundo. *Nós* vivíamos em tendas no centro, mas aquelas eram pessoas muito pobres e no resto da reserva elas viviam em casas terrivelmente pobres, vestindo roupas americanas baratas, dirigindo carros arruinados e ganhando a vida como possível. Eram uma sombra do que haviam sido antes, mas ainda tinham grande respeito pela terra e os rios — o meio ambiente — porque nunca haviam perdido o contato com os elementos que os sustentavam. Eles bebiam dos rios e tiravam sua comida da terra e das criaturas que andavam sobre ela.

Eu nunca havia conhecido pessoas que, mesmo em terrível adversidade, estivessem tão dispostas a rir. Com eles, todo dia começa e termina com um milagre, e fazer parte disso, mesmo por um breve período, foi fantástico. Eles eram muito ligados às suas famílias, seus ancestrais e ao mundo natural que os cercava. Não entendiam como o homem branco tratara mal a Terra, envenenando-a com agricultura intensiva e pesticidas, poluindo rios, destruindo florestas e perturbando o delicado equilíbrio da natureza. Eles queriam ser donos da terra para poder purificá-la e mostrar às futuras gerações como viver nela, com ela e para ela. Eu me lembro de certa noite na cidade assistirmos a um documentário feito por um francês no qual um dos fazendeiros vizinhos era perguntado se achava que os Nez Percé deveriam receber de volta as suas terras tribais. Sua posição, que eles achavam que era partilhada pelo governo, era que não; os Nez Percé perderam a guerra, perderam a terra e têm de aceitar isso.

Perguntei o que podia ser feito, que ajuda alguém poderia oferecer, e o irmão de Levi disse: "Do que realmente precisamos é de outro messias que fale pelos Nez Percé. Nosso problema é que temos chefes demais e poucos índios." Todos caíram na gargalhada.

Um dia os anciões me convidaram a um encontro para pedir meu conselho. Eles estavam esperando a visita de um jovem congressista. Havia uma lei importante sendo discutida na Câmara, e supunham corretamente que ele buscava conseguir o apoio dos Nez Percé para ela. Era uma grande honra ser consultado, e, após hesitar um pouco, decidi dizer a eles a verdade. Disse que eles deveriam ter cautela porque essas pessoas com frequência prometem o mundo, mas não o entregam, porque elas dizem meias-verdades. Eles estavam sentados ao redor do fogo, fumando e aquecendo as mãos, anuindo de tempos em tempos enquanto eu falava, não parecendo muito interessados no que tinha a dizer. E por que deveriam me escutar? Saí me sentindo muito pequeno e deprimido, e, quando o deputado chegou, meus temores pareceram confirmados. Eles pareciam encantados com a aparência dele, bajulando-o; tocavam seu terno, admiravam seus sapatos e davam-lhe tapinhas no ombro. Era como algo saído de um romance — o pobre selvagem descalço absolutamente impressionado com o homem branco. Eles o convidaram a conhecer as áreas mais importantes e o apresentaram a todas as pessoas mais importantes. A cobertura do bolo foi quando deram a ele um nome tribal, a maior honra que podiam conceder a um estranho. Eles o chamaram de Águia Andarilha, que me pareceu um nome muito nobre, até eu descobrir significar que ele era tão cheio de merda que não conseguia voar. Longe de terem sido conquistados, eles haviam olhado através dele e jogado o jogo dele.

Eles sempre se queixavam de que os ocidentais eram sérios demais, que devíamos usar a medicina coiote. O coiote é o pregador de peças, o espírito guia que percorre a trilha entre os mortos e os vivos para nos constranger e nos fazer rir. Eles me contaram uma história sobre um homem que certa vez foi à reserva. Estava lá em uma viagem de descoberta pessoal, esperando conseguir com os índios sábios algumas respostas que o ajudassem a superar a depressão. Era um jovem sério, com o peso do mundo sobre os ombros. Um dos anciões da tribo disse que ele deveria passar três dias na floresta para encontrar excrementos, fezes de cervos, ursos, leões da montanha, coiotes, raposas e lobos. Ele voltou com uma grande coleção, que o ancião então disse que deveria misturar com água para fazer uma pasta. Isso lhe tomou mais dois dias. Era o nono dia e no auge do verão; o cheiro e as moscas eram assombrosos. O ancião disse a seguir que ele tinha de traçar um círculo ao redor dele na areia com uma vara e jogar no sulco a pasta que havia feito. Finalmente, o velho disse a ele para se sentar dentro do círculo pelo tempo que o coiote levasse para chegar e dizer a ele o que fazer a seguir. Passaram-se várias horas antes que o homem branco tivesse a luz do que havia feito. Ele passara três dias recolhendo bosta e estava sentado no meio dela, e finalmente se deu conta da ironia da situação. Ficou sentado lá dando gargalhadas, libertado das preocupações do mundo.

Seria errado dizer que os Nez Percé viviam como seus ancestrais, pois claramente não era o caso, mas eles não haviam perdido todos os hábitos. O xamã ainda representava uma parte importante do bem-estar da comunidade, assim como as tendas de suor aonde as pessoas iam várias vezes por dia para fazer orações, entrar em contato com o Criador e o mundo espiritual e ser curadas e limpas de impurezas. O xamã comandava a cerimônia, invocando visões de antigos membros da tribo ou criaturas para guiá-lo. Não eram usados drogas nem alucinógenos nessas cerimônias, mas o calor era tão intenso que achei o efeito basicamente o mesmo.

Essas tendas de suor tinham teto em cúpula, normalmente feito de salgueiro — a madeira do amor, que se curva, mas não quebra —, e eram cobertas com peles de animais e cobertores. Dentro delas havia uma cova de fogueira na qual eram colocadas pedras em brasa, ligeiramente fora do centro para representar o coração, repetidamente salpicadas com água de ervas para intensificar o calor. Era o calor seco de uma sauna, que fazia suar em profusão. As tendas eram muito claustrofóbicas, baixas demais para ficar de pé, e muito apertadas com onze ou doze pessoas dentro. Elas deviam lembrar um útero, escuro e quente e com uma pequena entrada virada para o leste ou o oeste, dependendo de onde você queria que as orações fossem ouvidas. Você entrava nelas nu e de costas para simbolizar a volta ao útero, e podia ficar lá dentro por cinco horas ou mais, conversando, fazendo orações e agradecendo aos espíritos, aos elementos e aos poderes sagrados. Quando finalmente saía, você renascia, física e espiritualmente.

Foi uma experiência impressionante. Eu me lembro de sentar lá sabendo que os anciões da tribo estavam discutindo questões importantes e que devia me concentrar, mas naquela viagem eu não conseguia; era quase como se a informação saísse do roteiro habitual e fosse diretamente para minha memória de longo prazo. Naquela noite sonhei sobre a conversa e acordei na manhã seguinte me lembrando de tudo.

9

Descoberto

Cerca de três semanas depois de minha chegada ao centro fui à barraca da cozinha tomar outra xícara de café para me proteger do frio, e um dos biólogos, que estava ocupado cozinhando, se virou para mim e disse:

— Você não come nunca?

— Claro que como. Apenas em horários diferentes dos outros — menti.

Quando me virei, vi Levi, aquele índio que sabia tudo, de pé na passagem, braços cruzados e uma expressão no rosto que dizia: "Ouvi o que você me disse, mas não é a verdade."

Não pensei mais nisso até estar no armazém de Winchester duas semanas mais tarde comprando meu estoque de jujubas. Quando me virei, agarrando meu quilo e meio em um saco de papel pardo, lá estava Levi novamente, de pé a alguns passos, braços cruzados como antes, a mesma expressão no rosto.

— Então comemos em horas diferentes, não?

Pensei, ai meu Deus, ele me descobriu. Vai me colocar no primeiro avião para casa.

— Quando voltar para o acampamento quero vê-lo no escritório — disse ele.

Eu tinha uma longa subida pela trilha da montanha — muito tempo para pensar no meu destino —, e quando cheguei ao topo havia decidido que iria erguer as mãos e dizer que lamentava. Iria arrumar minhas coisas e partir sem discutir, pedindo apenas uma carona para o campo de pouso de Lewiston. O que esperava por mim na Inglaterra eu não sabia. Mas eu tivera as quase quatro melhores semanas da minha vida, e, considerando-se que não era qualificado e não estava pagando, haviam sido quatro semanas a mais do que esperava.

Levi me cortou.

— Conversei com os biólogos e eles gostam do que você está fazendo com os lobos; acham muito útil. Então vou dar a você um pequeno salário, mas não vou dar o dinheiro; vou colocar um crédito na loja e toda semana você pode descer para a cidade e comprar comida adequada que possa guardar na tenda e comer, como todos os outros.

Fiquei muito feliz. No tempo que ele levou para dizer essas palavras mágicas minha sorte mudou completamente. Eu tinha uma renda, embora pequena; tinha onde morar, entre pessoas que eu respeitava, fazendo um trabalho que adorava; e poderia voltar a comer direito. Era mais do que podia esperar, e permaneci por mais cinco meses. Olhando para trás, acho que o fato de estar preparado para lutar e sobreviver de balas de goma, de modo a viver e aprender com aquelas pessoas, fez muito para consolidar minha relação com Levi e os biólogos do centro. Mais de uma vez, eu os ouvi dizendo aos estudantes que chegavam querendo todo conforto: "Olhem aquele camarada ali. Ele não tem nada; vive com o mínimo, trabalha o dia inteiro e estuda a noite toda." Mas eu estava acostumado a dureza; estava acostumado a dormir no chão do celeiro quando criança, e, no mínimo, viver daquela forma em Idaho — com uma mochila, sem roupas reserva, travesseiro e equipamentos — me levava de volta àqueles dias felizes que no passado eu me esforçara tanto para recriar. Parecia confortável; parecia casa.

Após patrulhar o perímetro, verificar as cercas e tomar café da manhã, seguiam-se as outras tarefas do dia, incluindo juntar madeira para os fornos do acampamento, sair para pegar carcaças em fazendas ou estradas indicadas, para alimentar os lobos em cativeiro, cuidar do bem-estar dos lobos, preparar tendas para a chegada de novos estudantes, tirar neve das trilhas e fazer a manutenção geral do acampamento. Quando o centro de visitantes estava aberto eu podia levar grupos em visita ao local, fazer palestras e apresentações ou ficar na loja vendendo lembranças e folhetos. Algumas vezes saía com os biólogos que monitoravam a movimentação dos lobos selvagens. Eles tinham localizadores eletrônicos, de modo a que pudéssemos encontrá-los naquela área enorme e estudar seu comportamento — e também alertar os fazendeiros, caso parecessem estar chegando perto demais do gado. Com frequência acampávamos nessas viagens, e era sempre na madrugada, quando a temperatura despencava, que eu gostaria de ter ido para Idaho equipado com as coisas certas e meias mais quentes. Só o que me salvava era meu treinamento de sobrevivência no Exército.

Quando minhas obrigações diárias acabavam, começava meu estudo noturno. O estágio cobria tudo, desde bem-estar e segurança dos lobos em cativeiro a comportamento e comunicação dos lobos, passando por biologia de campo, que envolvia coleta de dados e manutenção de registros. Eu lia livros, estudava mapas, escutava os anciões da tribo. Eu saía e me sentava entre as duas cercas ou caminhava pelo perímetro, conhecendo os animais por dentro e escutando os sons que faziam, observando sua comunicação e seu comportamento. Aprendia com tudo que cheirava, ouvia e via — conhecendo cada membro da alcateia e fazendo com que eles confiassem em mim.

Os lobos em cativeiro haviam sido criados em um ambiente muito sociável e estavam bastante acostumados a humanos — eles eram embaixadores de sua espécie — de modo que não era um grande desafio entrar no cercado com eles. Os biólogos faziam isso com frequência, embora durante o dia, mas entravam com uma postura de domínio, e era como diziam que devia me comportar com os lobos. Diziam que nunca deveria interagir com eles; nunca olhá-los nos olhos, nunca manter meu corpo abaixo do corpo deles; e só deveria tocá-los, caso fosse absolutamente necessário, na região em torno do ombro e do pescoço. Diziam que se demonstrasse qualquer sinal de fraqueza eles assumiriam o controle.

Após minha terceira semana no acampamento eu entrava no cercado durante o dia, fazia tudo o que os biólogos diziam e mostrava a eles que podiam confiar em mim para ficar com os animais sem causar problemas a eles ou a mim. Mas não sentia que aqueles fossem lobos. Eles eram sombras de lobos — domesticados, controlados e intimidados demais por humanos. Eu pensava no que aconteceria se entrasse com eles à noite como um membro inferior — como havia feito em Sparkwell —, permitisse que eles agissem como lobos de verdade e me dominassem.

Após seis semanas convenci os administradores a me deixar experimentar e certa noite coloquei o segredo dos grandes portões de ferro em quatro zeros e entrei no cercado. Todos pensaram que eu estava louco; ninguém nunca tinha ouvido falar em tentar se infiltrar num bando de lobos como um membro inferior — era o contrário de tudo em que eles acreditavam —, mas a verdade era que eu queria que os lobos me ensinassem sobre o mundo deles, não o contrário; eu queria me tornar um deles, e se tentasse dominá-los isso nunca aconteceria. Os biólogos nunca entenderiam isso. Eles estudavam lobos como um exercício acadêmico, e o faziam com distanciamento. Observavam o comportamento dos animais através das lentes de binóculos poderosos e supunham interpretar o que viam com base em sua compreensão do comportamento humano.

Pelo pouco tempo que já havia passado com lobos em cativeiro, eu sabia que as coisas não eram o que pareciam, e que se você realmente queria compreender o comportamento dos lobos tinha de viver entre eles. Só então, caso conseguisse pensar como um lobo, seria capaz de ajudar a impedir que lobos selvagens saíssem dos limites do parque e atacassem o gado, aquilo que todos, incluindo os biólogos, temiam que pudesse acontecer um dia.

Eu estava nervoso, embora não tivesse deixado ninguém saber o quanto; não tinha ideia de como aqueles lobos iriam reagir a mim no território deles, no horário deles. Estava contrariando todo o meu treinamento de comando. Havia onze deles, um eu, e meus olhos humanos eram inúteis no escuro; eu estava em enorme desvantagem. Ficar dentro do cercado naquela primeira noite foi assustador, embora ainda houvesse momentos muito mais assustadores pela frente. Eu estava tropeçando, escorregando de pedras e caindo na água, me arrastando na neve, sem saber onde estava e como me comunicar com aquelas criaturas. Era como ser colocado no centro da Praça Vermelha de Moscou e estar cercado por pessoas que não falavam uma palavra de inglês, com todos olhando para mim em expectativa.

Mas então o pânico passou. A névoa que me cercava clareou, e parei de pensar que os lobos iriam me machucar. Entrei novamente na noite seguinte, e havia lua e mil estrelas cintilando. O reflexo da neve deixava tudo quase claro, e consegui identificar árvores e trilhas e percorrer o cercado sem muitos tropeços e quedas. Os animais ficaram distantes, e eu me sentei e escutei os barulhos da noite. Ouvi uma coruja cinzenta piando, um coiote solitário e o rugido de um urso-pardo perto demais para ser confortável. Mas, tendo em geral adormecido facilmente quando criança com ruídos da floresta, aqueles ruídos, embora diferentes, eram estranhamente reconfortantes.

Entrei noite após noite, e o padrão foi semelhante ao que havia experimentado na Grã-Bretanha. Eles estavam curiosos sobre mim, mas inicialmente mantiveram distância, se aproximando aos poucos e finalmente me dando mordidas de teste. Abocanhavam minhas mãos e braços e depois iam para os fundos do cercado por longos períodos. Algumas vezes eu os seguia, descobrindo que quanto mais as trilhas se tornavam conhecidas, mais fácil era andar na escuridão. A memória desempenhava um grande papel não apenas na minha navegação, mas também na deles. Se algo desconhecido era acrescentado ou uma árvore caía sobre uma trilha eles nem sempre a viam; e eu nunca via.

Aquele era um grupo grande, mas eles eram animais saudáveis em boas condições, e entre os onze havia todas as categorias e nenhum indício de que qualquer um precisasse ser separado. Uma alcateia só é uma alcateia, ou uma família, porque eles precisam uns dos outros; ficam juntos por necessidade, não por escolha. Se você tem lobos em cativeiro onde há escassez de comida, sem rivais ameaçando o território, a alcateia pode muito bem se reduzir a um casal reprodutor. Esse casal será geneticamente programado para sobreviver e o restante será visto como rivais na disputa pela pouca comida. Eles começarão a atacar os outros animais, lutando com eles, excluindo-os da comida, e em um ambiente natural esses animais se dispersarão e ingressarão em outra alcateia onde sejam necessários. Em cativeiro eles precisam que os tratadores os removam, ou acabarão morrendo.

Com o passar dos meses, eu tinha a sensação de que eles me aceitaram como membro da família e estavam tentando me ensinar sobre seu mundo. Era como se estivessem dizendo: "Se você vai ficar por aqui, vamos ensinar os diferentes sons que fazemos, os diferentes cheiros dos membros da nossa família e o limite territorial que estabelecemos toda noite, que nos mantém em segurança. Você dorme aí, eu durmo aqui; se tiver algum problema, vá até ele, não venha a mim; você certamente não interage com ela. Eu direi quando você puder vir aqui. Você pode se aproximar dele sempre que quiser; você pode cuidar dele e pode morder e mordiscar as cascas das feridas do corpo onde ele estava brincando de lutar, mas se chegar e fizer isso a mim eu vou fazer você saber rapidamente, mordendo seu rosto, que você não pode fazer isso." A linguagem corporal que eles usavam para apresentar essas regras ficou paulatinamente mais clara, e comecei a cometer menos erros, mas, quando cometia um erro, era disciplinado da mesma forma que eles disciplinavam os seus.

Eu ficaria feliz de continuar lá nas montanhas com os lobos e os Nez Percé para sempre, mas, após quase nove meses, senti que chegara o momento de me afastar. Eu havia concluído meu estágio e precisava ganhar a vida. Levi pagava minha comida, mas eu não tinha fonte de renda, e a conta bancária estava gravemente abalada. Não tinha alternativa a não ser voltar para a Grã-Bretanha. Fiquei muito triste de deixar o que fortemente considerava meu lar e as pessoas — e os lobos — que via como minha família, mas sabia que voltaria.

Eu tinha então uma ideia clara do que fazer com minha vida; os lobos haviam me ensinado sobre o mundo deles, e eu sabia como ele era precário. A não ser que alguém pudesse ensinar aos lobos sobre o nosso mundo e agir como intermediário, sua soltura na natureza iria durar pouco. Eu seria esse alguém.

10

Ganhando a vida

Cheguei ao aeroporto de Heathrow e fui direto para Plymouth para ver se conseguia juntar os cacos de uma relação que começara pouco antes de eu partir para Idaho. Eu e Janet Williams nos conhecemos em um pub quando eu estava no Exército. Uma amiga dela estava saindo com um amigo meu em Plymouth, e fomos bons amigos por vários anos antes de nos tornarmos um casal. Quase imediatamente depois de nos juntarmos, parti para os Estados Unidos, mas Jan havia sido muito compreensiva, e foi maravilhoso revê-la.

De lá fui para o Dartmoor Wildlife Park em Sparkwell. Esperava que Ellis me desse um emprego remunerado e a oportunidade de colocar em prática com minha família de lobos dali um pouco do que havia aprendido em Idaho. Ellis pareceu contente em me ver e muito interessado no que eu havia feito desde a última vez em que nos encontramos. A temporada estava chegando ao fim, mas ele ficara com pouco pessoal durante o verão e precisava de alguém para cuidar dos grandes carnívoros. Isso incluía leões e tigres, além dos lobos, e o emprego vinha com cama e comida. Eu tinha um quarto na ala da casa onde havia morado antes com os outros tratadores, e as refeições estavam incluídas.

Era um arranjo perfeito, a não ser pelo fato de que Ellis nunca teria como pagar aos tratadores nos meses de inverno, quando não havia visitantes. Assim, embora tivesse um teto sobre a cabeça e estivesse trabalhando com os lobos que adorava, eu praticamente não tinha dinheiro algum para gastar. Mas tudo tem um lado bom, e o desse caso foi que quando chegou o verão eu tinha muito dinheiro atrasado a receber. Nem todos tinham uma boa opinião sobre Ellis, mas ele foi muito bom para mim e eu o respeito muito; ele se importava muito com os animais aos seus cuidados e desprezava a burocracia que fazia parte de ter um parque de vida selvagem.

Ele era dono do parque desde o início dos anos 1960 e estava irritado com as novas regras e os novos regulamentos e com as restrições de saúde e segurança que determinavam seus métodos de administração. Seus métodos eram heterodoxos, mas ele cuidara dos animais dessa forma por anos, com sucesso. Ele tinha, por exemplo, um velho bisão, mau como um capeta, mas toda noite o conduzia ao abrigo onde vivia. Ele não tinha medo de animal algum e ficava furioso com qualquer intrometido que tentasse dizer a ele o que fazer. Sempre que havia visitas de inspetores, o que acontecia de tempos em tempos, Ellis tinha de ser mantido afastado para não dizer a eles o que pensava.

Por mais que eu o admirasse, seus métodos de transferir os tigres teriam deixado arrepiado até mesmo o mais liberal administrador de zoológico. Os tigres tinham dois cercados, um para o dia, quando eles se exercitavam, e outro para a noite, e os dois ficavam a menos de 300 metros um do outro, no meio do zoológico, depois dos macacos, dos lobos e dos guaxinins. Os tigres gostam muito de comida, então era assim que os transferíamos de um cercado para outro: um tratador prendia uma corrente na coleira do tigre e tentava segurá-lo enquanto outro tratador corria em disparada do cercado noturno para a área de exercício carregando um grande pedaço de carne. O objetivo era chegar ao portão do cercado diurno antes do tigre, de modo que se pudesse prendê-lo do lado de dentro em segurança. Enquanto isso o tratador com a corrente era arrastado pelo chão atrás do tigre como um esquiador amador se esforçando para atrasá-lo, e seu sucesso dependia de seu próprio peso na ponta da corrente. Se o tigre alcançasse o tratador com a comida antes de chegar ao cercado, saltaria sobre ele — com todos os seus 400 quilos —, derrubando-o e ficando sentado sobre ele enquanto comia a carne. Em certas oportunidades eu era esse tratador. Assim que o tigre acabasse de comer, não teria nenhum interesse em ir para a área de exercícios, quando havia tantos lugares interessantes a visitar no parque, e nós estaríamos perdidos.

Isso era ruim, mas, quando Ellis e o neto saíram e compraram um conjunto de escudos da polícia de segunda mão para que nos protegêssemos enquanto transferíamos os tigres, nós dissemos que já era demais.

A alcateia estava lamentavelmente reduzida quando voltei. Quando vivera com eles antes, havia seis lobos, mas eles tinham mais ou menos a mesma idade — um problema comum em grupos em cativeiro naquela época — e estavam chegando ao fim de suas vidas. Haviam restado apenas três: Zac, um macho alfa; Lucky e Dakota. Dakota era uma fêmea emprestada e pouco depois de minha chegada ela retornou para o local de origem; e Lucky morreu. Passei a última semana e meia com Lucky, tentando desesperadamente mantê-la viva. Ela ficava deitada com a cabeça no meu colo e eu derramava pequenas quantidades de água em sua boca, mas no final ela morreu serenamente.

Zac então ficou por conta própria, e eu me mudei para junto dele a fim de fazer companhia, e permaneci cerca de seis meses até que novos lobos fossem encontrados. Eu fazia meu trabalho diário e à noite ia para seu cercado e dormia lá. Sempre que entrava ele repetia o ritual de se esfregar nos meus pés e pernas, subindo até minha cabeça, e se não tomasse cuidado ele se colocava atrás de mim e mordia minha nuca, com frequência fazendo correr sangue. Ele estava me testando, demonstrando que, se *ele* podia se esgueirar para trás de mim e morder minha nuca, um inimigo também podia, o que significava que eu não estava à altura da missão de proteger o grupo.

Antes de Dakota partir, ela estrelou um programa de televisão produzido no parque — *Talking with Animals* —, apresentado pela dra. Charlotte Uhlenbroek. Como parte da sequência-título, Charlotte uivava e um lobo, que era Dakota, aparentemente uivava em resposta. Tudo montado, é claro, mas, como seu tratador, minha tarefa era fazer Dakota atuar, só que ela se recusou a responder ao uivo de Charlotte. A única coisa que a induzia a abrir a boca era se um leão rugisse. Então eu tinha de correr até o cercado dos leões para provocá-los e levar um a rugir para que Dakota uivasse. Foi minha introdução à televisão.

Também foi minha introdução aos lobos do Longleat Safari Park, que iriam desempenhar um papel tão importante em minha vida alguns anos depois. Era onde a maior parte do programa era gravada. Longleat era o mais respeitado parque de vida selvagem do país e provavelmente do mundo, e eu havia estado lá como visitante muitas vezes, mas aquela foi minha primeira visita como profissional. Os lobos deles eram de cativeiro, mas muito mais selvagens do que os lobos de Sparkwell porque não entravam em contato com humanos. Os visitantes viam os lobos de dentro de seus carros, e os tratadores em grande medida também cuidavam deles a partir de veículos. Esperei poder voltar um dia.

Durante aquele período em Sparkwell, tirei alguns meses de férias no inverno, quando o parque ficava tranquilo, para visitar o Canadá. Havia estado lá uma vez antes, durante meu período nas Forças Armadas, quando ficamos estacionados na periferia de Wainwright, em Alberta. Na época eu esperara ver coiotes, mas só tivera um vislumbre de um rapidamente. Eles são conhecidos por serem arredios. Dessa vez eu participava de um estudo para tentar mapear rotas migratórias de coiotes. Tinha havido ataques a galinheiros, e temia-se que o motivo fosse que seus corredores tradicionais tivessem sido bloqueados pela expansão humana. Nosso trabalho como voluntários era passar turnos de 12 noites em vários locais para definir onde eles estavam e quais rotas utilizavam. Passei três meses, e noite após noite fiquei sentado, observando e escutando, ansioso para ver aquela criatura que os nativos americanos chamam de pregador de peças. Mas em três meses os únicos coiotes que vi foram os que haviam sido mortos na estrada. Não havia um espécime vivo à vista.

Mas a ironia era que eles haviam me visto. No final de uma dessas temporadas infrutíferas, um nativo americano me levou juntamente com outro voluntário com quem havia ficado de guarda para o outro lado da projeção rochosa onde havíamos passado nossa vigília gélida e infrutífera. Na terra, a menos de 15 metros de onde ficáramos sentados, havia uma série de pequenas pegadas. Wile, o Coiote e seus amigos haviam nos observado o tempo todo — e sem dúvida rido de nós. Meus amigos da reserva teriam gostado da história.

Essa viagem ao Canadá me deixou com saudade de Idaho, e senti uma vontade irresistível de rever meus irmãos nativos americanos. Telefonei para Levi e perguntei se poderia aparecer. Sabia que ele não teria como me pagar, mas isso não importava. Eu só precisava estar lá. Graças ao sistema de pagamento irregular de Ellis no inverno, quando ele finalmente me pagou, eu tinha quase um ano de salário intocado. Também havia feito uns bicos de segurança em boates aqui e ali em Plymouth, de modo que tinha o suficiente para outra viagem.

Dessa vez voei para Lewiston, o campo de pouso local, de modo que não houve uma longa viagem pela neve. Foi fantástico voltar — sentir o espaço, o grande céu, as árvores gigantes da floresta, os lagos, montanhas e o rangido da neve pesada e alta sob minhas botas. Eu me deliciei com o cheiro do fino ar seco da montanha e os sons das criaturas que habitavam aquela terra encantada. Foi bom até mesmo retornar à minha tenda arruinada.

Levi pareceu encantado em me ver, embora ele sempre fosse difícil de avaliar, mas, afora ele e dois biólogos, não havia ninguém que eu conseguisse reconhecer. Foi uma pena, já que, como eles sempre haviam me provocado sobre o hábito inglês de beber cervejas fortes, eu havia levado uma garrafa de cerveja inglesa. Mas ela foi bebida com o novo pessoal, e não demorou para que eu fizesse amigos no grupo. O trabalho não havia mudado, e eu rapidamente retomei a antiga rotina. Era realmente como voltar para casa em um lugar no qual achava possível me encaixar perfeitamente e onde podia ser eu mesmo. Havia algo muito especial nos nativos americanos, e senti que uma parte de mim havia ficado ali aos pés das montanhas Sawtooth enquanto estava na Grã-Bretanha. Foi um prazer sentar e escutar os anciões contarem novamente suas histórias e ir para o calor sufocante da tenda de suor e ficar horas sentado me sentindo em absoluta paz com o mundo.

A única verdadeira mudança ocorrera com os lobos, a última que eu esperava. Eles estavam perfeitamente equilibrados quando eu saíra de lá, mas dessa vez havia muitas brigas por comida. A hierarquia mudara, e o grupo era menos disciplinado do que antes. Não esperava que eles se lembrassem de mim e estou certo de que não lembraram, mas permitiram que me juntasse a eles novamente. Passei pelo ritual que se repetia toda vez que entrava em um cercado — mesmo entre lobos que havia deixado poucas horas antes, demonstrando respeito para com os membros mais graduados, permitindo que me marcassem com cheiro e me testassem. É o que todos os lobos fazem quando ficaram longe da alcateia; eles se cumprimentam, e ao cumprimentar e baixar o corpo definem sua posição no grupo.

Recebi o título de biólogo assistente de campo, e, além de cuidar do grupo em cativeiro, meu trabalho era viajar com os biólogos para monitorar os movimentos dos lobos selvagens. Levi tinha a teoria de que havia lobos selvagens nas Rochosas muito antes de os lobos canadenses terem sido libertados, em 1995. Ele acreditava que haviam retornado à área utilizando os velhos corredores migratórios entre Canadá, Montana e Idaho, e estávamos tentando definir se isso era ou não verdade. Todos os indícios eram de que sim. Os lobos que chegaram foram marcados eletronicamente antes de sair do Canadá, mas haviam sido deixados por conta própria, significando que a jaula fora colocada no chão e a porta aberta sem nenhum envolvimento humano posterior. Haviam chegado em duplas, mas imediatamente seguiram em direções opostas, sugerindo que sabiam que havia outros lobos na região com os quais poderiam acasalar.

No total foram libertados 35 lobos, mas o programa era marcado por controvérsia. Os fazendeiros e criadores de gado foram à justiça na última hora tentando impedir sua implantação, temendo que os lobos atacassem seu gado, mas o juiz recusou uma liminar e a soltura prosseguiu. Os alunos de escolas da região quiseram batizar os lobos, mas isso também enfrentou grande oposição. Os pais temiam que se os lobos tivessem nomes as crianças achariam que eles eram amistosos e ficariam tentadas a se aproximar quando os vissem. Então eles receberam números, como B2M, B3F, B4F e B5M — com M e F indicando macho e fêmea. Em 1998 o número de lobos na região aumentara para 121, mais uma vez sugerindo que Levi estava certo e que o número original era superior a 15.

O melhor momento para rastrear lobos é no inverno, quando há neve no solo e seus movimentos são fáceis de seguir. Como a maioria dos animais, os lobos tendem a permanecer em uma área que marcaram como sendo seu território e se deslocar dentro dela. Assim, tendo estabelecido os vários territórios das alcateias na neve, tínhamos pouca dificuldade de encontrá-los em outras oportunidades. Mais uma vez meu treinamento militar me manteve vivo nessas viagens pela neve — sabendo como encontrar comida, me manter aquecido, evitar o superaquecimento ou a desidratação. Mais pessoas morrem pelo excesso de calor em temperaturas abaixo de zero do que morrem de frio.

As estações eram espetaculares e mais claramente definidas do que em qualquer outro lugar onde eu havia estado. Levaram-me de volta à infância, quando tanto adorara as diferentes épocas do ano e as mudanças nas sebes, na luz e na temperatura provocadas por cada estação. Nas Rochosas as cores eram de outro nível — eram sensacionais. Um dia Levi me contou uma história sobre como as folhas ganharam cores tão vivas no outono. Ele lembrou da história certo dia em que estávamos no meio da floresta. Costumávamos caminhar juntos, como eu fazia com meu avô, e ele parava de vez em quando e se ajoelhava para estudar fezes ou pegadas.

Quando ele estava agachado, vi um urso enorme a menos de 40 metros de nós.

— Urso! — exclamei.

— Eu vi; ele está nos observando há 20 minutos — disse Levi calmamente.

Não consegui disfarçar o pânico em minha voz.

— Mas é um urso, e nós não temos um carro no qual entrar, então estamos por nossa conta.

Os ursos conseguem correr à velocidade de um cavalo e subir na maioria das árvores. Levi me disse para relaxar — seu povo havia feito as pazes com o urso e não tínhamos nada a temer. Muito tempo antes, continuou ele (enquanto eu começava febrilmente a procurar rotas de fuga), um urso estava sendo perseguido por três caçadores. Ferido nas costas, ele subiu uma montanha correndo até o lugar mais alto e inacessível que conseguiu encontrar, mas os caçadores o seguiram. Sem ter mais para onde correr, ele saltou da montanha e continuou a correr pelo céu — e os caçadores o seguiram. Eles podem ser vistos até hoje, na constelação conhecida como Ursa Maior, e todo outono, quando a escuridão cai, diz-se que o urso corre de cabeça para baixo, e o sangue que escorre do ferimento em suas costas cai na terra e deixa as folhas carmim.

A floresta estava cheia de animais potencialmente perigosos. Uma das estudantes daquele ano mantinha a forma correndo duas vezes por dia. Ela corria pela trilha na direção da cidade de manhã e de noite, uma distância entre 5 e 6 quilômetros. Certo dia eu estava fora juntando comida para os lobos com um dos biólogos e percebi o rastro da garota na neve recente. Após cerca de um quilômetro e meio a trilha era acompanhada pela de um grande felino. Era um leão da montanha que obviamente percebera sua rotina e, sem que ela soubesse, a seguira até 150 metros do acampamento. Provavelmente a seguira antes — esses felinos podem observar sua presa dias seguidos antes de atacar. Ela estava fazendo o mesmo roteiro havia três semanas, mas não voltaria a correr.

Os perigos não eram apenas os selvagens. Toda semana costumávamos ir a Winchester para uma chuveirada e uma ou duas cervejas, e certa noite havia um caraoquê no bar. Achando que o caraoquê é uma brincadeira como na Inglaterra — algo que você faz quando está cheio de cerveja e faz melhor quanto mais cerveja bebe —, me ofereci para tentar. O que eu não sabia era que eles levavam o caraoquê muito a sério em Idaho; os cantores eram semiprofissionais, e aquele era um campeonato regional. Então quando peguei o microfone e cantei minha própria versão de "Yesterday" dos Beatles rebatizada de "Lepra" — "Sou apenas metade do homem que costumava ser" —, que costumava provocar gargalhadas entre o pessoal do esquadrão, quase fui linchado e precisei correr para salvar a vida.

Nunca fui de beber muito, mas um dos tratadores do centro era, e com frequência ele voltava do bar nessas noites muito mal. Sua tenda era perto do cercado dos lobos, e o caminho era bem ao longo da cerca do perímetro. Começamos a notar que toda noite de sábado, quando passávamos pelos lobos, cheirando a álcool e cambaleando, os lobos ficavam agitados. Eles conheciam bem o homem e ainda assim agiam como com uma presa: pulando sobre a cerca, saltando dela e correndo de um lado para o outro em grande excitação. Imaginamos que deveria ser o cheiro de álcool em seu hálito que os confundia, porque eles normalmente não eram agressivos com pessoas e certamente não com as pessoas que cuidavam deles.

Fizemos algumas experiências. Nós o cobrimos de álcool e fizemos com que andasse em linha reta passando pelos lobos, mas eles não lhe deram atenção. Depois fizemos com que ele cambaleasse de bêbado, embora estivesse absolutamente sóbrio, sem nenhum traço de álcool no sangue, e eles enlouqueceram. Gravamos em vídeo para ver se descobríamos o que estava acontecendo, então um dos biólogos mostrou um vídeo que havia feito de lobos caçando em um rebanho de bisões. Um dos filhotes estava ferido, e, quando reproduzimos a gravação do bezerro na televisão junto com a gravação do tratador cambaleando, nos demos conta de que o padrão de movimento dos dois era idêntico. Os lobos não estavam reagindo ao álcool; estavam vendo o tratador como uma presa e muito provavelmente o teriam atacado, caso tivessem uma oportunidade de chegar a ele. Isso deixava uma séria dúvida sobre se ele poderia continuar a trabalhar com aquele grupo.

11

Chamado selvagem

Aqueles lobos haviam sido criados em cativeiro, mas não haviam perdido nada dos seus instintos. Estar com eles era sempre desafiador e imprevisível, e nunca achei que poderia baixar a guarda por um só instante. Mas comecei a pensar em quão diferentes poderiam ser os lobos selvagens e se conseguiria ser aceito por uma alcateia que nunca houvesse encontrado seres humanos. Seria a coisa mais excitante do mundo. Eu também queria descobrir se a teoria de Levi estava certa: já havia na região lobos que utilizaram uma antiga rota, que poderíamos identificar.

Os biólogos do acampamento se opuseram com veemência ao meu plano, e alguns foram claramente hostis. Eles achavam minhas teorias e crenças equivocadas e, além de qualquer objeção científica, consideravam ser uma missão suicida. Para eles eu era um desgarrado sem qualificações vindo de um país estrangeiro — e era difícil argumentar contra isso. O que eu queria fazer entrava em choque direto com todos os princípios científicos; como biólogos, eles observavam, mas não tocavam e seguiam uma metodologia bem-definida. Mas eu não era um cientista; não tinha uma reputação a perder, como eles. Não tinha medo de fracassar; não tinha nada a perder, e tudo a ganhar.

Eles também tinham outras preocupações. Temiam que eu de algum modo mudasse os lobos, fizesse com que eles deixassem de temer os seres humanos e os estimulasse a se aproximar das pessoas — e, portanto, de fazendas e comunidades. Era menos fácil descartar isso, mas minha esperança era que pudesse ensinar algo sobre os humanos antes que eles encontrassem uma mãe levando o filho pequeno à escola, o que poderia resultar em uma primeira experiência ruim.

Não havia sequer a certeza de que eu iria encontrar lobos, quanto mais me aproximar deles, e havia a grande possibilidade de que fosse morto na tentativa, mas eu estava determinado a tentar. Contudo, a decisão final era de Levi, e, sendo o homem que era, ele não me impediu. Acho que secretamente alguns dos índios — talvez até mesmo Levi — sentissem alguma inveja do que eu estava fazendo. Talvez também quisessem penetrar na floresta, mas eles tinham famílias, empregos e responsabilidades.

Eu me preparei o melhor possível. Estava em boa forma física; passara meses correndo, caminhando e levantando pesos. Estudara mapas, lera livros e conversara sobre os lobos com os anciões da tribo. E antes de deixar a Inglaterra juntara um bom equipamento. Havia ido a uma loja que atendia a praticantes de esportes radicais e expliquei do que precisava; eles me deram uma série de itens de graça para que os testasse. Eu tinha, por exemplo, três pares de meias que deveriam respirar e não precisavam ser lavadas, e uma espécie de segunda pele que vestia no lugar da roupa de baixo e aquecia no frio e refrescava no calor. O restante eu comprara: boas botas de caminhada e um macacão de paraquedista acolchoado supostamente à prova d'água com áreas de ventilação sob os braços. Afora isso tinha jeans e duas camadas de agasalhos sobre o tronco, luvas e chapéu.

Não levei saco de dormir ou qualquer tipo de abrigo, e não pretendia cozinhar. Queria ser o mais parecido possível com um lobo solitário, de modo que uma fogueira estava fora de questão e um saco de dormir seria um aborrecimento. Arrumei uma mochila com uma garrafa de água, tabletes purificadores de água, uma faca, arame e corda para preparar armadilhas, um sinalizador para o caso de precisar indicar minha posição a alguém, bússola, um mapa, caderno e caneta e um pedaço de carne-seca muito salgada para o caso de ter dificuldade de encontrar comida.

Deixei o acampamento assim que o sol nasceu certa manhã de outono e peguei a antiga trilha que acompanhava o rio Salmon. Era o caminho pelo qual o lendário chefe Joseph levara os Nez Percé em fuga da cavalaria dos Estados Unidos em 1877, e que terminou com sua rendição em Montana. Era reconhecida como uma das mais brilhantes retiradas militares da história americana. Com um grupo de cerca de setecentos índios, dos quais menos de duzentos eram guerreiros, ele combateu 2 mil soldados americanos e é lembrado na tribo como humanitário e pacifista. Os anciões falam longamente sobre o chefe Joseph e a história da tribo, e de como suas terras foram sistematicamente tiradas deles pelo homem branco. Joseph prometera ao pai moribundo que nunca assinaria um tratado vendendo a terra que abrigava os ossos de seu pai e sua mãe. "Um homem que não defende o túmulo do pai é pior que um animal selvagem", teria dito ele, mas no final decidiu que quebrar a promessa feita ao pai era melhor que continuar o banho de sangue.

Era uma trilha usada por turistas nos meses de inverno; o cenário era espetacular, as cores gloriosas, mas eu sabia que não era tão benigna quanto parecia. Eu precisaria de toda a minha capacidade de sobrevivência para permanecer vivo naquele terreno — e também de uma grande dose de sorte. As Rochosas eram belas, mas hostis, e ocupavam uma área enorme. Estava penetrando no desconhecido — contra todos os conselhos — e não tinha certeza de se, ou por quanto tempo, conseguiria resistir. As temperaturas caíam a níveis perigosos naquela altitude, e se o frio não me matasse — ou os lobos — sempre havia a possibilidade de um urso furioso ou algum outro predador. Eu tivera lições básicas de como lidar com ursos, mas eles ainda me aterrorizavam. Os biólogos falaram sobre levar armas, rádios e telefones e marcar encontros a cada

12 horas, mas isso não iria funcionar; envolveria contato demais com humanos, o que espantaria os lobos. Eu queria ter a maior chance de sucesso, e isso significava correr riscos que outros não haviam corrido. Eu estava violando todas as regras de segurança que o homem conhecia, mas sempre havia seguido meu próprio caminho, uma trilha diferente do resto da manada.

Gostaria de dizer que minha apreensão logo se dissipou, que o treinamento se fez valer e que rapidamente me concentrei em permanecer vivo, mas isso seria uma mentira. Fiquei em choque nas primeiras duas ou três semanas — convencido de que se conseguisse sair dali vivo, seria muita sorte. Nesse período eu quase não me movimentei, um pouco como um animal cautelosamente explorando um novo ambiente. Permaneci perto da segurança, do que eu via como minha carta de Sair da Cadeia. Eu acertara com Levi um ponto de encontro onde deixaria minha mochila e ele ou alguém do acampamento iria até lá de carro a cada dois dias para ver se eu estava bem. No momento em que quisesse voltar para casa, só teria de esperar lá. E ambos usávamos o caderno como um meio para deixar mensagens um para o outro. A trilha ficaria bloqueada quando começasse a neve, mas havia helicópteros de busca e salvamento à disposição, caso se tornasse necessário, e a equipe no acampamento sabia o que estava fazendo. Claro que se houvesse sido atacado por um urso ou qualquer outro animal nenhum plano de emergência adiantaria.

Naquelas primeiras semanas eu não me afastei da área da mochila muito mais do que 25 ou 30 quilômetros. Estava dividido entre minha determinação de encontrar lobos e meu lado muito humano que estava em pânico e não queria cometer suicídio. Sentia tanto medo de predadores que não ousava me mover após escurecer, e nas primeiras quatro noites dormi em uma árvore, embora *dormir* não seja uma boa definição. Eu prestava atenção em todos os sons e eventualmente cochilava, e foi só depois de cair da árvore na quinta noite que comecei a dormir no chão. Não caí de muito alto, não mais de 4,5 metros, mas me dei conta de que se acontecesse novamente e eu ficasse ferido provavelmente acabaria morrendo, de frio ou de fome. Os índios sempre dizem que todo guerreiro quer uma morte honrosa, e eu me imaginei sendo conhecido como a única pessoa que trabalhou com lobos e se matou caindo de uma árvore.

Aos poucos ganhei confiança e comecei a me aventurar durante o dia. Analisei fezes e trilhas no chão para determinar com quais animais estava dividindo aquele território selvagem intocado. Depois reuni coragem para permanecer acordado à noite. Modifiquei meu padrão de sono, embora ainda não estivesse dormindo muito. Passei a tirar cochilos durante o dia. Achei que era importante não estabelecer padrões que chamassem a atenção de um predador. Preparei armadilhas rudimentares com arame, corda e uma vara flexível e as instalei nos caminhos que eu via animais percorrendo dia após dia, e capturei meu primeiro coelho antes de a minha ração de carne-seca acabar. Eu o esfolei e estripei, mas só comi as pernas. Já havia comido coelho cru — uma carne de caça de gosto forte; mas precisava ter muita fome, como tive mais tarde, para conseguir comer o resto do animal — e estar faminto para comer as entranhas. E também capturei pássaros, roedores e outros pequenos mamíferos, como esquilos. Não cacei nada maior que coelhos porque, estando sozinho, não podia me arriscar a ser furado por chifres ou ferido de alguma forma. Isso me impediria de caçar, e sem comida eu morreria.

Matar não era difícil para mim. Durante meu treinamento de comando recebemos um macio coelho felpudo para cuidar durante a tarde. Quatro ou cinco horas depois recebemos a ordem de matar os coelhos; eles seriam a próxima refeição. Meus colegas recrutas durões ficaram horrorizados, de modo que tive de matar todos. O único problema era a probabilidade de outros predadores encontrarem a caça antes de mim. Eu estava fazendo uma dieta como a do lobo, que garantia qualidade, não quantidade, e uma refeição de carne crua me dava energia de liberação lenta para sobreviver entre um dia e meio e dois dias. Algumas vezes podia complementar isso com nozes e amoras, mas sempre fazia um teste de veneno antes de comer muito de qualquer coisa.

Com o passar das semanas, criei uma rotina e encontrei uma área em que me sentia confortável. Podia ouvir cervos, guaxinins e corujas, e um lobo ou coiote uivando, mas não vi uma criatura viva por quatro semanas. E estava em meu elemento — sozinho com a natureza e vivendo de minhas habilidades —, cercado pelo cenário mais fascinante e na trilha de lobos. Era como aprender a dirigir — tirar carteira e de repente ter a liberdade de pegar o carro sozinho. Eu decididamente me sentia orgulhoso, invencível, como se pudesse permanecer ali para sempre.

Então experimentei meu primeiro choque de realidade. O clima mudou e uma tempestade horrível caiu durante quatro dias. Nada se mexia, os animais ficaram imóveis e minha fonte de alimentos secou. Eu me dei conta de que, quando chega o tempo ruim, a natureza se fecha e espera. Não tinha alternativa, a não ser fazer o mesmo; me abriguei sob um conjunto de árvores frondosas e fiquei entediado e deprimido. Era a rotina que havia me mantido alegre. Eu estava com fome, e minha cabeça e meu corpo estavam começando a apagar. Então o treinamento se fez valer e lembrei do que havia aprendido nas Forças Armadas sobre como é fundamental manter um pensamento positivo. Não importa qual a sua situação, não importa quão desalentadora pareça, você tem de buscar opções rapidamente: como vai se alimentar, o que pode usar para se proteger ou para fazer curativos? Você tem de manter o moral alto ou está morto. Os lobos fazem o mesmo; eles nunca desistem, nunca se lamentam; mesmo mortalmente feridos, continuam a correr. E acima de tudo eu queria ser como um lobo. A maioria dos seres humanos quer fazer com que os animais que amam sejam mais parecidos com eles; eu sempre quis ser mais parecido com os animais que amava.

Apenas dois meses e meio depois, encontrei o primeiro sinal de um lobo. Estava começando a ficar desesperado quando me deparei com um pequeno poço de água com lama macia ao redor, e na lama havia a pegada de um grande lobo. Foi um momento excitante, mas ao mesmo tempo perturbador. Não vi sinais de nenhum outro animal, então imaginei que deveria ser um lobo solitário. Decidi passar a noite ali e, quando escureceu, eu uivei. Foi ridiculamente corajoso — ou tolo—, pois isso imediatamente revelou minha posição para qualquer predador. E tudo isso por nada; não houve resposta. Fiquei desapontado, mas não realmente surpreso. Naquela noite eu sequer cochilei; deitei sob uma árvore e escutei todas as criaturas da floresta rosnando, gritando e chamando, consciente de que havia irresponsavelmente me colocado em perigo.

Não vi nem ouvi coisa alguma nas três semanas seguintes. Fiquei muito deprimido e comecei a pensar no que afinal estava fazendo ali. Eu ansiava por um pouco de conforto e normalidade, ser capaz de relaxar e ter uma noite inteira de sono sem precisar temer quando ouvia um galho quebrar. Não tivera esse luxo em mais de três meses.

Então, no meio da noite, ouvi o primeiro indício de lobos. Era um tom baixo, então provavelmente era um macho, um beta, imaginei, e mais provavelmente um lobo distante de seu bando do que um lobo solitário. Vinha da linha de árvores, mas era difícil avaliar a distância. Calculei que poderia estar a cerca de 1,2 quilômetro dali. Fiquei tentado a uivar de volta, mas mudei de ideia. Se uivasse, eu teria de me mover — não permaneceria um alvo fácil como na última vez —, e não queria sair tropeçando no escuro.

Mais três semanas se passaram e nada — nenhuma pegada, nenhum som —, e de repente estava seguindo uma trilha no meio da tarde quando um grande lobo preto atravessou a cerca de 150 metros à minha frente. Ele parou rapidamente e me encarou com dois olhos amarelos penetrantes antes de desaparecer na floresta. Não tive tempo para ver se era macho ou fêmea ou se correspondia à descrição de qualquer dos lobos que haviam sido soltos. Ele desapareceu em um átimo, e fiquei pensando se realmente havia visto ou se havia sido uma fantasia da minha imaginação.

Estava muito excitado. As dúvidas que havia começado a acalentar sobre a viagem desapareceram. A depressão sumiu. A partir daquele momento só pensei em quão perto conseguiria chegar daquela criatura. E se descobrisse que era um legítimo lobo selvagem, nascido e criado na região sem qualquer interferência humana? Eu mal ousava pensar na possibilidade. Considerando-se sua reação a mim, ele obviamente não estava acostumado a seres humanos nem se sentia confortável perto deles. Como eu faria aquilo? Pensei em deixar alguma comida ali, mas então me dei conta de que, embora isso pudesse atrair o lobo, também poderia atrair outros predadores para a área. Eu deveria reunir coragem e tentar me comunicar com ele? Se fosse um lobo solitário ele poderia reagir com base em que, embora não fosse uma formação de casal, dois é sempre mais seguro do que um — mas isso seria alertar os outros sobre o meu paradeiro. Pesei os prós e contras de todas as minhas opções. Seria aquele o lobo que ouvira uivar? Seria o que deixara a pegada na lama? Não vira evidências de mais de um animal na área.

Eu teria de arriscar — por isso eu tinha ido lá, e os quatro meses anteriores eram sobre isso. Se passasse para o estágio seguinte — e era um estágio completamente diferente —, minha rotina teria de mudar; teria de deixar minha zona de conforto. Não poderia ficar imóvel à noite; teria de dormir de dia e me movimentar no escuro, uma perspectiva que não me entusiasmava.

É preciso coragem para fazer qualquer coisa naquele ambiente, seja por sobrevivência, diversão ou caridade. Significa se expor a tudo o que os seres humanos mais temem: o escuro, a floresta, o lobo, o urso e todos os perigos da natureza. Os nativos americanos tiveram a ideia certa. Eles costumavam mandar suas crianças para a montanha sozinhas aos 8 ou 9 anos, durante cinco dias, e alguns ainda fazem isso hoje. Era uma espécie de ritual para exorcizar o terror infantil que o resto de nós ainda sente mesmo adultos; eles faziam a paz com o mundo natural da mesma forma que Levi fizera a paz com o urso. Ele não temia o urso, e o urso não o temia.

A forma física é o segredo da sobrevivência de todas as criaturas. Nenhum predador se arriscará a atacar outro predador em boa forma, porque há uma chance de ser ferido na tentativa, e, no instante em que qualquer animal é ferido ou mostra alguma fraqueza, pode muito bem estar morto.

Aquela primeira noite foi aterrorizante. Eu sabia que o que estava fazendo era perigoso, mais perigoso que qualquer das noites que passara com alcateias em cativeiro. Meus olhos não eram projetados para ver no escuro, e, se tropeçasse ou caísse, um predador me apanharia em segundos. Era como nadar com tubarões, tendo eles todas as vantagens, e eu nenhuma. Não fui longe — não mais do que 10 ou 12 quilômetros —, parando a cada passo e escutando, sabendo que por mais silencioso que tentasse ser, a cada passo, eu revelava minha posição. Não havia lua, e fiquei surpreso com o quanto conseguia ver sem ela, mas tudo aparecia em gradações de cinza. Examinei ao redor em busca de movimento — esse era o segredo. Todos os meus sentidos estavam em alerta. Respirei fundo para identificar cheiros; usei o vento para levar para mim sons e cheiros das criaturas ao redor, algo que nunca havia feito antes. Podia ouvir cada guincho e suspiro e, em certos momentos, juro que podia ouvir meu próprio coração — batendo forte.

Ursos eram meu maior medo porque são imprevisíveis. Desde que o homem interage com eles, seus padrões de comportamento mudaram e eles podem muito bem estar vagando pela floresta tanto de noite quanto de dia. Em função de sua experiência com piqueniques e acampamentos, eles passaram a ver o homem como um fornecedor de comida, e seguirão os seres humanos na expectativa de receber comida. Por isso ficavam tanto ao redor do centro. Eles eram rápidos e ágeis e se você inadvertidamente surpreendesse um urso ou ficasse entre uma mãe e os filhotes tudo podia terminar muito rapidamente. Demorei muito tempo para controlar o medo deles, mas ainda hoje acho que minha reação automática aos ursos é de medo, não de respeito.

A noite, que eu imaginara que poderia ser minha última, se passou sem incidentes. O alvorecer trouxe a primeira luz de um novo dia e eu estava vivo e inteiro, pronto para recebê-lo de braços abertos. Estava orgulhoso. Podia ter falhado em todas as provas na escola e fracassado de muitas formas, mas de repente nada disso importava. Eu conseguira mais naquela noite nas florestas das Montanhas Rochosas do que em trinta anos vivendo com os meus. A excitação que senti naquela manhã era difícil de controlar. Era bom estar vivo — e nunca mais me sentiria um desajustado.

12

Jogo de espera

Mas foi apenas uma noite. Tentei descansar no dia seguinte, mas estava excitado demais e à noite não estava em condições, então fiquei quieto, saindo novamente na terceira noite. Não estou certo do que teria feito se o lobo uivasse. Teria uivado em resposta e deixado todo predador da floresta saber onde eu estava? Disse a mim mesmo que esperava que ele me chamasse, mas acho que era apenas uma desculpa. Ainda estava com muito medo.

Eu estabelecera um espaço de descanso onde me sentia seguro e confortável a cerca de 28 quilômetros da trilha onde vira o lobo. Ficava em uma clareira. Eu tinha uma grande rocha atrás de mim e uma boa visão da área bem à frente, e, embora nunca tenha me dado ao luxo de dormir horas seguidas, podia dormir em períodos curtos e me sentir razoavelmente seguro. Era de lá que partia toda noite em busca do lobo. O território de um lobo normalmente tem forma oval, então eu andava em círculos ovais, ganhando confiança à medida que o tempo passava e me descobria vivo à primeira luz. Meus sentidos estavam melhorando. Minha visão nunca seria tão boa no escuro, mas todo o resto compensava isso: eu podia ouvir uma pinha caindo e sentir o cheiro dos diferentes animais que me observavam enquanto eu me arrastava por seu mundo, sem precisar vê-los se movendo.

O único animal que eu não via, não ouvia nem farejava era o lobo. Ele parecia ter desaparecido, e, depois de algum tempo, decidi retornar à área onde havia deixado minha mochila, para ver se havia notícias para mim e informar Levi e os outros sobre o que estava acontecendo. Eu sentia um enorme desespero. Tendo ficado tão ligado depois da visão e de ter sobrevivido à minha primeira noite na floresta, naquele momento eu estava péssimo. Estava em uma montanha-russa emocional e não a controlava. Eu chegara tão perto e ainda assim estava tão longe. Ainda não sabia se aquele lobo era realmente selvagem ou se o veria novamente. Voltei a ter todas as dúvidas sobre a missão inteira. Não havia bilhete algum para mim na mochila, mas, em função das pegadas no terreno ao redor, soube que Levi ou alguém do acampamento estivera lá. Então eu mesmo escrevi um bilhete contando a eles sobre o avistamento, peguei mais carne-seca, guardando no bolso o que não comi, e voltei para o lugar de onde havia saído.

Devem ter se passado umas boas quatro semanas antes que visse outro lobo — ou talvez o mesmo lobo. Foi no começo da noite e eu estava descansando sob uma árvore em uma clareira com o vento soprando na minha direção. Era como preferia, de modo a que pudesse farejar qualquer criatura antes que entrasse em meu campo de visão. Eu me tornava mais parecido com um animal selvagem a cada dia que passava — e provavelmente também cheirava mais como um. Não mudava de roupa havia meses nem fazia mais do que de vez em quando jogar um pouco de água do rio no rosto, na virilha e nas axilas. Meu cabelo estava despenteado e minha barba, crescida.

Aquele lobo era grande e preto e saiu da linha das árvores, vindo diretamente na minha direção. Ele parou, me olhou calmamente por trinta ou quarenta segundos, então virou para a direita e desapareceu na floresta. Não pareceu ter medo de mim, o que me fez suspeitar que passara algum tempo me observando e, por alguma razão, finalmente decidira se mostrar.

Durante o mês seguinte eu o vi intermitentemente a cada dois ou três dias. Aparecia quando eu menos esperava e em todas as situações. Eu estava caminhando pela floresta e fazia uma pausa para descansar sentado, escutando a vida ao meu redor, e de repente ali estava ele na clareira; eu estava preparando uma armadilha, comendo ou apanhando água no rio, olhava ao redor e via dois grandes olhos âmbar me observando. Tinha a sensação de que ele estava me seguindo e me vendo muito mais do que eu o via. Nunca falei — não queria que o lobo pensasse em mim como humano nem ensinar a ele a achar que os humanos eram inofensivos. Meu plano era assustar o lobo quando deixasse a floresta para que a impressão duradoura que ele tivesse do homem fosse negativa. Mas isso seria depois. Naquele momento, queria que ele confiasse em mim, então, sempre que o via, me abaixava ou deitava apoiado sobre um ombro para que soubesse que eu não era uma ameaça.

Após mais duas semanas nosso cortejo entrou em outro estágio. Era começo da manhã e eu estava semiacordado quando ouvi o som mágico de um uivo. Parecia mais uma pergunta do que os outros uivos que ouvira. O que deveria fazer? Responder e revelar meu paradeiro ou preferir a segurança e ficar em silêncio? Eu avaliei as opções. Conhecia a área bem, e as únicas trilhas que vira eram de cervos; não descobrira qualquer evidência de predadores, embora isso não significasse que eles não estavam ali. Decidi arriscar. Coloquei as mãos em concha junto à boca e dei a resposta que esperava que o lobo quisesse. Esperei, prendendo a respiração, o coração na boca. Minutos se passaram, parecendo horas, então o silêncio foi quebrado por um longo uivo melífluo que arrepiou minha nuca. Eu recebera uma resposta. Mal podia acreditar; era um milagre. Ele me respondera. Ainda não havia visto a criatura tempo suficiente para ter certeza do seu sexo, mas avaliei pelo tamanho que era um macho, embora fêmeas negras também costumassem ser animais grandes.

O diálogo foi o momento da virada em nossa relação. Durante as duas semanas seguintes, não se passou um dia sem que eu visse aquele lobo — e era um macho jovem. Ele não chegou muito mais perto, mas eu o via olhando para mim, e, quando o percebia, ele olhava, ficava um momento ou dois e então desaparecia nas árvores. À noite nós uivávamos um para o outro, e a distância entre nós não parecia ser superior a 200 ou 300 metros.

Então fiz uma descoberta impressionante. Não era um lobo solitário. Ele fazia parte de um grupo de cinco, e eu achava que ou ele havia ficado curioso comigo e decidira investigar ou, mais provavelmente, havia sido enviado pela fêmea alfa para conferir.

Eu estava em uma clareira no final de uma tarde, sentado de costas para uma pedra, quando ele saiu da linha das árvores como havia feito muitas vezes antes. Enquanto olhava para ele, pensando em se chegaria mais perto, surgiu um segundo lobo, e depois um terceiro, um quarto e um quinto. Eles entravam e saíam da floresta um a um, me dando rápidos vislumbres de cada vez. Havia três machos e duas fêmeas no grupo. Ao vê-los juntos, me dei conta de que o macho que estava se comunicando comigo possivelmente era um filhote do ano anterior, ou de um ano antes, e que uma das fêmeas era sua irmã. Os outros eram adultos, e nenhum se encaixava nas descrições que tinha dos lobos que haviam sido soltos; eles não eram B2, B3, B4 ou B5. A não ser que estivesse muito enganado, aqueles realmente eram lobos selvagens.

Eu estava excitado e mal podia acreditar na minha sorte. Era uma visão incrível. Havia visto algo com que outros só haviam sonhado, e vira por que eles escolheram se revelar a mim. Isso era muito melhor que qualquer coisa que eu poderia esperar. Estava eufórico. Então, tão rapidamente quando meu entusiasmo disparou, fui trazido novamente para a terra. Os lobos desapareceram. Procurei por eles. Supondo que eles me observavam havia semanas, se não meses, antes de se mostrar, repeti meu padrão de comportamento. Permaneci na área; chamei, mas não houve resposta. Comecei a temer que o macho jovem houvesse sido castigado por chegar perto demais de mim, que tivesse cometido um erro e eles o tivessem punido, se mudando. Todas as ideias loucas passaram pela minha cabeça enquanto eu seguia com meu cotidiano. Mas, por alguma razão, não podia acreditar nelas; continuava retornando à minha convicção de que os adultos o haviam usado para me investigar.

Um mês depois, eu estava novamente sentado em uma clareira com as costas contra uma rocha, quando o grupo reapareceu tão repentina e silenciosamente quanto desaparecera. Eles haviam perdido um membro; um dos machos mais velhos estava faltando, e eles pareciam mais ariscos do que quando os vira pela primeira vez. Até mesmo o macho jovem parecia apreensivo e atento. Apesar disso, eles se instalaram para passar a tarde descansando e brincando junto à linha das árvores a cerca de 100 metros de mim. Os mais jovens estavam lutando e rosnavam, gemiam, se separavam, então avançavam e ganiam quando a brincadeira ficava violenta demais. Os mais velhos rosnavam de tempos em tempos de uma forma rabugenta, e, quando ficaram exaustos da luta de brincadeira, os filhotes deitaram e dormiram, enquanto os mais velhos mantinham guarda.

Naquela noite ouvi o grupo uivando, presumivelmente em busca do quinto animal. Fiquei pensando em onde ele estaria ou o que teria acontecido. Ele podia ter se perdido ou sido morto durante o mês que eles passaram longe, ou poderia estar bem ali, na área, patrulhando às minhas costas, preparando para me apanhar desprevenido. Eu não era tolo o bastante de pensar que por eles terem retornado e permitido que os visse relaxando significava que eles necessariamente me considerassem algo de bom. E pensei no que *eles* pensavam de mim, ou se tinham alguma ideia de que haviam sido o ponto alto do meu dia ou de como eu estava orgulhoso de ter feito tanto progresso com eles.

O progresso continuou. Eu os via a maioria dos dias. Ainda tinha minha área de dormir, mas todo dia ia à clareira onde os vira pela primeira vez, e foi onde continuei a vê-los, e, embora ainda mantivessem distância, pareciam muito mais à vontade e relaxados na minha frente. Eles uivaram nas três ou quatro noites seguintes. Supus que ainda era pelo membro da família sumido, mas ele nunca respondeu. Certa noite eu juntei coragem para responder — como um lobo solitário teria feito ao sentir que havia uma vaga — e todo o grupo me respondeu. Foi outro momento memorável, e me dei conta de que estava perdendo o medo. Estava ficando à vontade na presença deles, sentindo como se de alguma forma estivesse me colocando sob a proteção deles naquele ambiente hostil no qual eu mesmo lutara para sobreviver por tantos meses. Já não me sentia tão solitário. Percebi que estava começando a precisar deles.

Eu esperava e tinha esperança de que a distância que eles mantinham de mim diminuísse aos poucos, mas o que acabou acontecendo me pegou de surpresa. O irmão e a irmã estavam brincando a cerca de 50 metros de mim; a fêmea adulta estava a cerca de 100 metros. Eu não havia visto o outro macho — nem pensado nele. De repente ouvi um galho se quebrar atrás de mim. Virei rapidamente e lá estava o macho, um animal grande e poderoso, de pé a menos de 10 metros de mim. Eu estava sentado indefeso, e ele poderia me apanhar em segundos, e, mais uma vez, me dei conta de como era vulnerável e inadequado no mundo deles. Mas a presença não era ameaçadora. Ele sequer olhou para mim. Olhou por cima do meu ombro para os pequenos brincando, e senti como se ele estivesse me incluindo no grupo familiar, assim como as raposas haviam feito naquele campo em Norfolk. Antes eu era alguém de fora observando uma vida que não me incluía; naquele momento, certo ou errado, tive uma forte sensação de pertencer a algo.

As coisas aconteceram rápido depois disso. Eu estava acocorado em uma rocha baixa vendo a interação deles do modo habitual, quando o mesmo macho grande se separou dos outros e foi na minha direção, inicialmente trotando, mas depois reduzindo para uma caminhada. Eu esperava que se virasse a qualquer momento, mas ele continuou a vir até estar a uns 7 metros. Ele levantou o rabo e fiquei pensando no que estaria planejando. Eu não estava em boa posição de me defender. Meu traseiro estava abaixo dos joelhos, e, se precisasse levantar rapidamente, isso seria difícil; mas, caso me mexesse poderia destruir tudo o que tínhamos construído. Ele avançou lentamente, depois agachou e esticou a cabeça até ela estar a 30 centímetros de minhas pernas, como se não quisesse seu corpo mais perto do que o absolutamente necessário. Então começou a farejar meus joelhos e minhas botas e pareceu particularmente interessado na parte de dentro do pé. Eu estava com o coração na boca. Como aquilo iria terminar? Com a mesma firmeza com que havia chegado, ele se virou e caminhou de volta para os outros, abanando o rabo de um lado para o outro. Eles o receberam como se tivesse passado semanas fora, lambendo sua boca e seu focinho freneticamente. Em meio à agitação, ele se virou para a fêmea jovem, rosnando e batendo os dentes para ela, que rapidamente se jogou de costas e exibiu o ventre submisso por um momento. Depois ela levantou e todos desapareceram na floresta.

Não os ouvi naquela noite e fiquei desapontado. Passei a noite tentando descobrir por que ele havia rompido o padrão e feito o que fizera tão de repente. Qual seria o próximo movimento, e como eu deveria me preparar? Deveria ir para a área no escuro? Decidi que não. Isso seria dar a eles todas as vantagens. Aqueles animais eram projetados para o escuro; eu não era, e se o grande macho tivesse ido na minha direção no escuro, como fizera à luz do dia, minha reação poderia ter sido muito diferente, pois teria me sentido menos confiante — e isso poderia ter consequências infelizes. Decidi manter minha rotina e retornar à primeira luz, esperando que fosse o dia em que iria conhecer e cumprimentar toda a alcateia.

13

Espera recompensada

Não houve sinal deles, nem no segundo dia. Eles só reapareceram na tarde do terceiro dia, quando eu estava cochilando. O nível de energia deles parecia ter mudado, eles estavam mais seguros que antes e mais objetivos, como se tivessem uma espécie de programação. Fiquei aliviado ao vê-los e os observei interagindo uns com os outros. Então o grande macho se afastou e foi em linha reta na minha direção, como fizera antes, porém com mais confiança. Dessa vez ele não se abaixou; permaneceu de pé enquanto farejava e, então, sem aviso, avançou e mordeu a carne abaixo do meu joelho com os incisivos. Era exatamente o que o macho beta em Sparkwell havia feito antes de me aceitar na alcateia do parque da vida selvagem. Ele recuou imediatamente e olhou para mim interrogativamente. Foi doloroso e fez sangue correr, mas não pareceu perigoso. Eu queria sorrir de orelha a orelha, mas não reagi. Ele avançou novamente e mordeu no mesmo lugar, três vezes no total, recuando e me encarando a cada mordida, e depois deu as costas, retornou ao resto do grupo e se deitou com eles. A tentação de me juntar a eles era praticamente irresistível, mas eu não queria fazer nada que destruísse a mágica do que acabara de acontecer. Uma hora depois eles partiram.

Dois dias depois repetimos a cena. Novamente o grande macho, mas dessa vez os dois jovens foram com ele e ficaram um de cada lado, observando. Eventualmente ele rosnava e batia os dentes como se para mantê-los na linha. Farejou meus joelhos e pés, procurando cheiros novos ou sinais do perigo que eu poderia representar para ele e os filhotes. Então mordeu meu joelho várias vezes e a seguir se esfregou nas laterais do meu corpo, como um cão faria, e farejou minha nuca. Podia sentir suas presas no meu pescoço. Fiquei paralisado, esperando que suas mandíbulas se fechassem no meu pescoço, o que produziria morte ou aceitação instantâneas, mas isso não aconteceu. Nesse momento o macho mais jovem deu uma mordida muito mais gentil no meu joelho, enquanto o macho mais velho me derrubava de minha posição na rocha. Ao cair, estiquei a mão para me equilibrar e a vi repousar no ombro do filhote. Ele não recuou; não parecia com nenhum outro lobo que eu havia tocado, e, naquela fração de segundo, fui tomado por uma inacreditável onda de amor por aquela criatura e sua família e uma necessidade incontrolável de fazer parte dela.

Eu soube naquele momento que, quando aqueles lobos retornassem para a fêmea dominante, eu iria com eles. Era naquele momento ou nunca, e eu tinha de satisfazer aquela necessidade inacreditável de ser aceito. Eu os segui. Fui de quatro, o que era desajeitado e difícil, mas eles olharam para trás várias vezes, me viram atrás deles e não pareceram incomodados, então continuei. Estava confiante de ter tomado a decisão certa até chegar à matriarca. Ela estava hostil, nada disposta a tolerar que eu chegasse mais perto que 20 ou 30 metros, e claramente muito nervosa. Ela latiu e rosnou, e os outros imediatamente pareceram se dar conta de que haviam feito algo errado. Os jovens correram para o lado dela e ficaram olhando para mim. Tive a impressão de que o macho mais velho estava tentando atuar como intermediário para resolver a situação, mas em última instância sua lealdade era para com sua líder. Ela ficou de pé, esticou as orelhas, mostrou os dentes e deu latidos que me alertavam para ficar longe. Então pegou os filhotes e correu para a floresta. O grande macho esperou; o macho jovem reapareceu e parou ao lado dele por um segundo ou dois, depois ambos se viraram e partiram.

Senti uma enorme depressão — e perda —, mas então lembrei a mim mesmo o que havia conseguido naquele dia. Três deles haviam me aceitado. A fêmea não havia, e a decisão dela fora definitiva, mas ainda assim eu dera grandes passos. Retornei para meu local de descanso noturno quando ficou escuro. Se a fêmea houvesse me aceitado, eu teria ficado tentado a seguir a alcateia e a entrar para ela naquela noite; como não aceitara, não me sentia seguro de ficar naquele local no escuro. Achei que ela podia ser perigosa.

Foi a última vez que os vi por uma semana e meia. Decidi que era hora de retornar à área da mochila: àquela altura eu perdera a noção de quanto tempo havia se passado — deveriam ser quase nove meses — e achei que deveria deixar um bilhete contando a Levi o que estava acontecendo. Era uma viagem de dois dias e meio desde meu local de dormir, e nesse tempo fiquei remoendo o que havia acontecido. Por um lado estava fascinado; por outro, profundamente deprimido. Não tinha ideia de para onde o grupo havia ido quando desapareceu, dependia completamente de que eles retornassem e me encontrassem, e, tendo incomodado a fêmea dominante, talvez ela nunca os levasse de volta.

Peguei a mochila, escrevi um bilhete e passei duas noites ali tremendo de frio e tendo um pouco de sono de verdade — algo que não fazia havia meses — antes de retornar. Eu gostara de ter uma noite inteira de sono e fiquei tentado com a ideia de um banho, um pouco de companhia humana e uma refeição quente, mas estava excitado demais e perto demais para desistir. Pelo que sabia, eu tivera uma chance maior que qualquer um de me infiltrar em um grupo de lobos selvagens. Tinha de voltar.

Voltei ao meu local de dormir dois dias e meio depois e, na manhã seguinte, caminhei os 16 ou 17 quilômetros até a clareira na floresta onde acontecera toda a interação. Ninguém apareceu. Repeti o processo todos os dias, e uma semana depois os quatro lobos voltaram. Não houve chamados; simplesmente saíram da linha das árvores e estavam ali. Onde quer que houvessem estado, pareciam bem-alimentados. Eu estava sentado na minha pedra, como de hábito, e o grande macho e os filhotes imediatamente foram na minha direção, parecendo mais confiantes que antes. A fêmea ficou para trás, e respeitei sua distância. Naquela noite eles foram para a floresta e eu fui para meu local de descanso, e no dia seguinte, nos encontramos novamente. E foi assim por duas semanas ou um mês. Sempre que tentava chegar mais perto da fêmea, ela jogava as orelhas para trás, rosnava e saía correndo; mas lentamente, pouco a pouco, consegui chegar mais perto antes que ela corresse, e no final ela permaneceu no lugar, apenas rosnando. Às vezes o grande macho me empurrava para longe.

Mas, durante esse tempo, continuei a interagir com os outros três membros do grupo, e a ligação com eles se tornou mais intensa. De certas formas eles eram como os lobos de cativeiro que eu conhecera e, de outras, não. A linguagem que eles usavam era similar, mas aqueles lobos eram mais fortes e estavam sempre em guarda, atentos a todo som, cheiro e mudança no ar. Um deles estava sempre de vigia, e até mesmo os filhotes de tempos em tempos interrompiam as brincadeiras e escutavam. Suas brincadeiras e lutas fingidas eram muito mais intensas que as dos lobos em cativeiro. Suas mordidas eram mais dolorosas, e eles não se continham; brincavam tão dura e grosseiramente comigo quanto um com o outro. Eu estava coberto de cortes e hematomas, mas dava para administrar. Meu macacão era acolchoado, mas não me protegia da força esmagadora de suas mandíbulas, e ainda era assustador quando eles me imobilizavam com todo seu peso em cima de mim.

Quando a dor era forte demais, eu tinha de dar um ganido agudo antes que eles me soltassem, o que parecia fazer a fêmea se levantar. Ela não ia me ajudar, mas parecia interessada no que estava acontecendo. Ainda não permitia que eu chegasse perto dela. Sempre que me aproximava, ela rosnava e mostrava os dentes. Aquela nunca seria uma amizade paradisíaca. O único consolo era ela ser tão intolerante com os filhotes quanto era comigo.

Senti que havíamos chegado a um impasse. Eu era quase um membro do grupo, mas não exatamente. Eles ainda iam para a floresta e me deixavam para trás. Chamavam de longe, mas eram chamados de localização, não de reunião. Não estavam me convidando a me juntar a eles, e eu ainda não tinha ideia de para onde iam quando partiam.

Certo dia eu estava de manhã cedo na clareira quando os quatro apareceram após uma longa ausência. Como de hábito, baixei o corpo quando eles foram na minha direção — dessa vez até mesmo a fêmea foi me cumprimentar. Ela parou a cerca de 10 metros, sentou e observou o macho fazer contato. Eu podia dizer que o clima havia mudado; eles estavam mais agitados, o nível de energia mais alto. Ele me empurrou com força e me cobriu com seu corpo poderoso; eu caí no chão sob o peso dele. Não estava especialmente preocupado; ele havia feito esse tipo de coisa no passado, mas antes que eu percebesse o que estava acontecendo a fêmea trocara de lugar com ele, e os rosnados e grunhidos que ela dava de 30 metros agora fazia a 8 centímetros do meu rosto. Eu podia sentir o calor do seu hálito. Os lábios estavam puxados para trás, exibindo os dentes — achei que era o fim. O macho tentou avançar. Não sabia se ele tentava me salvar ou se juntar à execução, mas ela bateu os dentes e mordeu o focinho dele, que recuou. Fiquei lá, indefeso. Não tinha escolha a não ser aceitar o que acontecesse.

Ela ficou em cima de mim os dois ou três minutos mais longos da minha vida, mas não tocou em um fio de cabelo meu. Quando finalmente me soltou, retornou na direção dos outros; ela acabara de me disciplinar. O incidente não pareceu mudar a postura dela para comigo, mas mudou radicalmente a minha postura para com ela. Eu sabia que ela poderia ter me matado facilmente e escolhera não fazer isso, o que era uma grande diferença. Até aquele momento achara que era perigosa. Então passei a pensar nela como uma tia intolerante, uma criatura inacreditavelmente sábia, altamente respeitada e muito responsável, mas um daqueles tipos que estão sempre de mau humor. Iríamos aprender a suportar um ao outro.

Toda noite eu lutava com minhas avaliações sobre deixar os lobos. Começara a me sentir mais seguro com eles do que longe deles, mas minha rotina tinha sido deixá-los ao cair da noite e voltar à primeira luz. Certa noite havia pouca tensão, todos haviam comido bem, e até mesmo a Sra. Ranzinza parecia relaxada. Decidi ficar e ver o que aconteceria. Foi um enorme anticlímax. Não preguei o olho — fiquei acordado por uma mistura de medo e excitação —, mas todos eles dormiram serenamente até de manhã. O filhote macho chegou e deitou ao meu lado, o que ajudava a aquecer mesmo que não estivéssemos nos tocando. Era estranhamente reconfortante ter outra criatura dormindo comigo após tantos meses sozinho. Eu podia ouvir sua respiração e sentia cada espasmo. Quando amanheceu eu estava nas nuvens. Não fizera nada além de passar a noite com os lobos, mas isso significava que havia sido aceito. Não poderia ter uma sensação maior de conquista do que se corresse uma maratona tripla.

O estágio seguinte era tentar ficar com eles quando fossem para a floresta. Assim como todo passo que dera com aqueles lobos, viajar com eles era algo repleto de perigos. Se conseguisse acompanhá-los, que era um grande se, e eles me levassem a algum lugar totalmente desconhecido, poderia não conseguir voltar. E se começassem a caçar eu sabia que não teria como acompanhar. Então estaria sozinho em uma área que não conhecia, com toda a vulnerabilidade de estar só. A situação não se apresentou.

Eles ficaram inquietos no dia e na noite seguintes, e partiram nas primeiras horas do segundo dia. Eu estava bem atrás deles e me esforcei para acompanhar, mas assim que penetraram entre as árvores ficaram invisíveis na escuridão e desapareceram. Rejeitado e desapontado, não tive alternativa a não ser retornar à clareira na esperança de que voltassem.

Foi uma longa espera, mas certa manhã eles não apenas reapareceram como a jovem fêmea me trouxe comida. Era a perna de um cervo castanho. Ela brincou um pouco e então a soltou intencionalmente ao meu lado. Comecei a comer e ela se sentou e observou — portanto eu obviamente estava fazendo a coisa certa. Estava com fome, e, após meses sem nada maior que coelho, o gosto era fantástico. Esse foi o padrão nas semanas seguintes. Eles saíam para caçar e me deixavam — descobri que era impossível segui-los mesmo à luz do dia —, mas sempre me traziam algo na volta. Parecia claro que eles não queriam que eu caçasse, mas ficavam contentes de me ter por perto e me alimentar.

Quando eles partiam, eu uivava e às vezes, quando estavam perto o bastante para meus ouvidos captarem o som, os ouvia responder. E eles sempre pareciam chamar quando estavam voltando. Suas vozes eram familiares e reconfortantes e me davam uma sensação calorosa. Eu me dei conta de como estava ligado àqueles lobos e como me tornara dependente de sua presença por perto. Temia que um dia eles pudessem não voltar. Poderia haver um acidente, eles ficarem feridos ou, pior, mortos — como supunha que havia acontecido ao quinto membro — e então prendia o fôlego e os contava todos em segurança na clareira. Ficava contente até mesmo de ver a fêmea ranzinza. Era como a agonia de esperar entes queridos que demoram a chegar em casa. Então havia uma grande cerimônia de boas-vindas. Eles me lambiam furiosamente no rosto e na boca, exatamente como cumprimentavam uns aos outros, e aquilo era tão excitante que eu fazia o mesmo, correndo para cada um como um filhotinho, lambendo freneticamente, me esfregando e buscando sua atenção. A única exceção era a fêmea, que continuava a não permitir que eu chegasse perto dela — mas ela também não tolerava os outros.

De vez em quando parava e pensava que se um ano antes alguém me sugerisse que eu um dia ficaria feliz de comer nada por três dias e depois tão excitado de ver uma alcateia selvagem, que iria lamber seus caninos, teria rido do absurdo da ideia. Mas naquele momento os lobos eram a coisa mais importante da minha vida; eles eram minha família, e eu amava cada um e todos eles. Mas eu sabia que tinha de deixá-los.

14

Barulho de pezinhos

Uma batalha era travada na minha cabeça havia algum tempo: eu queria ficar com os lobos e fazer parte do mundo deles mais que qualquer coisa, mas no fundo do coração sabia que era hora de partir. Foi uma das decisões mais difíceis que já tomei, mas não tinha dúvida de que era a coisa certa a fazer. Sempre tive em mente as preocupações dos biólogos e a relação chegara a um nível diferente. Eu havia feito aquilo a que me propusera e estava preocupado com que, se permanecesse mais tempo, eles poderiam ter uma falsa sensação de segurança em relação aos seres humanos — e isso poderia ser muito perigoso para eles.

Eu sofrera muito para não demonstrar características humanas e me comportei em todos os sentidos como um lobo de posição inferior, mas não havia como negar o fato de que era humano.

A primavera se aproximava e com ela a estação reprodutiva; qual seria o meu papel? Eles me pediriam para abandonar o grupo ou iriam me querer como babá para cuidar dos filhotes? Isso seria uma enorme responsabilidade, e eu não tinha certeza de estar à altura dela. E o fato de ser humano iria determinar o destino deles no futuro? Eles aprenderiam a confiar nos seres humanos tanto quanto confiavam na sua própria espécie, com consequências desastrosas? Então disse em silêncio "Adeus e boa sorte, pessoal", e parti rumo à minha mochila.

Caminhei dois dias e duas noites, chorando a maior parte do tempo, enfim capaz de demonstrar as emoções que com os lobos eu mantivera trancadas e, finalmente, capaz de usar minha voz humana. Estava completamente arrasado, e, embora soubesse os motivos pelos quais tinha de partir e os repetisse o tempo todo para mim mesmo enquanto caminhava, muitas vezes em voz alta, não conseguia deixar de pensar que estava cometendo um grande erro. Eu havia ido muito longe, passado por muitos testes — e tinha as cicatrizes para provar. Passara meses em uma montanha-russa emocional — com medo e perigo 24 horas por dia —, mas tudo acabara. Eu fazia parte da alcateia, os lobos haviam me aceitado, protegido, alimentado.

Ninguém nunca havia feito isso antes. Havia histórias sobre crianças adotadas por lobos saindo da floresta de quatro, sem saber falar, mas ninguém havia entrado na floresta como eu e se tornara parte de uma família de lobos. No momento em que cheguei ao ponto de encontro, me dei conta de que não podia deixar aqueles lobos mais do que podia voar rumo à Lua. Escrevi um bilhete para Levi contando o que estava fazendo e refiz meus passos de volta.

No tempo que passei fora o clima mudara. O inverno estava a caminho, e a primeira neve caiu algumas semanas depois. Isso mudaria tudo. Seria mais difícil sobreviver, mas em compensação a neve permitiria que eu seguisse os lobos no meu próprio ritmo. Finalmente conseguiria descobrir para onde eles iam quando ficavam tanto tempo longe. Mas continuava o dilema de até que ponto segui-los. Eu podia retornar à civilização em pouco mais de dois dias a partir da clareira — acabara de fazer isso; conhecia o terreno suficientemente para caminhar no breu e sabia quais animais viviam na área. Se eu seguisse os lobos por mais dois ou três dias, estaria completamente fora de minha zona de conforto e longe demais para realisticamente retornar à área da mochila, caso quebrasse uma perna ou me visse com outro tipo de ferimento. Mas eu realmente chegara àquele ponto para desistir por parecer arriscado demais?

No dia em que os lobos partiram, eu os segui. O ritmo deles era mais lento do que nas ocasiões em que tentara segui-los antes e pareciam estar esperando por mim. Mesmo a fêmea ranzinza parava de tempos em tempos e olhava para trás, de modo a confirmar que eu continuava. Devemos ter percorrido entre 15 e 25 quilômetros rumo noroeste, e o terreno ficava mais íngreme e acidentado a cada quilômetro. Eu estava consciente de que a mochila, minha segurança, estava a sudeste, então estávamos indo na direção oposta. Imaginei que eles poderiam estar me levando a seu campo de caça, mas estava errado. Em vez disso chegamos a uma encosta íngreme com uma floresta densa e um rio correndo pelo vale cerca de 600 metros abaixo.

Chegamos lá antes da neve, e o solo estava coberto de pinhas; o cheiro, como em grande parte da floresta, era agradavelmente perfumado. Também havia um cheiro forte de lobo, e, a julgar pelo modo como os animais relaxaram quando chegamos, imaginei que eles iam até ali com frequência. Possivelmente era onde passavam o inverno ou poderia ser onde os mais jovens haviam nascido. O que quer que fosse, eles deram todos os indícios de que estávamos lá para ficar.

Eles nunca me deixaram ir até o campo de caça. O grande macho rosnava e avançava caso eu tentasse — sua forma de me disciplinar —, mas nunca fiquei sem comida. Ela chegava regularmente e eu sempre recebia tanto quanto podia comer. Com eles, estava comendo comida de qualidade muito melhor do que eu mesmo conseguira, e havia água potável a uma pequena caminhada descendo a trilha para o vale. Aproveitava a oportunidade para me lavar no córrego nas ocasiões em que era deixado sozinho, embora esse banho continuasse a não ser mais do que jogar um pouco de água gelada sobre mim. Isso ajudava a retirar um pouco da lama que me cobria e me fazia sentir um pouco mais fresco. Era difícil se sentir inteiramente fresco com as mesmas roupas dia e noite por quase 18 meses. Elas estavam começando a se desfazer em certos pontos, e o macacão havia sofrido com dentes e garras durante lutas e brincadeiras com os lobos, mas ainda estavam inteiras, e, mesmo que já não fosse inteiramente à prova d'água, em muitas ocasiões fiquei grato por ter um traje tão resistente e quente.

Estávamos entrando na estação de acasalamento, e de repente todos ficaram com o sangue quente. Os níveis de energia dos machos dispararam quando eles começaram o cortejo, e meu papel passou a ser o de saco de pancadas de plantão. Eles estavam em uma disputa mortal, desesperados para convencer a fêmea dominante de que um era aquele que ela deveria escolher como parceiro — aquele que poderia defendê-la mais eficientemente —, e estavam prontos para despachar qualquer outro macho de passagem que pudesse querer uma chance. Eles circulavam procurando confusão, mordendo um ao outro repetidamente nos flancos, esperando provocar uma reação, o que para mim, sem a camada de pelos deles, era muito doloroso. Eles simplesmente queriam aumentar seus níveis de feromônio e adrenalina, de modo a parecerem mais atraentes para a fêmea, e quanto mais dura e agressivamente eles lutavam, mais os níveis subiam. Então provocavam lutas e descarregavam sua frustração no membro mais inferior do grupo — eu.

Essas lutas eram infinitamente mais intensas que qualquer coisa que eu passara com eles antes. Meu macacão tinha aberturas de ventilação sob os braços, e os incisivos deles arrancaram de mim grandes pedaços de carne, do tamanho de moedas, que doíam terrivelmente. Com o nível dos hormônios no limite, eles raspavam o chão, rolavam e suavam, transmitindo à fêmea uma poderosa mensagem sobre sua força. E enquanto passavam o tempo todo tentando impressioná-la, ela se ocupava tentando reprimir a fêmea de status inferior.

A maioria dos cortes e hematomas que consegui nesses encontros foi relativamente superficial. Se você vive em uma alcateia, tem de esperar se machucar, mas eles também tinham a capacidade de ser gentis e cuidavam de mim como cuidavam uns dos outros. Eles lambiam minhas feridas, provavelmente razão pela qual elas não infeccionaram. Mas o maior perigo não eram os cortes; eram os golpes na cabeça que me nocauteavam brevemente, e algumas vezes eles pisoteavam meu corpo ou me jogavam no chão com tanta força que depois eu urinava sangue durante vários dias.

Eu também estava começando a questionar minha dieta. Não comia nada além de proteína e algumas nozes e amoras havia um bom tempo. No primeiro ano ou pouco mais eu havia sido mais preparado e saudável que nunca, mas, no momento em que precisava de energia extra para tentar resistir àqueles lobos carregados de testosterona, me dei conta de que não tinha reservas.

Os machos não estavam apenas empurrando, mordendo e brigando; também estavam tentando montar em mim, assim como com todo lobo na alcateia. Essa era uma experiência inteiramente nova: 60 quilos de lobo rosnando nas minhas costas com os dentes no meu pescoço e as patas e garras dianteiras travadas ao redor do meu pescoço. Eu era impotente; não havia nada que pudesse fazer, a não ser esperar que ele saísse. Algumas vezes ele vinha por trás, algumas pela lateral, ao mesmo tempo rosnando e batendo os dentes para o macho mais jovem. Estava exibindo seu direito de ser o macho reprodutor, e, se eu tentasse me mexer ou tirá-lo de mim, ele reforçava o aperto.

O comportamento de cortejo prosseguiu por duas ou três semanas, e era constante. Foram as semanas mais difíceis da minha vida, e eu passara por treinamento de comando e um curso da SAS. Ficava acordado dia e noite, dormindo em pé, e isso estava me esgotando. Estava me tornando uma pessoa diferente; em vez de desfrutar da calma e do equilíbrio do mundo deles, me vi com raiva pelo modo como me tratavam. Sempre que me movia, havia um lobo sobre mim ou me mordendo, e eu estava cansado e ferido. Havia ido além da exaustão. Finalmente descobrira meu limite.

Quando eu estava à beira do colapso, o grupo desapareceu e me deixou sozinho uma semana e meia. Fiquei tão aliviado que desmoronei e chorei. Não teria suportado aquele grau de brutalidade um instante mais; estava física e emocionalmente destroçado. É um mistério para onde eles foram, mas imagino que enquanto estiveram fora um dos machos, ou ambos, acasalou com a fêmea dominante. Eu certamente não vi evidências de acasalamento quando eles estavam na base da colina, e, quando voltaram, o clima havia mudado. Era como se alguém houvesse liberado a pressão.

Pareciam um grupo diferente: calmo, relaxado; até mesmo a Sra. Ranzinza estava tolerante, provavelmente com a cabeça em outras coisas. Ela se aproximava e ficava de pé ao meu lado sem rosnar e mostrar os dentes. Era como se tivesse a consciência de que iria precisar da família com ela nos meses seguintes. Era refrescante e um alívio. Se eles fossem as mesmas criaturas que haviam sido dez dias antes, eu teria de abandoná-los.

A vida voltou mais ou menos ao normal. Parecia haver comida abundante levada para casa. Eu sempre recebia minha parte, mas eles pegavam um pouco e guardavam em esconderijos, especialmente na margem do rio. A lama era um conservante natural, e imaginei que faziam isso por esperar tempos magros à frente. Provavelmente sabiam que iriam perder sua caçadora, a fêmea, à medida que atingisse os últimos estágios da gravidez. Outra mudança foi que quando os outros saíam para caçar deixavam o jovem macho na colina comigo.

O período de gestação do lobo é de 63 dias, e, à medida que ela chegava ao final do segundo mês, ficou claro que estava com filhotes. Ficou letárgica, as expedições de caça eram muito mais curtas do que antes, e ela parecia inchada e grávida. Foi o momento em que começou a construir um abrigo. Foi para um pico alto, cerca de 400 metros acima da linha das árvores, e começou a cavar sob uma formação rochosa. Passou nisso mais de uma semana, e, sempre que descia para descansar e comer, seu pelo e suas patas estavam cobertos de lama. Eu ansiava para ver o que ela estava fazendo, mas era uma coisa muito particular — os outros eram rapidamente expulsos quando buscavam chegar perto dela, então eu sequer tentei. Em vez disso, fiquei imaginando qual seria meu papel quando os filhotes nascessem. Eles não fizeram qualquer tentativa de se livrar de mim, e pensei se estariam usando um humano como meio de defesa em um mundo que naturalmente temia humanos.

Então um dia ela foi para o abrigo e não saiu durante uma semana e meia. O clima entre o resto de nós era muito desanimado; os machos não deixaram o local de descanso. Só quem se movia era a jovem fêmea, que saía sozinha de vez em quando por períodos curtos de não mais de 24 horas, às vezes retornando com pequenos pedaços de comida, às vezes não. Se os pais estavam tensos não demonstravam, mas era óbvio que todos sabiam o que acontecia debaixo da terra.

Quando ela finalmente saiu, magra e claramente amamentando, estava triunfante. Havia mudado de personalidade; coquete entre os machos e mesmo com a fêmea, ela correu de um para outro mordendo nossas bocas, louca por comida. Então correu para o rio, encontrou dois ou três esconderijos de comida e comeu furiosamente. A única pista de que aquela era a mesma loba foi quando o macho mais velho se aproximou demais numa hora em que ela estava comendo e ela o atacou. Após não mais de uma hora ela subiu a colina correndo e desapareceu sob a terra.

Não havia como saber quantos filhotes ela havia parido ou se algum deles estava vivo. Parecia que os filhotes haviam mamado, mas sempre havia a possibilidade de que ela tivesse rolado sobre eles e os esmagado após alguns dias ou os rejeitado. Seriam necessárias outras cinco semanas antes que tivéssemos a resposta. Enquanto isso nossa rotina continuava. Os machos ficavam por ali, a fêmea trazia comida — não muito, mas o que havia nós dividíamos. Ela saía do abrigo e assim que havia comido e bebido no riacho voltava rapidamente. Com cinco semanas ela saiu parecendo decidida e de volta ao seu antigo ser, mostrando os dentes e rosnando para todos. Então pegou o grande macho e a fêmea desapareceu por todo o dia, deixando a mim e ao macho jovem protegendo o abrigo. Eles voltaram saciados, com as barrigas cheias, e cada um levava na boca um pedaço do que obviamente era um grande cervo que haviam abatido. A prioridade dela era alimentar os filhotes, e foi nesse momento que tivemos certeza de que não havia sido uma gravidez fantasma. Ela subiu correndo e os chamou, e pudemos ouvi-los guinchando enquanto se arrastavam para fora do abrigo à luz da noite pela primeira vez. Não pudemos vê-los porque a área era muito bem escondida, mas parecia haver mais de um. Ela deve ter regurgitado comida para eles e então os levado de volta à segurança do abrigo para a noite, enquanto o resto de nós fazia a primeira refeição de verdade em semanas. Eu estava morrendo de fome, e o gosto era ótimo.

Ela repetiu o processo por mais uma semana, mais ou menos; então um dia chamou o grande macho ao abrigo após obrigá-lo a regurgitar comida para ela, mordendo-o nos lábios. De baixo, pudemos ouvir muitos guinchos, e então ele desceu a colina, deixando-a com os filhotes. Isso aconteceu de manhã e de noite, até que em uma manhã mágica ela saiu do abrigo, e, tropeçando montanha abaixo, vinham atrás dela duas pequenas bolas de pelo preto.

A excitação entre os lobos foi inacreditável. Eles se empurraram e caíram uns sobre os outros para chegar aos filhotes, farejá-los, tocar neles, investigando — e os filhotes absolutamente relaxados. Eles rolaram e exibiram suas barriguinhas claras — algo que a mãe lhes ensinara no abrigo — e depois se puseram de pé e começaram a procurar comida. Eles não se incomodaram sequer comigo, embora eu não parecesse em nada com a mãe deles, e em menos de dois minutos estavam mordendo meus lábios com seus dentinhos afiados. A educação deles começara semanas antes, debaixo da terra, quando ainda eram cegos, e eles já sabiam em quem podiam confiar e como deviam cumprimentar os mais velhos. A mãe os apresentara ao meu cheiro e aos cheiros de todos os lobos da alcateia. Todas as vezes que ela saíra, se esfregara em cada um de nós e levara o cheiro de volta para o abrigo, de modo que os filhotes já conheciam todos os membros da família e sabiam sem dúvida alguma que aqueles indivíduos eram confiáveis.

Eu me dei conta, enquanto assistia àquela extraordinária cena de natureza e criação, de como havia sido privilegiado durante os últimos cerca de dois anos por ter sido aceito por aquela família impressionante. E naquele momento, com aquelas pequenas bolas de pelo mordendo meu rosto — um rosto humano — pedindo que eu regurgitasse comida, eu testemunhava um milagre.

15

Escapando por pouco

O que sempre adorei nos lobos é a importância que dão à unidade familiar, mas apenas após estar com aqueles lobos compreendi plenamente a estrutura social e as diferentes posições e tarefas deles na família. Eu sabia que havia um mais agressivo que os outros e sabia que havia um a quem todos escutavam, e um vigia, mas isso era um tanto generalizado. Não sabia o valor que eles atribuíam a mim, mas parecia que aquele grupo queria que eu interagisse com os jovens e informasse a eles sobre nosso mundo.

Antes de saírem para caçar, eles ficavam particularmente curiosos sobre como eu me movia. Me usavam como um brinquedo. Queriam ver a que velocidade eu corria e me derrubavam, mordendo meus tornozelos por trás para ver o que acontecia, como se tentando avaliar minha força e minhas fraquezas. Eu só podia supor que, considerando-se a distância que eles podiam viajar e o período que costumavam ficar fora, poderiam muito bem chegar ao perímetro de sítios, fazendas e mesmo cidades. Os humanos estavam tomando seu mundo tão rapidamente que havia sempre o perigo de contatos, e era como se eles quisessem saber como nos compreender, como reagiríamos a um encontro e se éramos perigosos.

Os filhotes tinham cerca de 9 semanas de idade, e a mãe e o grande macho haviam saído para caçar. Já estavam fora havia dois dias, e não havia como saber quando voltariam. Como de hábito, o jovem macho e eu estávamos protegendo a área do abrigo, e, de forma incomum, a jovem fêmea percorria o pico como vigia.

Eu não me sentia muito bem. O clima mudara, começara a primavera e estava muito quente sob o sol. Eu me sentia suado e tonto, quase desmaiando, e tinha uma sede terrível. Acho que meu corpo estava se revoltando com tudo que eu fizera a ele nos dois anos anteriores. Por sorte, o riacho não ficava a mais de 600 metros, e mais ou menos a cada hora eu pegava a trilha até lá para beber.

Era final de tarde, e mais uma vez senti uma vontade irresistível de água. Eu me levantei e comecei a descer a trilha conhecida para o vale. Quando fiz isso, o jovem macho se lançou sobre mim do outro lado da área do abrigo e me jogou no chão. Era um lobo grande e forte, e me senti como se tivesse sido derrubado por três jogadores de rúgbi ao mesmo tempo. Fiquei deitado lá, chocado e sem conseguir me mover. Aquilo era absolutamente incomum, mas ele falava sério. Estava de pé sobre mim, rosnando e mostrando os dentes, os olhos brilhando, orelhas coladas na cabeça, pelo arrepiado, cauda erguida. Eu não teria discutido com ele mesmo que me sentisse bem.

Parecendo pronto a rasgar minha garganta, ele me empurrou para o buraco escuro de uma árvore que havia sido atingida por um raio alguns anos antes. Eu me agachei, prisioneiro, naquela tigela de carvão com ele acima de mim, e sempre que tentava me mover ele rosnava e mordia o ar com as mandíbulas. Eu sabia que aquelas mandíbulas podiam quebrar todos os ossos do meu corpo. Eu nunca o vira se comportando daquele modo. Por todo o tempo que passamos juntos, mesmo no período de acasalamento, quando ele havia sido tão dominador e autoritário, nunca achei que quisesse me matar. Naquele momento comecei a temer por minha vida. Durante os 45 minutos seguintes ele me manteve em suspense.

Não conseguia entender o que estava acontecendo ou o que havia feito para deixá-lo tão hostil. Comecei a pensar que ele talvez planejasse esperar a volta do resto da alcateia antes de me matar. Minha vida passou diante dos meus olhos, e me dei conta de que atraíra aquilo para mim por ser tão estupidamente teimoso. Todo mundo me havia dito que era loucura tentar me infiltrar em um bando de lobos selvagens, e eles estavam prestes a provar que estavam certos. Eles claramente eram diferentes de lobos em cativeiro, e, por mais que eu achasse ter sido aceito, só estava me enganando. Eles obviamente suportariam humanos algum tempo, mas acabariam com eles assim que deixassem de ter utilidade. Enquanto os minutos passavam, eu ficava cada vez mais aterrorizado. Não tinha como me defender; estava por minha conta, a quilômetros de qualquer lugar. Comecei até mesmo a desejar que a fêmea ranzinza retornasse; como líder do grupo, ela poderia me salvar. Ninguém nunca me encontraria — eles sequer saberiam onde começar a procurar.

Então, de repente, com o crepúsculo, ele começou a mudar. A agressividade desapareceu, e ele voltou a ser equilibrado e calmo. Olhou para mim com olhos suaves e piscou. Eu não confiei nele. Pensei; lá vamos nós — ele está me dando uma falsa sensação de segurança; mas ele começou a lamber meu rosto e ao redor da minha boca, como se estivesse se desculpando. Aquele já não era um lobo que queria me matar; aquele era o irmão que eu conhecera e amara o tempo todo.

Trêmulo, me aventurei fora da árvore oca, e ele não tentou me impedir. Então começou a descer a trilha que eu tentara pegar antes rumo ao vale. Após alguns passos, parou e olhou para trás, que eu sabia significar que ele queria que o seguisse. Então fui atrás dele e os filhotes também foram, e a cerca de 70 ou 80 metros da área do abrigo ele parou e farejou uma marca no chão. Olhei e vi uma enorme pilha de fezes de urso, com aparência e cheiro diferentes de tudo o que eu já havia visto. Havia marcas profundas no chão e sulcos nas cascas das árvores próximas onde um enorme pardo havia raspado as garras e deixado seu cartão de visitas. Depois aprendi com os nativos americanos que um urso indica suas intenções pelo que ele deixa no chão, e aquele urso queria matar um predador.

De repente ficou claro. O lobo não queria me ferir. Ao contrário, se eu tivesse descido aquela trilha 45 minutos antes, o urso teria me apanhado. O lobo me salvara da morte certa e impedira que o urso ficasse alerta para o abrigo e os filhotes. Eu devia minha vida a ele.

Cerca de três semanas depois eu estava ajoelhado no riacho jogando água no rosto quando vi meu reflexo. Eu não me via havia meses, e não reconheci o rosto que olhava para mim. Era magro e anguloso, com olhos escuros profundos; cabelos compridos embaraçados e uma barba enorme. Não parecia nada com o jovem de rosto liso que deixara o centro dois anos antes. Parecia um selvagem, e isso me chocou profundamente. Havia perdido 22 quilos, e minha saúde decididamente estava começando a deteriorar. Os filhotes estavam bem. Eles não precisavam de mim, e, a não ser que eu estivesse disposto a morrer na floresta, precisava ir para casa, e logo.

Saí certa manhã cedo, imaginando que precisaria de uma semana para chegar à mochila. Estava esgotado; não tinha energia para fazer nada além de colocar um pé na frente do outro. Não tinha energia sequer para chorar. Nenhum dos lobos tentou me impedir, mas como eles saberiam que nunca nos veríamos novamente? Olhei para trás uma única vez para ver se eles me seguiam, mas não. Estavam subindo para a área do abrigo e os filhotes para o começo de um novo dia. A vida seguia em frente sem mim.

Coloquei no bolso alguns pedaços de carne da última caça e de tempos em tempos parei para descansar, comer e beber. Minha caminhada era lenta. Fiquei perto do riacho quando não tinha certeza do caminho, mas a maioria das trilhas que peguei era conhecida e, à noite, eu parava e dormia profundamente. Estava tão cansado que sequer me preocupava com predadores — talvez sequer me importasse. Demorei uma semana até chegar ao ponto de encontro, e minha velha mochila ainda estava pendurada na árvore onde a deixara, parecendo um pouco gasta pelo tempo. Eu a tirei e sentei com as costas apoiadas em uma árvore para esperar que alguém me encontrasse, e finalmente, e por um longo tempo, chorei. A dor e a tristeza por tudo que havia deixado para trás tomaram conta de mim, e chorei e solucei até não ter mais lágrimas.

Não sabia se Levi ainda mandava um veículo a cada dois dias, como havíamos combinado. Haviam se passado meses desde que eu deixara meu último bilhete, e ele sabia como meus planos eram perigosos. Talvez achasse que eu estava morto e tivesse parado de ir lá regularmente.

Enquanto esperava, pensei em como havia sido perigoso o que eu fizera — e fiquei assustado ao me dar conta de como havia chegado perto da morte. Certamente nenhum humano teria sobrevivido ao que suportei. Apenas o ambiente e as condições climáticas bastariam para me matar, para não falar na falta de comida e na dieta que eu estava tendo. Some a isso os lobos — a força e o tamanho das criaturas, o modo como eles agrediam meu corpo e a intimidação. Ainda assim, haviam sido os lobos que me mantiveram vivo. Eles haviam me alimentado, aquecido e mantido em segurança. Eu não estaria escrevendo isto hoje se o jovem macho não tivesse me protegido naquela tarde, impedindo que caminhasse até o riacho, como pretendia. O urso teria me matado, sem dúvida alguma. A única coisa que os lobos não haviam conseguido fazer fora obrigar meu corpo a tolerar sua dieta. Ele obviamente podia dar conta de carne crua por um longo tempo, mas não indefinidamente. E, naquele momento, sentado e pensando sobre retornar à civilização e a tudo que ela incluía, senti um enorme desejo de mel.

Passaram-se 24 horas antes que ouvisse o ronco de um motor subindo a trilha. Era um 4 x 4 do acampamento, mas o motorista era alguém que eu não conhecia. Naqueles dois anos tinha havido uma mudança de equipe, então minha aparência não era tão chocante para aquele camarada quanto poderia ser. Meu cheiro, porém, era outra coisa, mas ele era educado demais para comentar. Não falei muito no caminho de volta para o centro. Havia coisa demais — e ainda assim nada — para dizer. Eu não conversava com outro ser humano havia dois anos e me sentia estranho e desorientado.

Quando Levi me viu, seu rosto normalmente inescrutável pareceu horrorizado. Eu não estava preparado para a intensidade da reação dele, mas ela me disse que a mudança que ele viu em mim era além de minha aparência, como de fato era, e, quando ele estendeu os braços para me abraçar, eu desmoronei. Aqueles dois anos haviam me mudado em todos os sentidos, e eu estava começando a ter uma luz da enormidade do que havia experimentado. Eu havia sobrevivido, mas dito adeus a tudo o que amava e a um mundo que nunca poderia ter novamente. Eu me sentia fraco e tonto, e emocionalmente confuso. Não havia muitos que tinham me conhecido quando parti, mas os que conheciam pareciam tão chocados quanto Levi à minha visão. Eles mal podiam acreditar que era o mesmo homem. Ele me perguntou se precisava de algo. Eu disse "mel", e alguém trouxe rapidamente, e, enquanto Levi e todos que haviam se reunido assistiam, comi meio pote.

Os acontecimentos posteriores são um tanto indistintos, mas me recordo de ter sido levado a Winchester para um banho e da incrível sensação de água quente sobre meu corpo, e de pensar que aquilo era civilização. Era um chuveiro péssimo, em um barracão de madeira com pressão mínima, mas parecia o Ritz. Eu era uma visão muito estranha sem roupas. Meu rosto e minhas mãos estavam muito bronzeados e marcados pelo tempo, mas meu corpo era de um branco leitoso, e, quando raspei a barba, meu rosto ganhou dois tons. Meu corpo estava tão emaciado que eu parecia um cruzamento entre Sexta-feira e um mendigo sem-teto. Eu era pele e ossos, e, embora um volume inacreditável de sujeira houvesse saído no banho, parte dela ainda estava entranhada. Eu parecia estar vestindo a cabeça e as mãos de outra pessoa — mas uma cabeça que tinha uma faixa branca imaculada onde antes havia uma barba. Fiquei imaginando o que as pessoas pensariam de mim quando voltasse para a Grã-Bretanha.

Todos queriam ouvir minha história, mas havia demais para contar. Eu adotei um resumo, me atendo aos fatos. Os biólogos queriam dados: quantos lobos havia, quais as suas características e suas cores, se haviam procriado e quantos filhotes, onde haviam estado, onde caçavam, quais trilhas usavam. De tudo o que eu disse, eles concordaram que aqueles não pareciam ser nenhum dos lobos do programa de reintrodução, sendo quase certamente lobos selvagens que chegaram à área usando os antigos corredores dos quais Levi havia falado. Todos ficaram contentes com a confirmação das teorias de Levi, mas ainda havia pessoas no acampamento — principalmente os biólogos — que desaprovavam enfaticamente o que eu havia feito. Eles estavam tão interessados quanto os outros em como sobrevivera naquele ambiente, como conseguira integrar o grupo e como mantivera a sanidade, algo em que algumas vezes também eu pensava, mas não me deram uma recepção de herói. Estavam com raiva por eu ter colocado a mim e aos lobos em risco, mas os outros acharam meu feito impressionante. E os nativos americanos o consideravam marcante, mas não tão impressionante. Seu povo saía e vivia nas montanhas junto com aquelas criaturas havia milhares de anos.

Eu me senti tentado a pegar um avião imediatamente. Tendo tomado a decisão irrevogável de deixar os lobos, sentia um verdadeiro desejo de ir para casa. Estava cansado de ser julgado e condenado pelo que tinha feito ou não tinha feito, mas fui persuadido a permanecer no acampamento por duas semanas para recuperar a saúde e tentar me ajustar à vida normal. Mas não foi fácil. Eu sabia que mental e emocionalmente isso tomaria um longo tempo, mas fiquei surpreso com como foi demorado retornar a uma dieta normal, e como foi difícil. Eu ansiava por comida vagabunda — sonhava com pizza de pepperoni e sorvete —, mas meu corpo não aceitava. Aquele tipo de comida passou por mim sem tocar nas laterais e me fez passar muito mal. Meu estômago encolhera de forma tão dramática que eu só conseguia comer porções minúsculas — o que hoje como em um prato cheio teria durado três dias na época —, e durante algumas semanas os carboidratos me fizeram vomitar ou deram diarreia.

Mas a coisa mais difícil era se ajustar ao mundo humano. O mundo do qual eu viera, e ao qual sentia pertencer, era muito simples e equilibrado. Não havia logro, maldade nem crueldade gratuita. Tudo era feito por motivos que todos compreendiam, e, embora eles pudessem ser duros e agressivos e lutar pelo que era seu, também tinham um lado gentil e cuidadoso, e cuidavam dos seus com grande ternura, como eu vira e experimentara. Manter a unidade familiar segura e alimentada era o que mais importava para aquelas criaturas, mas elas tinham respeito pelas criaturas com as quais dividiam o mundo. Elas matavam para comer, não por diversão, e nunca mais do que podiam usar.

Em contraste, muitos seres humanos consideram tudo garantido. São ambiciosos, egoístas e pilham a Terra como se fossem a única espécie que importa. E grande parte de nossa sociedade é perigosa e negligente. No aeroporto, esperando meu voo, vi pais discutindo com crianças e as punindo por nada. Eu queria dizer: "Parem com isso. Desfrutem dos seus filhos; aproveitem o que vocês têm."

16

Outro caminho

As semanas anteriores haviam sido uma gangorra emocional, e, de volta, eu só conseguia pensar em descobrir um modo de ajudar a melhorar a vida dos lobos em cativeiro. Eu havia aprendido muito sobre eles, muitas coisas que nunca saberia em uma vida inteira os observando a distância. Seu comportamento havia sido com frequência mal interpretado, e suas necessidades, negligenciadas, e eu estava fervorosamente determinado a fazer diferença.

Fui diretamente a Plymouth para ver Jan. Estava completamente sem dinheiro e precisava de um emprego que me desse um salário decente, mas também me permitisse trabalhar com animais, preferencialmente canídeos. Fiz algumas perguntas e, usando meus contatos nas forças especiais, me matriculei em um curso de residência em administração de canis promovido pelo Exército em Melton Mowbray, Leicestershire. Comecei pelo curso básico de tratador, depois o curso de provocação, quando o cachorro aprende a segurar a manga do invasor, e finalmente o curso de administrador de canil. Foram no total cerca de três meses, durante os quais aprendi tudo, de alimentar e cuidar dos animais a ensinar cães e seus tratadores a atacar.

Cães são usados pelo Exército para diversas tarefas: entram em zonas de guerra para farejar explosivos, patrulham instalações, e, como cães policiais, são treinados para deter um invasor segurando o braço da pessoa. Mas, diferentemente dos cães policiais, esses animais não ficam com seus tratadores em suas casas e não precisam diferenciar caras bons de caras maus. Qualquer um que esteja dentro da cerca de perímetro que não deveria estar é um invasor, e o cão é treinado para atacar e prender o invasor.

Não era o meu estilo, mas eu via isso como um meio de atingir um fim. Uma forma de ganhar dinheiro trabalhando com animais. Era um ambiente militar duro, no qual todos, de homens a cães, obedeciam a ordens sem questionar. O encarregado era um sargento, um homem alto e magro chamado Sid Gillam, que apelidamos de Blakey por causa do autoritário personagem inspetor Blake de *On the Buses*, um seriado britânico do começo dos anos 1970.

Blakey era rígido no modo como treinava os cães que passavam pela sua unidade. Os tratadores eram ensinados a dominar. Aquele não era lugar para minhas teorias sobre permitir que as criaturas me dominassem. Ninguém ousava questionar os métodos dele — inclusive eu —, embora para mim fosse óbvio que havia uma forma mais gentil e eficaz. Medo e intimidação nunca haviam me parecido uma boa base para uma relação, e aqueles animais eram muito mais fortes e rápidos que seus tratadores, e seus sentidos, muito mais apurados.

Mas eu aprendera com os nativos americanos que nenhum homem tem o direito de dizer a outro o que fazer, então guardei meus pontos de vista para mim mesmo. Meus irmãos índios diriam que é bom ter um sonho, mas, a não ser que o mundo esteja pronto para recebê-lo, o sonho não faz sentido. Blakey pertencia a uma geração limitada por regras e regulamentos e que não questionava práticas aceitas. Ele não estava pronto para uma mudança — sequer usava comida como recompensa ao treinar os cães, coisa que treinadores civis faziam havia anos. Aqueles cães eram treinados pela força bruta.

Blakey levava muito a sério a si mesmo e seu trabalho, e nós adorávamos provocá-lo — e era muito fácil. Toda manhã, no café, eu costumava roubar uma salsicha e guardá-la no bolso, o que significava que os cães que eu treinava nunca saíam do meu lado. Eles se comportavam impecavelmente — nenhuma força era necessária —, e no final do treinamento ganhavam a salsicha. Sempre fui o primeiro da turma. Blakey achou que eu tinha algum truque, mas nunca conseguiu descobrir.

Pouco após eu ter concluído o curso e deixado Melton Mowbray, Blakey apareceu em um programa de televisão em que especialistas em treinamento de cães eram colocados com celebridades para ajudar a treinar seus cães. O parceiro de Blakey era o comediante afetado Julian Clark, que tinha um cãozinho de colo. Era uma escalação brilhante — e maldosa. Os dois homens não podiam ser mais diferentes. Blakey treinava cães de grande porte para ir a zonas de guerra e sair vitoriosos, e estava nas telas do país segurando a bola de pelo de Julian com uma guia cor-de-rosa. O pobre homem não suportou. Na vez seguinte em que o encontrei e perguntei como Julian era, ele me agarrou pela orelha e me disse para nunca mais mencionar aquele nome. Mas Blakey era um bom homem, e eu o respeitava muito. Foi um dos poucos homens que considero ter tido influência em minha vida. Além de dirigir o centro de treinamento, ele era inspetor veterinário, e assim a cada três meses percorria as instalações para se assegurar de que os cães tinham saúde. Assim, permaneci em contato com ele, e tenho de reconhecer que quando ele foi ver como estava me saindo com os cães aos meus cuidados se convenceu de que seus métodos não estavam produzindo os resultados certos. E anos depois ele me visitou em Devon para ver o que eu estava fazendo com lobos.

Meu primeiro trabalho após o curso foi como gerente-assistente de canil no quartel-general do Comando Terrestre, na periferia de Wilton, em Wiltshire. Eu cuidava de uns seis cães no canil do Erskine Barracks. O trabalho dos animais era proteger e vigiar o campo, e meu trabalho era garantir que eles permanecessem em condições operacionais plenas para turnos de 24 horas. Havia tipos maravilhosos entre eles, mas eles de modo algum eram animais de estimação; eram cães de trabalho — pastores-alemães — criados para atacar seres humanos, e eram animais difíceis que precisavam ser tratados com cuidado. Lamento muito por eles. Os cães passavam por um treinamento de seis a oito semanas para fazer o trabalho; os tratadores, por apenas duas, e em minha opinião deveria ser o contrário. Alguns dos tratadores não tinham ideia do que estavam fazendo, e os cachorros os superavam totalmente.

Havia um adorável jovem soldado que costumávamos chamar de Yim Yam por causa de seu forte sotaque de Birmingham. Ele queria muito ser tratador, mas não tinha experiência alguma com cachorros. Sempre que ele soltava a coleira do animal, este, em vez de correr e deter o alvo do treinamento, passava por ele e urinava em um poste. Mas Yim Yam adorava o cachorro e toda manhã ia ao canil dar bom-dia a ele, depois passava de um para outro cumprimentando cada cachorro pelo nome. Certa noite eu tinha saído para beber e decidi dormir no canil com um dos cães, em vez de fazer toda a viagem para casa. No dia seguinte bem cedo, quando ainda estava escuro, o sujeito entrou para dar bom-dia aos cães como sempre, passando de um canil para o outro: "Dia, Shadow; dia, Dusty; dia, Kelly" e, quando chegou ao meu, não podia me ver no escuro do canil, e eu disse "Dia, Yim Yam" em uma voz bem grave. A expressão no rosto dele foi sensacional. Acho que até hoje pensa que o cachorro falou com ele.

Nós tínhamos momentos de diversão no alojamento. Havia um sargento chamado Tony "Frangie" Frangos, da mesma unidade de comandos onde eu estivera; era um homem em grande forma, mas pequeno, e, por alguma razão, estávamos sempre fazendo brincadeiras com ele. Lembro que certa vez passamos geleia de framboesa no seu telefone e, em outra oportunidade, colocamos a boina dele no congelador na noite anterior a uma reunião importante com o sargento regional e os figurões do regimento de paraquedistas. Frangie ficou sentado lá com a boina silenciosamente degelando e pingando água gelada por seu colarinho, sem poder dizer uma palavra. Nosso feito mais vergonhoso: o comandante da base havia descoberto que encaixes, puxadores, maçanetas, aldravas e outras peças valiosas de bronze estavam desaparecendo de um prédio vazio marcado para demolição. Foi sugerido que os homens de Frangie poderiam ser os responsáveis. Ele se apresentou em nossa defesa com a ferocidade de uma tigresa mãe. Não havia como seus homens pudessem roubar, aquilo era um ataque ultrajante à integridade dos seus homens, ele punha a mão no fogo por cada um de nós. "Não se preocupem, rapazes", disse ele ao contar a história, e depois pensou melhor: "Vocês não pegaram essas coisas, pegaram?" Nós tivemos de confessar. Nossos armários estavam abarrotados de bronze.

O verdadeiro problema com os nossos cães era que o Exército não compreendia a importância das posições naturais dos cães, e pediam que os animais fizessem trabalhos para os quais eles não eram equipados. Não se pode colocar um animal alfa em um papel de ataque. Ele não funciona. O alfa é o tomador de decisões e o animal mais importante da matilha. Todo o seu ser está dizendo a ele para ficar longe do perigo e se esconder às costas do seu tratador e deixar outro fazer o trabalho perigoso. Também nenhum animal de posição inferior poderia fazer o serviço porque não teria o instinto agressivo natural. O cão de ataque perfeito é o animal beta. Ele gosta da tarefa e é tenaz e destemido. Não sabendo perceber a diferença, o Exército perdeu muitos bons cachorros.

Ele não era muito melhor em psicologia canina. Quando um cão tinha o braço do alvo na boca, o tratador devia gritar "Solte", ordenando que o cachorro largasse, e então ficar furioso caso o cão desobedecesse. O que ninguém parecia entender era que isso era contrário ao instinto natural do animal. Na floresta, o lobo irá segurar e não soltará até sua presa estar morta. É assim que ele sobrevive e é assim que alimenta a alcateia. O cão estava sendo instruído a soltar quando sabia que a presa ainda estava viva e se mexendo, então, claro, ficava confuso — e teria entendido o grito como o estímulo da matilha. Mas eu tinha de ir com cuidado. Eu era o garoto novo na área e não podia esperar mudar a cultura da noite para o dia. Ademais, na época eu só tinha teorias. Precisava colocá-las em prática.

Uma das alegrias do trabalho na unidade era não ter horários normais. Não era incomum eu estar nos canis no meio da noite porque os tratadores faziam turnos de 24 horas, e era um bom momento para treiná-los sem distrações. Isso me deixava livre para outros trabalhos, e em pouco tempo eu me vi requisitado como treinador de cães de civis que trabalhavam no campo e nas cidades próximas. Foi tudo no boca a boca, mas achei gratificante o modo como as pessoas eram receptivas ao que eu dizia a elas — e isso gerava dinheiro extra. Na época o treinamento tradicional para cães, mesmo filhotes, ainda era muito baseado na força, e mudei isso. Eu usava o natural sistema de recompensa do animal, como alimento e calor, como motivação, e as próprias formas de punição deles, especificamente privação e frio, para demonstrar insatisfação. Também insistia para que os donos dos cães levassem toda a família ao treinamento porque os cachorros se consideram parte do grupo familiar, mesmo que sejam apenas duas pessoas na casa, e treinar um cachorro para responder a apenas um membro daquele grupo é uma perturbação para seus instintos naturais. Quando há crianças pequenas na casa, qualquer confusão do cão é potencialmente perigosa.

Quando as coisas dão errado, raramente o cachorro é o problema. Invariavelmente o problema são os humanos que compraram o cachorro errado para sua situação e não conseguiram treiná-lo em uma linguagem que o cachorro compreende. As pessoas costumam se esforçar muito para fazer a coisa certa, mas acabam deixando o cão comandar e destruir suas vidas.

Tive um casal com um lindo *retriever* que costumava apanhar bolas e brinquedos que os donos jogavam para ele no jardim. Com o passar do tempo o cão passou a se recusar a devolver os brinquedos que apanhava e a rosnar se alguém tentava tomá-los dele. Ninguém ousou desafiá-lo, e aos dois anos de idade o cão era o rei incontestável do castelo. Os donos haviam sido praticamente reduzidos a viver em uma cristaleira sob a escada porque o cão gradualmente tomara posse do resto da casa. Sempre que entravam em um aposento ele rosnava tão agressivamente que eles não ousavam se mover. O dono ficou de coração partido, mas o cachorro desenvolvera uma possessividade tal que não havia alternativa a não ser se livrar dele.

O problema é que é contra a natureza quando pedimos a um cachorro para recuperar um objeto e dá-lo a nós. Na natureza o que eles apanham é deles, e o modo como eles indicam aos membros do grupo que algo lhes pertence é baixando as orelhas e cobrindo o objeto. Se as orelhas vão para as laterais como asas de avião, isso significa que os outros devem manter distância. Mas nós alteramos a aparência dos cães tão radicalmente na criação que as orelhas da maioria dos cães são caídas e eles não conseguem usá-las para se comunicar. Em vez disso, rosnam. Se o cão é um animal de alta posição e rosna quando o dono tenta tomar a bola dele, e o dono recua, o cão aprende rapidamente que esse é o modo de ter não apenas a bola, mas qualquer coisa que queira dominar. Então, temos de tentar nos livrar desse comportamento instintivo, mas é tanto um caso de educar o dono quanto de educar o cão — e normalmente isso é muito mais difícil.

Eu me lembro de recepcionista de uma clínica veterinária me ligar um dia para ver se eu podia ajudar um senhor idoso na casa dos 80 anos que estava tendo problemas com um mestiço de *collie* de 8 meses que havia adotado. Ela disse que ele não podia pagar; quanto eu cobrava? Eu disse cinco libras e meia, o que mal pagava a gasolina, mas ela insistiu. Ele era aposentado, contou. “Certo, vou cobrar quatro libras dele.” Fechamos negócio, fui para a aldeia seguindo as instruções recebidas e cheguei a uma casa enorme. Se isso é dele, pensei... mas não era. A dele era a do lado, ainda maior. Mais ainda, ele era dono da maior parte da cidade. Eu estava começando a resmungar em silêncio, mas, no momento em que conheci o homem, meu coração mudou. Ele adorava o cachorro, mas era um homem que mal conseguia andar sem ajuda, e tinha um cachorro que queria correr quilômetros e pastorear ovelhas. Era uma escolha absolutamente errada. Mas o homem tinha uma empregada, então pedi que ele levasse o cão pela guia até um cercado nos fundos da casa, ficasse em uma das extremidades do campo e a empregada na outra, e dei a eles comida. Então soltei o cachorro e ele correu do velho para a empregada, e cada vez que chegava um deles dava um pouco de comida e se adiantava um pouco, e o cachorro corria até o outro, que fazia o mesmo. O cachorro disparou de um lado para o outro, lentamente pastoreando-os para o meio do cercado. Isso atendia aos seus instintos naturais de pastoreio e dava a ele o exercício necessário. Quando o homem e a empregada chegaram ao centro do campo, o homem colocou o cão novamente na guia e os três voltaram calmamente para dentro da casa.

Naquela época eu estava experimentando. As pessoas me procuravam com filhotes para treinar e também com cães mais velhos com problemas de comportamento, como o mestiço de *collie* e o *retriever*, e eu aplicava com todos eles o que havia aprendido sobre comportamento de lobos. Mas ainda era o começo para mim — havia muitas coisas que não sabia sobre lobos —, de modo que foi um aprendizado tanto para mim quanto para os donos. Mas o que eu dizia às pessoas parecia fazer sentido, e muitas delas descobriram que seus cães mudaram. O momento não poderia ser melhor. Havia um súbito e benéfico interesse por psicologia canina — as pessoas estavam começando a ver o lobo como um modo de compreender como seus próprios cães se comportavam daquela forma. Parecia que o mundo estava pronto, mas, enquanto outros comportamentalistas baseavam seus ensinamentos no que haviam observado do comportamento do lobo a distância, o meu era baseado em um ponto de vista único: eu havia vivido com lobos.

Não que isso me qualificasse para lidar com qualquer problema. Certo dia eu estava no parque perto de Salisbury com um casal na casa dos 60 anos de idade e seu pastor-alemão, que eles não conseguiam controlar, quando uma mulher muito autoritária — ao estilo da treinadora de cães britânica Barbara Woodhouse — marchou na minha direção para perguntar se eu era um treinador de cães formado. Eu disse que não era exatamente formado, mas que sabia um pouco sobre cães e estava ajudando um amigo. Ela disse ter um *collie* que era um pesadelo. Dei a ela um cartão e disse que se não conseguisse encontrar um treinador, poderia me ligar e eu veria se podia ajudar.

Cerca de dez minutos depois o *collie* dela surgiu no parque. Percebi no instante em que apareceu; a mulher que me abordara não estava muito atrás, e, para minha surpresa, o cão correu diretamente na minha direção. Pior, pulou na direção da minha virilha. Eu me virei no último instante, e ele cravou os dentes com firmeza no lado de dentro da minha coxa, a milímetros das joias da coroa. A dor foi excruciante — mas não tão ruim quanto se eu não houvesse reagido rapidamente.

— Está vendo? — perguntou a mulher, triunfante. — É o que ele faz! — Não me ofereci para ajudar.

17

A prova final...

Os nativos americanos dizem que se você pensa em um animal em cativeiro como estando em uma jaula o animal também pensa, mas se você dá ao animal a impressão de que a jaula é uma forma de mantê-lo seguro e protegido e enriquece sua vida dentro dela o animal verá sua jaula como o paraíso, não como uma prisão. A mim parecia que a maioria dos lobos em cativeiro se sentia em jaulas. Aqueles que eu conhecera lembravam pouco seus equivalentes selvagens; eles haviam perdido a força de vontade, e a maioria não se libertaria nem mesmo se você deixasse o portão do cercado escancarado.

Eu estava convencido de que poderia melhorar as vidas deles fazendo com que parecessem vidas selvagens, mas precisava de credibilidade. Eu tivera uma experiência com lobos que ia muito além do que a maioria dos biólogos podia alegar ter, mas não tinha iniciais antes do meu nome, então criei uma organização a que chamei de Wolf Pack Management. Na época ela se limitava a mim, mas achei que soava bem. Estava desesperado para testar minhas teorias. Gostava do meu trabalho com cachorros, mas minha verdadeira missão eram os lobos, e por sorte Wilton era muito perto do Longleat Safari Park, que ainda tinha uma bela alcateia de lobos cinzentos.

Longleat era, e ainda é, um dos parques de vida selvagem mais bem vistos do país, e eu sabia que não podia encontrar uma alcateia melhor para estudar. O parque fica no terreno de uma magnífica casa senhorial pertencente ao sétimo marquês de Bath. A casa é elisabetana, concluída no final do século XVI, e em si uma atração impressionante, mas é cercada por um parque fabuloso, projetado pelo grande paisagista do século XVIII Capability Brown. O parque se estende por mais de 360 hectares de floresta, lagos e terra agrícola — um interior intocado até onde a vista alcança — onde os animais vivem. O cercado dos lobos não podia competir com o espaço no qual os lobos viviam em Idaho, mas não lembrava em nada o cercado apertado de Sparkwell, e era animador ver lobos em cativeiro — juntamente com leões, tigres e todos os tipos de animais selvagens — vivendo em condições tão boas na Inglaterra.

Procurei o encarregado, Keith Harris, que não conhecia, disse a ele o que estava fazendo e perguntei se poderia testar algumas de minhas teorias com seus lobos. Apesar das ótimas condições em que eram mantidos e da saúde dos animais, Longleat tinha um problema: os lobos não se reproduziam. Naquele tempo se sabia pouco sobre administração de alcateias e a necessidade de criar intervalos de quatro anos entre gerações para garantir um bom padrão de reprodução. Como muitos outros parques de vida selvagem, Longleat inicialmente reunira um determinado número de lobos, retirados de grupos com excesso de animais, e o grupo de então era basicamente da mesma idade. Eles estavam ficando velhos demais para procriar.

Na natureza sempre há várias gerações em uma alcateia, e sempre há fêmeas jovens para procriar. Eles procriam para criar novos membros do grupo que defendam território, cacem e mantenham a linhagem. Em cativeiro os lobos têm refeições garantidas sempre que precisam, comida de qualidade entregue em casa e nenhuma ameaça ao seu território. Não havia razão alguma para aumentar o número de componentes do grupo, então eles não o faziam. Os lobos têm uma capacidade extraordinária de controlar seus próprios corpos e decidir se terão ou não filhotes. As fêmeas com frequência têm gestações fantasmas, ou então gestações reais que podem abortar, caso decidam por isso. Caso decida que o momento ou as circunstâncias não são boas para dar à luz, a fêmea interrompe a gravidez e seu corpo absorve os filhotes.

Eu acreditava que podia melhorar as vidas daqueles lobos e talvez até mesmo estimulá-los a procriar, mas era difícil convencer a administração de que eles deveriam me pagar, quando, excluindo a reprodução, seus lobos eram em todos os aspectos animais saudáveis e felizes. Contudo, Keith Harris se interessou pelo que eu havia feito com os Nez Percé e permitiu que trabalhasse com seus tratadores, mas teria de ser como voluntário. Como meu principal interesse era ajudar os lobos e eu já tinha uma renda do Exército, ficava contente com quaisquer que fossem os termos — e aquele era o campo de teste ideal.

Os visitantes iam ao parque de carro, centenas de milhares deles todo ano. Quando foi inaugurado em 1966, era o primeiro parque de safári em carros fora da África, mas, como os animais estão no luxuriante interior verde da Inglaterra e não na savana africana, e em cercados de poucos hectares, contra algumas centenas, eles são muito visíveis e não sentem qualquer medo de veículos, de modo que se pode ver os animais bem de perto. Tornou-se o modelo para muitos outros parques zoológicos ao redor do mundo.

A Floresta dos Lobos ficava depois da dos tigres e leões, em uma área de talvez 2 hectares. No centro ficava um bosque de árvores maduras, em sua maioria carvalhos, sem arbustos ou plantas rasteiras. Toda a área era gramada, e em um canto perto da cerca havia um lago artificial com água potável. Eu me recordo de certo dia ver um macho jovem espreitando um corvo se banhando nele. O lobo estava deitado a certa distância, observando o lago, e devia ter percebido que sempre que um pássaro ia se banhar depois levava mais tempo para alçar voo que de hábito; a água nas penas prejudicava sua aerodinâmica e tornava o voo menos eficiente. Ele avançou rastejando até estar a cerca de 50 metros, e eu pensei que era um lobo tolo achando que podia apanhar um corvo, mas ele conseguiu.

A única construção era uma estrutura de tijolos simples usada pelos veterinários se e quando necessário, e toda a área era seguramente cercada e com portões, assim como todo o cercado. No horário de funcionamento, membros da equipe ocupavam veículos 4 x 4 com listras pretas e brancas como zebras estacionados em cada cercado para garantir que os visitantes não sentissem a tentação de sair dos seus veículos. Eu costumava sentir pena dos voluntários que trabalhavam no parque, que aceitavam o trabalho porque queriam trabalhar com animais e passavam os dias como sofisticados funcionários de estacionamento.

Os carros faziam parte da paisagem; humanos a pé não, e, por mais dóceis que aqueles animais pudessem parecer por trás do para-brisa, na realidade eram perigosos. Nem mesmo eu podia entrar no cercado dos lobos — o seguro do parque não me cobria —, então passava meu tempo livre estacionado no cercado estudando os lobos e os conhecendo a partir do meu veículo, que era uma van Citroën branca. Os lobos aprenderam a reconhecer a van, e, sempre que eu entrava, eles a marcavam com seu cheiro. Eu não havia pensado sobre isso até me dar conta de que os leões pareciam estar se interessando muito pela minha van. Eu saía do parque à noite seguindo o veículo dos tratadores, e os leões não davam a menor atenção a eles, mas corriam na minha direção, especialmente as fêmeas. Certa noite uma dessas fêmeas deu na traseira do carro uma enorme patada que sacudiu o veículo. A única explicação que encontrei foi que ela não gostava do cheiro dos lobos. Na noite seguinte experimentei lavar a van antes de deixar o parque e os leões não abriram o olho quando passei pelo cercado deles.

À noite, quando não podia entrar no cercado, estabeleci residência semipermanente do outro lado do vale, em frente aos lobos, em um pequeno bosque a cerca de 500 metros. Era um bom ponto de vista, de onde podia observar e escutar, e me sentia em casa quando me instalava noite após noite com lanterna, binóculos, sanduíches e uma garrafa térmica com chá quente. Eu me sentava na base oca de um grande carvalho, que também abrigava um casal de corujas, e, cercado pela escuridão e os sons da noite, era quase como se fosse novamente criança, em casa em Norfolk, sendo embalado até dormir pelo piado das corujas e outras criaturas noturnas cuidando de suas vidas. Havia algo de mágico em ficar sentado ali no meio de uma das mais belas paisagens do país uivando para uma alcateia e ouvindo-os responder ao meu chamado.

Após várias semanas observando o comportamento da alcateia, dei início ao que chamei de programa de enriquecimento. Instalei um sistema de som em dois locais fora do cercado — um deles no bosque com minha árvore oca — e ao anoitecer e ao amanhecer, quando esses animais eram mais ativos, tocava fitas de lobos uivando que havia gravado em Idaho. A ideia por trás disso era levar os lobos a acreditar que havia uma alcateia rival do outro lado do vale, e eu esperava que isso induzisse a fêmea alfa a ter filhotes.

Saber que há na vizinhança uma alcateia maior ou mais forte que pode tentar tomar o território une o grupo, exatamente da mesma forma que comunidades humanas são unidas pela ameaça de uma invasão inimiga. E o ato instintivo de qualquer espécie que acha que sua segurança futura pode estar ameaçada é procriar. Faça a alcateia saber que lá fora há uma fêmea alfa que pode desafiar a fêmea alfa residente e ela enfrentará o desafio ou rolará para admitir que seu tempo acabou e repassará o papel a uma loba mais preparada para o papel.

Pelo menos essa era a teoria com a qual eu trabalhava. O que não sabia era o que aconteceria na prática com uma alcateia que nunca conhecera a vida selvagem. Eu confiava na memória genética deles.

Meu equipamento era bastante complicado. Precisava ser portátil porque obviamente alcateias se movem, então para ser realista o som dos uivos também precisava circular. Mas o equipamento também tinha de receber e transmitir sons por longas distâncias. Consegui pegar emprestada em uma pequena loja de materiais elétricos em Wilton uma antena de satélite que servia perfeitamente aos meus objetivos. Eu a liguei a um gravador e um alto-falante. Não parecia muito elegante, mas era eficaz, e eu podia levar o equipamento para outros pontos dentro do parque. Mas minha base sempre era o carvalho oco.

As fitas pareceram ter cumprido sua missão, e, após semanas de incerteza, Macha, a fêmea alfa, apresentava claros sinais de gravidez. Conheci muitos lobos ao longo dos anos, e muitos deles foram maravilhosos, mas houve um na Floresta dos Lobos de Longleat que será meu preferido para sempre. Seu nome era Daisy, e foi ela que Macha escolheu como babá de seus filhotes. Era uma fêmea dominante, um belo animal que parecia destinado a ser sempre a dama de companhia e nunca a noiva. Naquela primavera em Longleat eu me lembro de observá-la esperando pacientemente que sua líder desse à luz — assim como todos nós —, e após 63 dias de gestação o momento chegou. Macha se retirara para a cova de parto que cavara sob a terra, e enquanto isso Daisy ficava à sombra de um grande carvalho esperando os guinchos reveladores que indicariam estar tudo bem. No momento em que ouviu os guinchos e ganidos, se levantou de um pulo e foi ansiosa até a abertura do abrigo, onde ficou mais alguns momentos escutando. Dois filhotes haviam nascido em segurança e estavam mamando, satisfeitos. Daisy claramente estava desesperada para ir até eles, mas teria de esperar outras cinco semanas antes de poder assumir e fazer seu trabalho.

Cinco semanas é o tempo normal que os filhotes ficam no abrigo após o nascimento. Nesse período eles não veem ninguém além da mãe, que os amamenta e aquece, as duas maiores necessidades para o bem-estar de um lobo. Ninguém sabe se os filhotes nascem com a posição social que terão quando adultos ou se adquirem isso nas primeiras semanas de vida, ou seja, se é natureza ou criação, mas o ponto em que eles mamam na mãe certamente é significativo, e a mãe pode influenciar isso. Os filhos que tomam — ou são autorizados a tomar — a teta mais perto do centro se sairão melhor

Segurando um filhote de lobo de cinco dias.

Com minha companheira Helen e Cheyenne aos oito meses.

LINDA COWEN

Com Cheyenne e Nataa aos dezoito meses.

ROGER COOKE

Dentro do cercado principal dos lobos em Combe Martin, durante a palestra diária sobre os animais.

Zarnesti, o lobo europeu ferido quando filhote, se ligou de forma muito intensa a uma criança com necessidades especiais.

Roger Cooke

Elu aos dez anos, matriarca das alcateias, mãe de Yana, Tamaska e Matsi, em 2004, e também de Cheyenne, Nanoose, Nataa e Tejas.

Roger Cooke

ROGER COOKE

A alcateia durante a refeição.

ROGER COOKE

Matsi exibe comportamento defensivo durante uma refeição. A posição das orelhas serve de alerta para os outros manterem distância.

Cheyenne observa.

Com filhotes de três semanas.

No papel de ômega, cuja função é encerrar brigas, em momento de tensão entre dois lobos adultos.

ROGER COOKE

ROGER COOKE

Matsi, Tamaska e Yana – cativos, mas de modo algum domesticados.

Shadow, que morreu inesperadamente em janeiro de 2009.

Com Levi Holt, meu irmão nativo americano.

Com Tejas.

SIMON FRAZIER

Um tradicional cumprimento lupino de Tamaska, enquanto Yana segura o focinho de Matsi.

SIMON FRAZIER

O cumprimento de Matsi.

que os que se alimentam mais para fora. O leite no meio é de melhor qualidade, e eles são aquecidos pela proximidade dos irmãos mamando junto a eles. Esses animais terão posições superiores aos que são empurrados para as beiradas e consequentemente terão um cheiro mais forte. E o que começa nas cinco primeiras semanas de vida prossegue na idade adulta. Os animais de posição superior comem a melhor comida, têm um cheiro mais forte e são mais respeitados.

O que os filhotes também aprendem nessas cinco primeiras semanas no abrigo é quem são os vários membros de sua família, como funciona a alcateia e como cada membro deve ser cumprimentado quando chega o momento de conhecê-los. Sempre que a mãe sai do abrigo para comer, com o cheiro dos filhotes, se esfrega nos outros membros da alcateia e leva o cheiro deles de volta para o abrigo para que os filhotes sintam. Se o lobo no qual ela se esfregou for um membro de alta posição, a mãe pega a cabeça ou o pescoço do filhote com a boca e gentilmente a vira para expor sua garganta, que então lambe, ensinando ao filhote que quando finalmente conhecer aquele animal de alta posição deve rolar, expondo ventre e garganta, e ser submisso. Assim, exclusivamente pelo cheiro ela apresenta os filhotes à família, e quando eles saem tropeçando do abrigo, inseguros sobre as patas e ainda meio cegos, conhecem o caráter e a posição social de cada membro da alcateia que encontram, e sabem como se comportar.

Com cinco semanas, a mãe dos filhotes inicia o processo de desmame, e eles começam a passar para sólidos na forma de carne regurgitada. Inicialmente é a mãe quem regurgita para eles, mas depois a babá assume, e, à medida que eles crescem, podem induzir qualquer membro da alcateia a regurgitar mordendo os lábios dos adultos com seus pequenos dentes muito afiados. Enquanto a mãe amamenta, não pode se afastar do abrigo, então outros membros da matilha levam comida para ela. Eles com frequência carregam um pedaço de carne do local de abate até 65 quilômetros para alimentar a fêmea alfa, e farão o mesmo pela babá quando ela assumir os cuidados dos filhotes. Ou então um dos lobos assumirá a tarefa de cuidar dos filhotes por um breve período enquanto a babá segue uma trilha intencionalmente deixada para levá-la ao local do abate.

Criar a geração seguinte é uma tarefa coletiva. A mãe deixa os filhotes para que, como fêmea alfa, possa continuar com sua tarefa de liderar a alcateia, e a educação e alimentação dos jovens ficam a cargo da babá e, no devido tempo, de toda a família.

Observando Daisy, que era uma criatura muito delicada, tolerante e sábia, me vi pensando na minha própria infância. Por mais que adorasse meus avós, me dei conta de que ficara ferido e com raiva por minha mãe ter me abandonado aos cuidados deles. Não era o que acontecia a nenhum dos meus amigos ou primos. Mas ver como a loba criava seus filhotes me deu uma diferente perspectiva de minha vida. Havia tanto da minha experiência na infância parecido com o que eu estava testemunhando ali que, de repente, começou a fazer sentido. Eu não havia perdido — longe disso. Minha infância havia sido enriquecida pela paciência e a sabedoria que vêm com a idade — algo que minha mãe, ela mesma jovem, nunca poderia ter dado. Ela tinha de ir trabalhar, levar comida para casa, assim como a fêmea alfa fazia, e deixou a criação da criança a cargo do membro da família que considerava mais preparado. Eu senti que nós éramos como um.

18

Lealdade dividida

Após ter conseguido emprego nos canis de Wilton, aluguei um pequeno bangalô em uma fazenda na periferia de Salisbury, e Jan foi viver comigo lá, junto com dois filhos de um relacionamento anterior e um casal de *huskies* que eu resgatara.

Eu achava que mudar com ela para aquele pequeno bangalô era tudo o que queria, e Jan era uma estrela. Não tinha experiência com cachorros, muito menos cães grandes e perigosos, mas se juntou a mim trabalhando com os cães de ataque no quartel — e mergulhou nos lobos. Ela mais de uma vez deve ter se perguntado no que estava se metendo, pois não era como havia imaginado sua vida. Imaginara para si um futuro convencional trabalhando em escritório, dirigindo um bom carro, vivendo em uma pequena casa geminada e pagando a hipoteca sem dificuldade. Como havia dito uma vez, sua decisão mais excitante ou perigosa antes de me conhecer havia sido escolher qual marca de suco de laranja comprar. Tudo isso mudou, e muitas vezes ela saiu comigo em uma noite de inverno para sentar em meio ao breu e sob a chuva, ajudando a operar o gravador para convencer os lobos de que havia uma alcateia rival do outro lado do vale.

Eu não poderia pedir namorada melhor. Ela nunca se queixou do estilo de vida bizarro ou do fato de que eu passava a maioria das noites e dos fins de semana em Longleat. Ela me dava todo o espaço necessário para fazer minhas coisas, e, quando tivemos filhos, foi uma mãe fantástica. Mas, olhando para trás, me dou conta de que provavelmente não foi uma grande paixão para nenhum de nós. Era uma relação que na época satisfazia aos dois. Cada um dava o que o outro queria — companhia, amizade, uma casa e filhos —, e, embora achássemos que nos amávamos, e fôssemos amorosos e carinhosos um com o outro, não estou convencido de que tenha sido de verdade. Mas talvez eu nunca tenha dado uma chance à relação. Na época estava tão ligado em meu trabalho, tão apaixonado pelos lobos e por tudo que aprendia e descobria sobre eles, que fico pensando se teria sido possível qualquer relação humana. Se tivesse de escolher entre passar uma noite no cercado dos lobos ou em casa, para ser honesto, provavelmente teria escolhido os lobos.

Ficamos onze anos juntos e tivemos quatro filhos — Kyra, Beth, Jack e Sam —, que são ótimos. Jan já tinha três filhos, embora apenas dois deles vivessem conosco, então quando entrou em trabalho de parto de Kyra já havia feito aquilo e estava bastante relaxada. Tomou um banho e me disse para não entrar em pânico. Momentos depois gritou: "Está vindo!" e de repente estava tão em pânico quanto eu. Eu a coloquei no carro e fui a toda velocidade para o hospital em Salisbury, telefonando enquanto dirigia para dizer que ela estava dando à luz. Eu olhei para ela deitada no banco de trás e vi a cabeça do bebê. Achei que teria de fazer o parto no carro, mas paramos cantando pneus na entrada do hospital, onde duas enfermeiras estavam à espera e segundos depois praticamente apanharam Kyra, que entrava no mundo esperneando e gritando.

Depois que Kyra nasceu, Jan teve de ficar em casa e cuidar dela, então nossas noites sentados sob as estrelas — e a chuva — foram reduzidas. Eu trabalhava dia e noite e estava cada vez mais obcecado com todas as coisas que fazia. Mesmo em casa eu registrava minhas descobertas, escutava gravações, organizava as informações que recebia do grupo de lobos em cativeiro.

Estava fascinado por eles e igualmente fascinado pelo que seu comportamento me dizia sobre os cães de ataque com os quais trabalhava de dia e também os cães domésticos que as pessoas me levavam para treinamento. Eu podia ver que em nossa ignorância nós humanos estávamos vergonhosamente tratando mal nossos melhores amigos e precisávamos mudar radicalmente nossa lógica caso quiséssemos nos redimir.

Eu sabia que só havia arranhado a superfície e precisava aprender muito mais se quisesse ajudar aqueles cães — e o lugar para aprender era Idaho. Estava determinado a voltar e ver minha família nativa americana novamente e estar com lobos que pudesse estudar de perto. A Inglaterra era meu lar e onde minha família — meus parentes de sangue — estava; sempre sentiria a necessidade de voltar, mas meu lar espiritual ficava no noroeste dos Estados Unidos. As pessoas da tribo eram meus irmãos, os lobos, minha família adotiva, e ano após ano sentia a necessidade de sentar aos pés deles e escutar suas palavras sábias. Uma vez lá, as responsabilidades de casa e família pareciam a um milhão de quilômetros de distância.

Meu afastamento pareceu adequado a Jan. Nós nos tornamos como uma família alistada, em grande medida como se eu houvesse permanecido no Exército e fosse mandado para fora por longos períodos. Jan construiu uma vida em torno das crianças e de seus amigos e parentes, que viviam em Plymouth, onde acabamos comprando uma casa. Ela era muito independente, e acho que eu perturbava a organização serena de sua vida nas oportunidades em que reaparecia. Ela provavelmente era mais feliz sem mim e desligava de tal forma quando eu partia que achava difícil me receber de volta.

Falei com Blakey sobre retornar a Idaho, perguntei se ele poderia falar com as autoridades e o convenci de que mais aprendizado entre os Nez Percé seria benéfico para os cães de ataque. Ele me permitiu tirar uma licença especial que, somada às minhas férias anuais, me dava seis semanas. Era suficientemente longo para justificar o custo da viagem. Parti pouco depois de os filhotes de Macha terem nascido em Longleat e, embora ansiasse por vê-los crescer e se desenvolver, também ansiava estar mais uma vez nas montanhas e entre os lobos selvagens.

Sempre que retornava a Idaho, imaginava que minha experiência e minha antiguidade poderiam me garantir uma tenda melhor. E todas as vezes ficava com aquela em frangalhos longe do núcleo do acampamento. No começo achei que era por ser o recém-chegado. Depois achei que por ser branco estava sendo punido pelos pecados coletivos do homem branco que perseguira as tribos indígenas durante centenas de anos. Finalmente, depois de receber aquela tenda pelo terceiro ou quarto ano, reuni coragem para perguntar a Levi por que sempre recebia a tenda junto à floresta. Em seu estilo típico, ele não me deu uma resposta direta; contou uma história. Na época não fez muito sentido, mas depois entendi o que ele estava me dizendo.

Segundo a lenda, certo dia uma índia estava juntando madeira para a aldeia quando se deparou com um filhote de lobo com frio, faminto e quase morto. Ela olhou ao redor procurando a mãe ou outros membros da alcateia, mas não havia sinal deles, então, em vez de deixar o animal para a morte certa, o envolveu em um cobertor, colocou-o em sua cesta e o levou para sua tenda. Cuidou dele, alimentou-o com leite fresco quente e recuperou sua saúde. Ela o criou como seu próprio filho, dando carne de caça à medida que crescia, e, para onde quer que fosse, o lobinho trotava ao seu lado. Os dois se tornaram inseparáveis; juntavam lenha para o fogo juntos e pegavam água no rio, onde se sentavam e viam seus reflexos sob o sol da manhã. Nas noites frescas, eles corriam e brincavam juntos na floresta, antes de dormir na tenda enroscados um no outro.

Certo dia, quando iam pegar água no rio, se sentaram lado a lado, como sempre, olhando para as profundezas barrentas, mas a índia não viu seu próprio reflexo olhando de volta para ela, mas o reflexo de dois lobos. Seu próprio rosto se tornara o de uma loba.

Muito assustada, ela correu de volta para a aldeia, procurou um dos anciões da tribo e explicou o que havia acontecido, perguntando por que havia sido amaldiçoada daquela forma. O ancião disse: "Não é uma maldição; é uma bênção em troca de sua gentileza. Você tem de juntar suas coisas e levá-las para o limite da floresta, onde viverá entre dois mundos — o mundo dos homens e o mundo dos lobos."

O que Levi estava me dizendo era que também eu recebera um dom especial e que meu papel na vida seria viver entre dois mundos.

Certa noite, ao voltar ao acampamento, encontrei uma carta de Jan. Eram notícias tristes. Pouco depois de minha partida, Macha, a mãe dos filhotes de Longleat, havia morrido. Eu me senti como se soubesse da partida de um amigo próximo e querido. Sabia que o grupo estaria uivando por ela e senti um nó no estômago por não poder ter uivado com eles e partilhado sua dor. Em vez disso fui para o cercado com os lobos em cativeiro, coloquei as mãos em concha junto à boca e uivei só e dolorosamente, esperando que em algum lugar, de algum modo, Macha me ouvisse e soubesse que sentia a sua falta. E quando me deitei na cama naquela noite, naquele momento entre a vigília e o sono, imaginei ter ouvido sua voz conhecida dando um último adeus.

Os lobos não partilham nossas emoções e não podem se permitir o sentimentalismo em que nos afundamos. O grupo se reorganizou rapidamente, e, para minha grande alegria, Daisy tomou o lugar de Macha como fêmea alfa, e no ano seguinte também estava grávida. Eu estava novamente em Idaho no que havia se tornado uma visita anual quando ela pariu, mas as coisas deram muito errado. Os tratadores encontraram Daisy vagando pelo cercado com um filhote morto a meio caminho do canal vaginal. Ela tinha sérios problemas e precisava de cuidados veterinários de emergência. Eles a acertaram com um dardo tranquilizante e a operaram para retirar o filhote. Um havia nascido, mas eles encontraram vários outros mortos dentro dela. Ela não era um animal jovem, e havia uma grande possibilidade de que outra gravidez assim se repetisse, e então, relutantemente, foi tomada a decisão de esterilizá-la.

Voltei pouco depois e encontrei uma situação impossível. A alcateia tinha uma fêmea alfa que não podia procriar. De algum modo ela teria de ser persuadida a abrir mão do seu papel e permitir que uma fêmea mais jovem assumisse seu lugar. A questão era: eu poderia convencê-la usando fitas gravadas? Se fosse capaz de convencê-la, e ao resto do grupo, de que ela estava sendo desafiada por uma fêmea solitária mais forte e jovem em busca de vaga, esperava que ela então pudesse se colocar de lado em prol de um dos membros do seu próprio grupo, uma jovem fêmea dominante como Zeva, um dos primeiros filhotes de Macha.

Com a ajuda de Jan e de um dos tratadores, eu primeiramente toquei gravações de uma alcateia inteira a partir de dois lugares, como havia feito antes, para dar a impressão de que havia grupos rivais na área, o que estimularia o grupo em cativeiro a se unir como uma família. Depois toquei a gravação de uma fêmea alfa de vários pontos mais próximos do cercado para sugerir que ela estava se movimentando nas zonas de amortecimento entre os territórios dos três grupos. O uivo de um lobo incapaz de procriar é muito diferente daquele de um animal que pode, e eu sabia que, quando ela respondesse ao desafio daquela fêmea solitária, o grupo perceberia a diferença e pressionaria Daisy. Meu medo era que, se Daisy se recusasse a desistir de sua posição e o resto do grupo quisesse sua partida, eles a expulsariam e ela não teria para onde ir.

Na natureza essa situação se resolve pela dispersão. O lobo que não é mais querido deixa a alcateia e sai em busca de outro grupo no qual ingressar. Em cativeiro isso não pode acontecer, e o lobo que teria partido é atacado. Os outros lobos o mordem na base da cauda, onde há glândulas que produzem odor. Se essas glândulas são destruídas com o surgimento de uma ferida aberta, o animal perde sua identidade e, portanto, todo seu status, e é mantido longe da comida e com frequência morre ou é morto.

Felizmente Daisy aceitou a deposição. Então tivemos de convencer o grupo a fazer uma promoção interna, já que a loba solitária em busca de uma vaga que eles haviam escutado não existia. Comecei novamente a intercalar a loba solitária com gravações do grupo completo, o que eu esperava ter o efeito de fazer com que eles se unissem. Também me preocupei em que na refeição seguinte os lobos recebessem uma carcaça inteira em vez de pedaços de carne já desossados. Na natureza o abate é muito importante como mecanismo para definir qual animal assume qual posição na alcateia. Os pedaços de carne individuais que os lobos com frequência recebem em cativeiro prejudicam as distinções, e aquele grupo precisava definir sua hierarquia.

Passaram-se outros cinco dias antes que a voz de uma nova fêmea alfa soasse em resposta ao desafio. Havia sido uma espera longa e angustiada, mas nas primeiras horas da quinta manhã, em resposta ao meu desafio da fêmea solitária, o uivo de Zeva rasgou o silêncio. Sua voz ganhara nova autoridade, e ela estava defendendo sua posição e seu território com vigor. Ela foi apoiada pelo resto do grupo, os uivos indicando que estavam firmemente ao lado dela. Até mesmo a voz de Daisy podia ser ouvida entre eles, confirmando a nova líder.

Foi um momento fascinante para mim e fez valer todas aquelas noites passadas na chuva e no frio. A não ser que fosse coincidência, o que parecia altamente improvável, acabávamos de testemunhar uma revolução inacreditável. Havíamos reestruturado um grupo a partir de fora; com nada mais sofisticado que gravações em fita, havíamos demonstrado que era possível influenciar e alterar o comportamento e a composição de uma alcateia, e isso era uma boa notícia para biólogos e fazendeiros que se esforçavam para impedir que lobos atacassem seus rebanhos. Senti que o que havíamos conseguido criava uma grande esperança para o futuro.

Ironicamente, Zeva escolheu Daisy para cuidar de seus filhotes quando nasceram, e, mais uma vez, ela assumiu o papel que tivera muitas vezes antes. Cuidou deles diligentemente e, quando tinham 18 meses, ela um dia deitou à sombra de sua árvore preferida e morreu serenamente. Era uma loba muito especial que me tocara profundamente, e lamentei sua partida.

19

Encontrando um lar

As notícias correm rápido no mundo animal, e meus sucessos em Longleat estavam começando a ser reconhecidos. Fui procurado por uma série de outros parques de vida selvagem e zoológicos querendo ajuda e conselhos sobre como manejar suas alcateias. Também comecei a trabalhar com o público. Jan e eu levávamos visitantes para um dos bosques perto do cercado para um uivo quando a noite caía em Longleat. Eu explicava a eles por que os lobos produzem aquele som assustador e arrepiante à luz da lua que aparece em todos os filmes de terror. Dava uma série de uivos de reunião, como se juntando minha alcateia ao redor de mim, depois Jan uivava, como se juntando à líder, e de todo o parque vinha o som do grupo em cativeiro gritando, defendendo seu território contra nós.

Os seres humanos durante muito tempo acreditaram que os lobos uivavam de dor pela perda de um membro do grupo. Isso não é verdade. Pode ser um som de lamento tomado de dor, mas eles uivam por uma série de razões, e de diferentes formas — com diferentes entonações, assim como nós humanos fazemos ao falar —, e há muita informação em um uivo. Eles *podem* ter perdido um membro do grupo e uivam para tentar chamá-lo de volta para casa, mas também uivam para defender território, dizer a indivíduos ou outros grupos onde estão e convocar a tropa. Se o uivo é interrompido logo, significa perigo — fique onde está, pare de fazer o que está fazendo, eu assumo. Se durar muito tempo e murchar, significa exatamente o oposto — continue com o que está fazendo. Se for baixo e grave é defensivo, alertando grupos rivais para manter distância. A alcateia uivará junta se estiver sob ameaça, e os lobos de posição intermediária irão até mesmo disfarçar suas vozes usando ganidos entre os uivos para dar aos rivais a impressão de que seu grupo é maior do que é na realidade.

Lobos ganem quando estão frente a frente. Uivam para se comunicar a uma distância em que usaríamos um celular, e podem ajustar o volume para que seja de baixo, médio ou longo alcance. Se um membro do grupo sai para caçar e não retorna, o grupo uiva para dizer ao lobo sumido onde está, caso ele tenha perdido o rumo. E se o lobo ausente ouve seu grupo chamando, responde para que saibam que está a caminho. O uivo de cada animal é tão distintivo daquele animal quanto sua aparência, seu cheiro e seu caminhar; e quando você começa a estudá-los e viver entre eles, rapidamente percebe como cada lobo é diferente. Eles são tão únicos quanto os seres humanos, e suas vozes são igualmente distintas. Mesmo no escuro, sou capaz de dizer qual lobo está se aproximando pelo som de seus passos e seu cheiro; e posso dizer quais animais em qualquer grupo estão uivando.

Cada posição tem um uivo específico; a voz do alfa é grave e profunda, e ele ou ela uiva de forma intermitente; uiva de cinco a dez segundos, faz uma pausa pelo mesmo período e uiva novamente. A pausa é importante porque ele está esperando uma resposta. Dependendo do que é respondido, ele fará os outros adicionarem suas vozes ou se moverá e uivará de outro local. O beta também tem uma voz grave, mas uiva continuamente pelo triplo ou quádruplo do tempo do alfa. E assim por diante por toda a alcateia — os intermediários, os entre intermediários e superiores, os inferiores, até mesmo o ômega, têm suas próprias vozes.

É assim que um lobo solitário querendo se juntar a uma alcateia sabe onde e quando é um bom momento tentar. Se escuta o grupo chamando um membro desaparecido dias seguidos e não escuta nenhum uivo em resposta, que sugere que o lobo sumido pode estar morto, sabe que pode haver uma vaga. Os lobos não são sentimentais. Sua primeira preocupação é a sobrevivência, e na natureza isso significa ser capaz de alimentar e defender seu território; um grupo com uma posição vazia é vulnerável.

Da mesma forma, eles não aceitarão um lobo solitário com defeitos. Eu vi lobos praticarem truques que equivalem a homicídio premeditado. Os alfas impediram que uma categoria do grupo uivasse, dando ao lobo solitário a impressão de que aquela posição estava desocupada, e, quando ele se apresentou esperando ocupar a vaga, o lobo beta o matou.

Eu adorava o que estava fazendo em Longleat. Era fantástico ter a oportunidade de colocar em prática minhas teorias, e adorava ver os rostos dos visitantes, particularmente as crianças, brilhando quando ouviam os lobos uivando. Tenho certeza de que o parque valorizava o que eu fazia, mas as sessões de uivos eram a única coisa pela qual eu era remunerado. Isso significava que tinha de trabalhar o tempo todo, tentando ajustar o que fazia ali com o emprego no Exército e o trabalho de treinador de cães que fazia para nos sustentar.

Após dois anos em Wilton eu me transferi para Warminster. Consegui um emprego no Land Warfare Centre and Battlesbury Barracks, que era muito mais perto de Longleat, e a Propriedade Longleat permitiu que alugasse uma de suas cabanas na vila de Corsley Heath. Warminster era mais trabalho; havia mais de vinte cães no canil, contra seis em Wilton, então era possível fazer diferença em um âmbito maior. Mas nem o emprego diurno nem o treinamento de cães eram bem remunerados, e como Jan estava novamente grávida, dinheiro estava se tornando um problema.

Eu não conseguia ver uma solução imediata até que certo dia a BBC chegou a Longleat para fazer o piloto de um programa sobre lobos. Tinha o título provisório de *The Beast Within* e era apresentado por Philippa Forrester. Era concebido para destacar as semelhanças entre o lobo e o cachorro doméstico, e fui convidado a participar. Era um assunto que eu conhecia como a palma da minha mão, e me diverti muito fazendo. Filmamos no parque e também fui para os estúdios da BBC em Bristol. O programa foi um grande sucesso; todos pareciam muito satisfeitos com o resultado e com minha participação nele. Eles falaram com entusiasmo sobre a possibilidade de uma série ser encomendada a partir da força do piloto. Eu confiava no surgimento de uma nova carreira — e a televisão pagava muito melhor que qualquer coisa que eu já havia feito. Mas o tempo passou e não ouvi nada; então, certa noite a televisão estava ligada — e lá estava Philippa Forrester apresentando o primeiro programa de uma nova série sobre lobos. Sem mim.

Fiquei chocado e liguei para a BBC para saber o que havia acontecido. Alguém da produção me disse que eles haviam entrado em contato com Longleat para tentar me chamar para a série e disseram que eu não trabalhava mais no parque, não tinham ideia de para onde tinha ido nem como poderia ser encontrado. Fiquei furioso. Longleat sabia exatamente onde eu estava: estava colocando em ordem o programa de reprodução deles — era um momento crítico para eles — e eu só conseguia pensar que eles deviam ter ficado com medo de me perder. *Era* um momento crítico e posso entender por que eles se preocuparam, mas eu teria gostado de tomar pessoalmente a decisão de recusar a proposta.

Isso foi o começo do fim. Permaneci mais alguns meses, mas sabia que chegara o momento de romper com Longleat. As coisas degringolaram rapidamente; eles queriam mais de mim e eu não estava preparado para dar. Passara quatro anos ali e sempre me ressentira do fato de que eles haviam se beneficiado de minha pesquisa e meu conhecimento, nunca tendo se oferecido para me recompensar. Haviam me dado a cabana, mas ela era muito simples e eu pagava aluguel por ela, e estava o tempo todo sem dinheiro.

Isso foi a gota d'água: eles haviam me privado de uma oportunidade de ganhar algum dinheiro e fazer meu nome. Disse a eles que não poderia continuar daquela forma: ou eles me colocavam na folha de pagamentos ou eu partiria.

Se eu ainda tinha alguma dúvida, Jan acabou com ela. Certo dia ela entrou na sala de jantar de nossa cabana, onde Beth, nosso bebê recém-nascido, dormia em seu berço, e encontrou um grande rato sentado em cima dela lambendo os bigodes. Jan suportara muita coisa e havia sido heroica em me ajudar com os lobos, mas já era demais. Ela queria voltar para Plymouth, onde sua família vivia, e não pude discordar. Então compramos uma casa juntos perto dos pais dela, e ela levou nossos dois filhos, Kyra e Beth, diretamente para lá. Outra criança, Jack, estava a caminho. Eu disse a Longleat que estava partindo e entreguei a carta de demissão no campo.

Não era segredo que meu sonho era ter meus próprios lobos, e mais ou menos nessa época recebi a oferta de dois lobos cinzentos machos do Paradise Wildlife Park de Broxbourne, um dos lugares que eu costumava ajudar de tempos em tempos. Eles tinham quase 3 meses de idade e precisavam ser transferidos porque seu dono, um colecionador particular de West Midlands, tentara socializá-los, mas esperara demais, e eles nunca seriam tão dóceis quanto ele queria. Eles eram perfeitos para mim, e eu estava louco para dizer que ficaria com eles, mas não tinha a terra, portanto não podia me comprometer. Então, como as coisas costumam acontecer, eu estava conversando com dois camaradas que haviam participado de uma noite de uivos. Eles faziam parte de um grupo que encenava recriações medievais e estavam particularmente interessados em lobos porque as florestas da Inglaterra eram repletas de lobos na época medieval. Eles perguntaram quais os meus planos, e, quando contei que esperava conseguir alguma terra, eles disseram que deveria entrar em contato com um amigo, Stuart Barnes-Watson, um australiano que acabara de comprar 20 hectares em North Devon. Ele era outro integrante do grupo de encenação e, como eles, muito interessado em história e, portanto, lobos. Ele pretendia criar uma espécie de centro de aventura ao ar livre e educação para ensinar habilidades a crianças e ensinar sobre as criaturas que costumavam viver ali. Eles me deram o número dele e eu disse que telefonaria.

Telefonei e gostei muito do que ele estava planejando. Disse que tinha dois filhotes de lobo marcados, e ele ficou encantado com a ideia de incluir lobos no coquetel. Fui a East Buckland conhecê-lo e dar uma olhada no lugar. Era um belo local com florestas de pinheiros levando a um vale com um riacho no fundo, e nos demos muito bem. Ele disse que eu poderia escolher qualquer lugar para os lobos. Escolhi uma área no fundo que me lembrava Idaho. Era íngreme, com uma floresta mais densa e obviamente em escala menor, mas pitoresca. Podia imaginar os lobos saindo das samambaias em meio à nevoa do começo da manhã — seria muito excitante para as crianças acampando ali — e adorei o modo como o sol tocava o solo por entre os galhos das árvores. Parecia um cartão-postal. Não seria o lugar mais fácil para construir um cercado, mas eu não poderia sonhar com lar mais perfeito para os lobos, e imediatamente disse a Broxbourne que pegaria os filhotes.

Enquanto trabalhava no cercado, os filhotes, que batizei de Shadow e Pale Face, foram para o zoológico Linton, uma empresa familiar em Cambridge. Eles por acaso tinham um cercado vazio antes da chegada de alguns leões, e se ofereceram para ficar com os lobos e abrigá-los sem custos até que pudéssemos nos mudar para Devon. Em troca, eu daria palestras quando estivesse lá e os ajudaria com os outros animais. Lembro que uma das minhas tarefas foi depenar centenas de galinhas que haviam sido doadas, e era como se suas penas tivessem sido grudadas com supercola.

Meus aposentos eram uma cabana portátil que se tornou meu lar por dois meses. Era muito simples, e o que tinha de mais parecido com uma cozinha era um forno de micro-ondas, então peguei emprestado um cartão de compras, fui ao atacadista local e comprei macarrão instantâneo, que não precisava ser cozinhado e que sempre achei bastante saboroso. Mas como só se pode comprar em grandes quantidades no atacadista, tive de comprar o mesmo sabor, e passei dois meses comendo macarrão instantâneo com frango e cogumelos no café da manhã, no almoço e no jantar. Nunca mais quero ver macarrão instantâneo enquanto viver.

Foi um pesadelo construir o cercado. Tive ajuda de dois camaradas, mas ele quase nos matou. O único acesso era por uma trilha na floresta, e a picape que eu havia alugado para levar os materiais e o equipamento até lá atolava na lama. No final tivemos de levar tudo na mão — uma distância de cerca de 600 metros. Cavamos uma trincheira de 1,20 metro de profundidade ao redor do perímetro, porque os lobos são reconhecidamente bons em cavar saídas, e prendemos o arame em postes cimentados no chão. Era a estrutura básica, e não podia ser mais resistente e segura. Eu pedira a um soldador em Plymouth para curvar o alto dos postes em ângulo de 45° voltado para dentro, então não havia como os lobos escaparem. Conseguimos implorar, tomar emprestado, roubar e fazer campanhas para conseguir dinheiro, mas o maior custo foi em sangue, suor e lágrimas.

Stuart pedira logo no início uma licença para manter animais perigosos ao ar livre, e quando nossos esforços estavam concluídos os vários inspetores foram vistoriar. Havia um veterinário que eu conhecera em Longleat, alguém do departamento de armas de fogo da polícia e um homem do conselho local. Eles testaram as cercas, pediram para ver a papelada sobre seguro de responsabilidades e assim por diante; perguntaram sobre procedimentos de segurança, sobre quem tinha porte de arma e quiseram ter a certeza de que essas pessoas estivessem disponíveis no caso de um lobo fugir. Eles cobriram tudo e partiram aparentemente satisfeitos, dizendo que dariam sua decisão no devido tempo. Estávamos confiantes em que o resto era formalidade e continuamos com os preparativos para pegar os filhotes em Linton. Kim, a dona, ficou encantada, porque os leões chegariam a qualquer momento.

Então, na véspera de Natal recebi um telefonema; o conselho do condado recusara nosso pedido. Alegaram que havia objeções locais a ter lobos na área. Disseram que poderíamos recorrer, mas isso custaria duzentas libras. Eu não conseguia acreditar: estava em apuros. Não podia manter os lobos em Cambridge por muito mais tempo, e não tinha dinheiro para recorrer; sequer tinha dinheiro para comprar presentes de Natal para os meus filhos. Não tinha onde colocar os lobos nem ideia do que fazer a seguir. Não foi um Natal feliz.

Felizmente o jornal local, *The Journal*, se interessara pelo que estávamos fazendo em South Buckland, e, quando o projeto foi recusado, eles mandaram uma repórter me entrevistar. Ela fez uma grande matéria chamando atenção para meus apuros, e, no dia em que o jornal foi para as bancas, recebi um telefonema de Bob Butcher, que dirigia o Combe Martin Wildlife and Dinosaur Park perto do litoral, a cerca de 21 quilômetros dali. Ele havia lido a matéria e disse que tinha espaço e que se eu pudesse construir um cercado, pelo qual ele pagaria, daria um lar a eles de graça. Disparei para lá imediatamente, sem conseguir acreditar na minha sorte. Gostei de Bob no primeiro encontro e fiquei impressionado com o que ele fizera na propriedade e com seus óbvios interesse e preocupação com os animais. O parque tinha no total pouco mais de 10 hectares nos limites de Exmoor e, como o nome sugeria, era uma mistura de vida selvagem com exibição de dinossauros animatrônicos em tamanho real que levava multidões de crianças ao local. A coleção de vida selvagem era bastante modesta. Ele tinha aves de rapina, leopardos das neves, suricatos, macacos, leões-marinhos e borboletas tropicais. Era provável que a adição dos lobos aumentasse os negócios, enquanto a pesquisa pela qual eu era conhecido melhorasse as credenciais dele. A justificativa para manter animais selvagens em cativeiro era protegê-los e aumentar seu bem-estar, e ele parecia muito interessado em fazer a coisa certa.

O espaço que Bob me ofereceu era de menos de 4 mil metros quadrados, muito menor que o anterior, e muito úmido. Havia sido um lago de pelicanos, e, embora houvesse algumas árvores, era mais lago que terra, mas mendigos não podem escolher; eu podia dar um jeito nisso, e nos outros aspectos era bom. Ficava perto do canto inferior da propriedade, junto à casa dos macacos, com campos abertos e um interior além dele que era montanhoso, arborizado e intocado. Concordei em ficar com ele e apertamos as mãos fechando negócio. Em troca de abrigar os lobos, concordei em fazer palestras educativas sobre eles todos os dias durante a temporada, e Bob me deu períodos longe do parque para aprofundar minhas pesquisas.

Kim Simmons, do zoológico Linton, concordou gentilmente em manter Shadow e Pale Face em Cambridge mais dois meses, e comecei imediatamente a trabalhar com uma escavadeira e uma pá, transferindo terra do alto da colina, e a criar um cercado. Então começou o trabalho pesado: cavar uma trincheira de 1,20 metro ao redor do perímetro — manualmente. Era estafante. Não tínhamos como levar máquinas colina abaixo, então não havia alternativa, mas a cada centímetro minha pá acertava uma enorme raiz. Não havia muitas árvores, mas as que existiam estavam lá havia muito tempo e tinham raízes gigantescas por toda a área. Eu estava trabalhando com um soldador escocês muito divertido chamado Arthur, que prendia a pesada cerca metálica aos postes. O ponto alto do nosso dia era um enorme café da manhã no *pub* local, o London Inn. Mas do que mais me lembro de Arthur era que sempre que eu tocava a cerca que ele estava soldando no fundo do cercado sentia um choque no braço. Não consegui descobrir o que era até certo dia perceber que o cabo de eletricidade de seu aparelho de soldar que saía da casa dos macacos estava submerso no lago. Eu me virei para ele e disse: "Arthur, tudo bem com aquilo, camarada?" E ele disse em um forte sotaque escocês: "Tá, problema nenhum. Faço isso o tempo todo."

Minha primeira temporada em Combe Martin foi um enorme sucesso. O jornal local havia dado seguimento à história de Natal com matérias sobre onde eu estava, e as pessoas começaram a vir de longe para ver os lobos. Eu fazia uma palestra toda tarde, entrava no cercado, uivava, e, sem falhar, os lobos começavam a uivar comigo. As crianças adoravam, e eu também; era um enorme prazer ver as expressões em seus rostos e uma grande oportunidade de demonstrar para todos, jovens e velhos, que os lobos não mereciam sua reputação demoníaca.

Os lobos pareciam felizes em seu novo lar, mas o meu ficava a 130 quilômetros dali, e já não era um lugar agradável de estar. Minha preocupação com os lobos e com criar um lar para eles não ajudara muito meu relacionamento com Jan. Ela havia sido preterida em prol dos lobos tempo demais, e o efeito disso estava ficando claro. A viagem para Plymouth demorava uma hora e meia, e eu fazia isso duas vezes por dia, então quando Bob sugeriu que eu alugasse um quarto na casa do parque, que ele dirigia meio como um hotel, não demorei muito em concordar. Foi onde fiquei até o falcoeiro do parque, que cuidava das aves de rapina, se oferecer para me vender seu velho trailer úmido e dilapidado, que ficava estacionado em um pedaço de terra junto à estrada, a uma pequena caminhada dos lobos subindo a colina.

Eu disse estacionado, mas seus dias de estrada haviam acabado. Se você tentasse movê-lo ele se desmancharia. Paguei 2 libras por ele — fui roubado! Era pequeno, com espaço apenas para uma cama e um pequeno fogareiro a gás. Estava em terríveis condições, com mofo crescendo dentro, não havia toalete, de modo que eu tinha de urinar em um balde vazio. Mas era um lugar para pousar a cabeça, e tudo o que eu podia pagar. Bob tinha uma loja no parque onde os visitantes compravam lembranças, e eu vendia coisas ali, o que dava algum dinheiro, mas já não tinha salário e acabara com a poupança.

Era fantástico ter meus próprios lobos, estar com eles dia e noite, interagir livremente com eles, alimentá-los, estudar seu comportamento. Eles se tornaram o objetivo da minha vida. Passei a querer uma fêmea para eles. Queria produzir uma ninhada para ver se um grupo em cativeiro permitiria que eu criasse os filhotes e, em caso positivo, se poderia ensinar a eles sobre o nosso mundo e o deles. O Howletts Wild Animal Park de Kent atendeu às minhas preces com a oferta de uma fêmea de 3 anos chamada Elu que precisava ser transferida. É comum parques de vida selvagem dar uns aos outros animais quando não têm mais espaço para eles ou quando estão sendo rejeitados pela alcateia — animais que na natureza se dispersariam para entrar em outra alcateia.

Era um animal grandioso, de cor preta, mas quando fui vê-la a primeira coisa que me chamou a atenção foi como era agitada; nenhum dos lobos com os quais estava havia sido socializado, e praticamente subiam pelas paredes quando alguém chegava perto do cercado. Minha primeira preocupação foi se minha cerca resistiria — especialmente os trechos em que as raízes das árvores haviam me derrotado. Mas ela parecia ser mais uma alpinista que uma cavadora, e os tratadores me garantiram que ela ficaria bem desde que pudesse ter algum lugar sob a terra no qual se esconder. Por sorte eu já havia construído um abrigo dentro do cercado. Eu fizera uma estrutura de madeira coberta de argamassa, deixando uma entrada grande o bastante para que eu pudesse passar caso precisasse entrar. Marquei uma data para voltar e apanhá-la.

Três voluntários fizeram a viagem comigo. Peguei uma van decrépita emprestada com uma pessoa que trabalhava no parque, coloquei uma grande jaula nos fundos, e dois viajaram comigo na frente enquanto o outro voluntário seguia de carro para o caso de o nosso quebrar. Foi uma longa viagem: seis horas para ir, seis para voltar. Howletts é muito eficiente e profissional. Quando chegamos, o veterinário já a havia examinado, ela havia sido anestesiada e passara por um exame completo — estava em boa forma e em boas condições, e ocupava uma maca, pronta para seguir. Nós a levamos para a jaula. Eu apliquei uma injeção para reverter o tranquilizante e a acordei, e cobri a jaula com uma lona. Algumas pessoas mantêm os animais sedados durante a viagem, mas em minha experiência é melhor que eles estejam plenamente conscientes, especialmente lobos. Nós havíamos perdido muitos animais assim, e se a jaula estiver coberta para que eles não consigam ver o que está acontecendo isso normalmente mantém animais antissociais razoavelmente calmos.

Havíamos viajado 45 minutos quando começamos a ouvir barulhos no fundo — sons de agitação e a jaula sacudindo —, então decidimos parar para tomar café e verificar, e, enquanto os outros levavam as garrafas térmicas, fui conferir a loba. Ela estava absolutamente desperta e muito perturbada. Era um animal de grupo, claramente não gostava de ficar só e estava fazendo tudo o que podia para abrir caminho com os dentes. Eu não temia que ela escapasse da jaula; Arthur, o soldador escocês, a havia feito para mim. Era tão forte que podia conter um rinoceronte, e pesava quase tanto quanto, mas ainda tínhamos mais de cinco horas de viagem e Elu iria se machucar se eu não descobrisse um modo de acalmá-la.

Não sei o que deu em mim para que fizesse o que fiz a seguir, embora essa seja a história da minha vida: fiz coisas que pessoas sãs nunca sonhariam fazer. Abri a jaula, entrei e fiz o resto da viagem para Combe Martin apertado em uma área de 60 centímetros por 120 centímetros por 150 centímetros com um animal perigoso que nunca antes havia entrado em contato próximo com um ser humano.

Meus companheiros ficaram olhando de boca aberta, incrédulos. Então fecharam a porta da jaula e recolocaram a lona, deixando uma pequena abertura para que entrasse luz suficiente para que eu visse Elu, e depois partimos. Foi impressionante a mudança daquela loba. No momento em que entrei, ela foi para o fundo da jaula, mas não tentou fugir. Ficou completamente calma e passou as cinco horas e meia seguintes com a cabeça apoiada no meu queixo, brincando com o cadarço das minhas botas. Ela até gostou que eu a acariciasse e coçasse suas costas, como se faz com um cachorro. Ainda tenho um punhado de pelo que arranquei naquele dia como lembrança. Eu estava chocado com a confiança que ela depositou em mim, e muito envaidecido.

Só voltamos tarde da noite, quando estava escuro, então em vez de colocá-la imediatamente com os rapazes no cercado, sem saber como eles receberiam uns aos outros, coloquei-a em uma jaula maior que eu tinha perto do trailer; e entrei com ela para fazer companhia. Durante a noite ela começou a se comunicar com os lobos na base da colina, o que foi um ótimo sinal. Na manhã seguinte a transferimos para a jaula pequena, e mais uma vez fui com ela. Os outros a colocaram — e a mim — na caçamba de um caminhão e fomos para o cercado. Ela atravessou o portão aberto, passou caminhando por Pale Face e Shadow sem olhar para eles, e enquanto eles a seguiam, babando como adolescentes apaixonados, ela farejou e marcou o perímetro, sem dar sinais de querer escapar. Pale Face e Shadow não viam uma fêmea desde que eram filhotes, e ela claramente superou suas expectativas.

20

Polônia

Os biólogos com os quais trabalhei sempre foram céticos quanto ao valor de comparar comportamento canino e lupino. Eles os viam como criaturas distintas e não partilhavam minha crença em que, a não ser que interferíssemos, o lobo acabaria se transformando no cachorro que conhecemos hoje — e o cão no lobo. Acho que podemos usá-los para ajudar um ao outro. Quando você estuda o comportamento dos lobos, vê que à medida que se aproximam de populações humanas em países como Polônia e Finlândia, onde há menos espaço que no noroeste dos Estados Unidos, eles desenvolvem características semelhantes. Originalmente eles tinham tanto medo dos seres humanos que permaneciam nas florestas e montanhas, e raramente eram vistos. Quando começaram a se aproximar de fazendas, o fazendeiro podia assustar um bando de quatro ou cinco lobos simplesmente se mostrando. No minuto em que o viam, se viravam e corriam. Atualmente eles são tão confiantes que se um homem aparecer com uma lata de lixo e um esfregão aquele bando de quatro ou cinco lobos manterá posição e rosnará, podendo até mesmo avançar nele.

Comecei a me interessar pela Polônia há alguns anos, quando uma voluntária do parque chamada Angela, que infelizmente não está mais conosco, me pediu que fosse lá na esperança de que conseguisse ajudar os pequenos proprietários de terras que estavam perdendo gado para lobos invasores. Tendo sido estudante de pesquisa nas florestas do noroeste, ela acreditava profundamente que algo precisava ser feito, e ainda tinha contatos na região. Eu nunca havia ido à Polônia e achei que seria uma grande oportunidade de aprender mais sobre os lobos europeus e possivelmente interagir com eles. É um dos poucos lugares da Europa onde, a despeito de serem caçados e perseguidos, os lobos selvagens nunca foram totalmente erradicados. Eles foram caçados por esporte naquelas florestas até 1997, quando o governo polonês cedeu à pressão dos ambientalistas e proibiu a caça ao lobo, mas não implantou uma vigilância, de modo que caçadores ilegais não tiveram grandes problemas. Previsivelmente, houve pouca mudança no número de lobos. Havia dois outros fatores, me disseram. O número de animais que eles caçavam diminuiu drasticamente, e com o rápido crescimento econômico da Polônia o que restou do hábitat dos lobos foi fragmentado.

Assim, em 2002, quando o parque Combe Martin fechou para o inverno, deixei uma equipe de voluntários encarregada dos lobos e voei para a Polônia na primeira de várias breves estadas para aprender o máximo que pudesse sobre os lobos, seu hábitat e o que os levava a atacar fazendas. Fui a Gdanski, de lá fiz uma viagem de ônibus de oito horas rumo leste, para a floresta de Romincka, na fronteira com a Rússia. Do outro lado da fronteira a região é chamada de Krásný Les, daí o nome do rio Krasnaya, que corre por ela. Era uma visão impressionante, uma floresta natural que parecia intocada. Realmente um lugar esquecido pelo tempo. Inacreditável pensar que um dia, milhares de anos atrás, a maior parte da Europa central havia sido coberta de florestas densas como aquela, com árvores enormes, e que elas haviam sido o lar, como aquela era, de espécies selvagens extintas em muitas outras regiões. Entre dezenas de outras criaturas, havia ali alces, ursos selvagens, cervos castanhos, corças, até mesmo linces, e, claro, lobos.

Fiquei em uma hospedaria no meio da floresta, que no auge da temporada era cheia de caçadores de todas as nacionalidades. As paredes eram tomadas de chifres, e havia fotografias cobrindo anos de vida na floresta. A comida era fantástica: sopas, carnes, vegetais e bolos maravilhosos, tudo feito pela mulher que dirigia o lugar. Comida concebida para sustentar você na floresta, e não era cara. A lista de preços na parede me fez rir. Tinha os preços para todas as nacionalidades, e no alto estavam os alemães, custando vários euros a mais que para quaisquer outras. Quando olhei interrogativamente para Romick, um dos agentes florestais que era meu companheiro, ele se limitou a sorrir.

Romick não falava uma palavra de inglês e eu não falava uma palavra de polonês, mas eu tinha um guia que falava inglês melhor do que eu, então com os dois aprendi tudo sobre a região e sua vida selvagem. Ele era uma das muitas pessoas que cuidavam da floresta, todos eles homens muito respeitados na comunidade, como nossos policiais locais. Os empregos passavam de pai para filho; eles eram gerentes da natureza, tratadores da vida selvagem, e ele estava tão contente de unir forças quanto eu. Nossos objetivos eram semelhantes: meu trabalho era ajudar a administrar as criaturas na floresta dele, e o trabalho dele era administrar a floresta que era lar daquelas criaturas. A despeito da barreira da língua, Romick e eu estabelecemos uma forte ligação. Ao entardecer ele me levou ao posto elevado que construíra na floresta, de onde vimos os lobos e o resto da vida animal sem sermos vistos, e ele estava sempre apontando coisas e explicando, e eu respondia da melhor forma que podia. Conseguimos estabelecer uma forma de comunicação que ia além das palavras no mundo natural. Respeito profundamente aquele homem; é uma pessoa genuína, honesta, cuja palavra é um compromisso e cuja promessa tem valor. Descobri que essa era a cultura daquelas pessoas. Uma palavra solta que não significa nada para nós significa tudo para eles.

Em uma viagem posterior, levei alguns colegas de Combe Martin para dar a eles alguma experiência com lobos selvagens. Um deles, após uma noite de grande consumo da vodca local, convidou um dos agentes florestais a ir à Inglaterra — algo que todos fazemos de forma amigável com estrangeiros com os quais estamos passando momentos agradáveis. É um gesto simples que normalmente não tem consequências. Na vez seguinte que fui à Polônia, o agente estava claramente inamistoso. Eu estava sozinho dessa vez e fiquei chocado. Não conseguia imaginar o que poderia ter feito para ofendê-lo, então perguntei ao guia se havia algo de errado. Ele disse secamente: "Sim. Da última vez que você esteve aqui, alguém prometeu a ele uma viagem ao Reino Unido e isso não aconteceu." A pessoa que o convidara já havia partido muito tempo antes, mas não tive alternativa a não ser comprar passagens para que o homem e seu filho me visitassem em Devon durante uma semana. O filho tinha de ir por ser a única pessoa da família que falava inglês. Eles adoraram os lobos, e acabou sendo uma ótima semana, mas me fez perceber como é importante respeitar a cultura dos outros — e como a vodca pode ser perigosa.

Encontrar com um dos fazendeiros que haviam perdido animais para os lobos me levou de volta à infância, e imediatamente senti grande simpatia pelo homem. Stanislaw tinha mulher e filha e um pequeno lote de terra que chegava ao limite da floresta de dois lados. Eles não tinham mais de vinte cabeças de gado, que eram de tal modo parte da família e tão importantes para eles que cada animal tinha um nome. Não havia tratores reluzentes ou máquinas por perto, apenas uma fazenda utilitária e prédios bem deteriorados. Cães de guarda nervosos que pareciam cruzamento de pastor-alemão com Great Pyrenees corriam por ali. Os lobos haviam matado alguns dos cães, além de gado, e, embora ele tivesse colocado coleiras com pregos para proteção, os cães ainda assim foram atacados. Isso não me surpreendeu — com seis semanas de idade, filhotes de lobo aprendem a evitar chifres de cervos, então para eles uma coleira com pregos não passaria de mais um par de chifres a evitar. O interessante era que os lobos obviamente não respeitavam os cães como sendo do mesmo tipo.

Stan e sua família viviam de forma muito simples em uma tradicional casa de dois andares cor de terra. Tinham galinhas e gansos, e estava claro que a fazenda era sua vida e seu ganha-pão. Vestindo macacão e com um chapéu de palha, ele me contou por intermédio do intérprete o que estava acontecendo. Durante algum tempo uma série de bandeiras ao longo da cerca havia mantido os lobos afastados, mas isso já não funcionava, nem as cercas. Um de seus bezerros havia sido atacado pouco antes de minha visita, e ele tinha gravações em vídeo que mostravam claramente quais partes do bezerro os lobos haviam retirado.

Para um fazendeiro como aquele, perder um bezerro era como perder uma perna. Mas perder uma vaca leiteira adulta ou um touro experiente era ainda pior. O governo indenizava, mas nenhum dinheiro podia substituir um animal que demorara anos para chegar ao auge. Em pequenas propriedades como a de Stan, os fazendeiros criavam em sequência de modo a que sempre houvesse um animal novo chegando para substituir aquele velho demais para trabalhar. Então, se um deles era morto por lobos, poderiam ser necessárias seis ou sete gerações para substituí-lo.

Aquele homem tinha mais motivos para odiar lobos que qualquer um que eu já conhecera, e ainda assim não odiava. Dava para ver nos olhos dele que tinha absoluto respeito pelos lobos. Seu pai, e seu avô antes, havia ensinado Stanislaw sobre lobos quando ele era criança. Ele sabia que os lobos produziam equilíbrio na floresta e mantinham os animais em harmonia; sabia que davam comida para outros além de si mesmos e impediam doenças. Embora tivessem atacado seu gado, algo que ele e sua família não podiam suportar, sabia que precisava dos lobos tanto quanto precisava do gado.

Visitei duas outras fazendas vizinhas com limites que iam até a beira da floresta. Elas tinham o mesmo nível de subsistência daquela de Stan e sua família e haviam sofrido perdas devastadoras similares mas, como Stan, eram impressionantemente compreensivas. Compreendiam o valor dos lobos para a floresta e ficariam felizes se eles fossem impedidos em vez de mortos. Uma dessas fazendas tinha um cemitério da Primeira Guerra Mundial, e o bezerro que eles me levaram para ver havia sido morto no limite dele. Enquanto eu examinava os restos, ouvimos uma porta bater e um carro sair em disparada pela trilha. Na volta para a casa, quatro filhotes apareceram vindo na nossa direção cruzando o campo. O guia me disse que não era incomum pessoas com ninhadas indesejadas abandoná-los, e correra a notícia de que havia especialistas em animais na região. Os filhotes me pareceram resultado de um cruzamento entre um lobo e um cão doméstico, o que também me disseram ser comum. Nós os levamos de volta à hospedaria de caça, e depois me disseram que a hospedaria ficara com um e encontrara lares para os outros.

A terceira fazenda que visitei, tocada por mãe e filho, era a mais pobre de todas. Ela passara a vida inteira na terra e era muito antiquada, e, embora respeitasse os lobos, estava farta. O filho obviamente tivera mais educação que a mãe, parecia ter estudado ecologia e sabia mais sobre os animais da floresta. Mas aquilo de que mais me lembro da visita é do café com biscoitos. Os poloneses são pessoas muito hospitaleiras, e em toda casa que você entra oferecem comida e bebida, que você não tem como recusar. Aquela senhora me ofereceu um dos piores biscoitos que eu já havia colocado na boca e perguntou o que gostaria de beber. Como *café* era a única palavra que eu sabia em polonês, pedi *kawy*. A sala ficou em silêncio, e pensei qual erro teria cometido. Todos os outros, que já haviam tomado algo naquela fazenda antes, pediram *herbata*, que descobri ser chá. Meu café era como água de lago, e o único consolo era que comparado com ele o biscoito se tornara bastante palatável.

O que me interessou ao examinar as carcaças dos animais mortos pelos lobos foi quão pouco do animal havia sido tirado. Eu havia estado com lobos passando fome e visto a rapidez com que eles acabavam com uma carcaça; se estivessem com fome o bastante, comeriam até o último pedaço. Aquelas carcaças não foram centro de uma fúria voraz; pareciam ter sido dissecadas por um cirurgião. De quase todos os exemplos que examinei, fosse de um abate recente visto diretamente ou de um fotografado, haviam sido retirados pedaços da coxa ou do ombro, havia sido feita uma incisão na caixa torácica e retirados os órgãos vitais ou o estômago havia sido aberto e limpo e retirados alguns pedaços de carne específicos, mas as pernas permaneciam intactas e o grosso do animal havia sido abandonado. Até mesmo partes dos cães haviam sido comidas.

A evidência simplesmente não sustentava a teoria de que os lobos estavam atacando animais domésticos por questão de sobrevivência por não haver caça suficiente na floresta. Ademais, a floresta estava repleta de cervos, alces e castores — cujas fezes eu havia visto.

A outra teoria comum era a de que os animais domésticos eram uma refeição fácil para os lobos. Eu não acreditava nisso. Passara quase vinte anos com essas criaturas e nunca vira nada que pudesse ser descrito como oportunista. Tudo que eles fazem tem um objetivo, e isso inclui o que eles escolhem comer. Eles sabem muito bem como regular seus corpos, sobre o mundo no qual vivem e o valor para o grupo dos animais com o qual os dividem. O que eles caçam, e quando, depende de uma série de variáveis como época do ano, condições climáticas, quando são esperados filhotes, sua saúde, a coesão da alcateia e muito mais. Eles sabem instintivamente do que seus corpos precisam. Eu vira até mesmo um grupo de lobos comendo uma carcaça pútrida quase liquefeita de tão podre, mas eles estavam com vermes e instintivamente sabiam que comer carne estragada expulsaria os vermes dos seus corpos.

Eu vira meu próprio grupo em Devon (mais sobre isso depois) se tornar praticamente viciado no revestimento gorduroso do estômago das carcaças de vacas e ovelhas que dava a ele. Eles de repente passaram a comer isso em vez da carne. Eu não conseguia entender, então eu mesmo comi durante quatro meses, e descobri que nesse período suportava muito melhor o frio. O revestimento do estômago do cervo era completamente diferente; não tinha a gordura dos animais domésticos. Eles comiam o que seu corpo dizia que eles estavam precisando.

Se eu estava certo sobre os lobos poloneses caçarem segundo suas necessidades, então estavam conseguindo nas vacas e ovelhas — e mesmo nos cães — algo que não conseguiam em outras fontes. Não havia pesquisado o suficiente para provar, mas suspeitava que, se os animais das fazendas tivessem sido vacinados, a resposta poderia ser a imunidade a uma doença ou mesmo algo simples como o vermífugo que o fazendeiro dera ao seu gado. Ou poderia ser o conteúdo de gordura do revestimento do estômago, como no caso do meu grupo em cativeiro, que aumentasse a resistência deles aos longos e frios invernos nevados.

A ironia é que os lobos haviam descoberto o valor dos animais domésticos sem precisar deixar a floresta. Durante muitos anos eles receberam "comida para viagem". Fazendeiros costumavam levar carcaças de animais à floresta para atrair os lobos, de modo a que fossem fáceis de achar e abater. Depois que a caça ao lobo foi proibida, o ecoturismo tomou seu lugar e a prática continuou para que os turistas tivessem a certeza de ver lobos e conseguir a fotografia que havia sido prometida a eles. Apenas quando a Polônia entrou para a União Europeia, em 2004, a prática de deixar iscas foi proibida.

A solução para esse problema podia ser simples. Assim que descobríssemos exatamente do que os lobos careciam em sua dieta natural, poderíamos dar a eles os nutrientes de alguma outra forma, e eles não precisariam mais atacar o gado.

Há uma outra explicação possível para os ataques, mais difícil de remediar. Poderiam não ser lobos — e sim híbridos, como os quatro filhotes que foram em nossa direção na fazenda. Hoje os lobos vivem tão próximos dos seres humanos na Polônia que é inevitável que de tempos em tempos acasalem com cães domésticos. Isso explicaria por que aquelas criaturas que parecem lobos e vivem como lobos estão preparadas para penetrar nos campos à luz do dia sem medo de humanos.

21

Fazendo contato

Aquela primeira viagem me contou tudo o que eu precisava saber sobre a floresta, a área circundante e os fazendeiros. A seguir eu precisava me infiltrar em uma alcateia para descobrir se havia alguma outra explicação para por que estavam atacando animais de criação quando parecia haver muita comida para eles na floresta. O problema era que eu não tinha tempo de fazer o que havia feito em Idaho por não poder me afastar tanto tempo do parque. Tinha de acelerar o processo, e depois do sucesso de minha experiência com um gravador em Longleat achei que poderia repetir o método na Polônia. Dessa vez teria de convencer os lobos de que havia uma alcateia rival com mais machos que a deles. Minha teoria era que isso faria com que quisessem um macho extra para fortalecer sua defesa e expulsar os rivais. E esse macho extra seria eu.

Não consegui muitas informações com Romick. Ele conhecia todas as trilhas e árvores da floresta e sabia quantos lobos havia, mas não se eram machos ou fêmeas, jovens ou velhos. Então, antes de poder produzir uma fita convincente, eu teria de descobrir quantos machos havia nas alcateias existentes. Teria de entrar e fazer contato. Naquela viagem eu tinha colegas para ajudar, e durante o dia eles entravam na floresta e procuravam trilhas, fezes e sinais de qualquer abate que me ajudariam a saber em qual direção seguir à noite. Usei a técnica que havia empregado em Idaho. Fui para a floresta como um lobo solitário, uivando para tentar definir quantos lobos havia.

O lobo europeu é muito mais caprichoso do que os lobos cinzentos selvagens com os quais eu vivera nos Estados Unidos, provavelmente por ver muito mais humanos. A floresta Romincka é um parque nacional, portanto cruzado por trilhas naturais, e as pessoas vão lá para caminhar ou estudar a vida selvagem. Além de animais de caça e grandes mamíferos, há dezenas de espécies menores e centenas de aves e plantas raras. Os agentes florestais entram e saem, assim como os hóspedes, e na temporada de caça há homens armados. Homens, armas e lobos não são uma boa combinação. Os lobos tinham, assim, muita interação com pessoas, mas esta sempre foi negativa. Mesmo os cientistas que coletavam dados usavam snowmobiles para rastreá-los e apanhá-los com laços. Por isso, enquanto os lobos norte-americanos são curiosos sobre os humanos, os poloneses são assustados e, portanto, bastante tímidos — um vê você e todos desaparecem. Romick me disse, por intermédio do intérprete, que achava que eu não tinha a menor chance.

Comecei a me preparar cerca de um mês antes de deixar a Inglaterra. Ajustei minha dieta e cortei todos os perfumes, o que incluía sabonete, pasta de dentes, desodorante e xampu. Eu queria parecer e cheirar o máximo possível como um lobo — e tudo deu certo até entrar no avião e a mulher ao meu lado se cobrir de perfume. Comecei a pensar que a solução poderia ser viajar de navio e me trancar na cabine. Não comi nada a não ser o que os lobos comem: cervo, coelho e faisão com alguns vegetais, e apenas água para beber. Não comi carboidratos nem nada doce, e me aferrei a isso ao chegar à Polônia, embora fosse necessária muita força de vontade para resistir aos fantásticos bolos da hospedaria.

Circular como um lobo solitário por lá não foi nem um pouco tão assustador quando havia sido em Idaho. Eu já conhecia bem a floresta, mas ainda sentia arrepios de ficar só dentro dela à noite. Podia não haver ursos na Polônia, mas havia javalis selvagens, e eles me aterrorizavam. Certa noite, antes de seguir a pé, eu estava em um ponto alto com dois outros camaradas. Tínhamos óculos de visão noturna, e esperávamos ver lobos na floresta abaixo. Não havia toalete ali, e com o passar do tempo comecei a ficar desesperado para urinar; estava tão desesperado que fui obrigado a descer e fazer na floresta. Disse a um dos camaradas para ficar de olho em mim com os óculos e gritar se aparecesse algum problema. Tendo segurado por tanto tempo, me demorei bastante ali, desfrutando da sensação de alívio, com a confiança de que estava seguro. De repente ouvi barulho de movimento e o som de algo bastante pesado no chão não longe de mim, à esquerda. Pensei no que poderia ser; obviamente nada com que me preocupar, caso contrário meu colega teria gritado para mim. Quando estava prestes a fechar o zíper surgiu na minha frente um enorme javali com grandes presas. Meus pés não tocaram o chão enquanto eu corria para a escada gritando palavrões e tremendo como vara verde. Perguntei: "Por que você não me avisou?" Mas ele não me ouviu; estava de costas. O outro identificara uma luz na floresta e os dois estavam olhando atentamente na outra direção, completamente esquecidos de mim.

Os javalis das florestas polonesas têm aproximadamente o tamanho e o peso de uma porca, mas com presas e temperamento feroz; podem ser muito maus, particularmente se estiverem com filhotes. Um dos agentes florestais tinha um javali "domesticado" adequadamente chamado de Quebra-pescoços, que era inacreditavelmente agressivo. Meu medo não era ilógico. Crianças dali que brincavam na floresta não se preocupavam com lobos, mas tinham medo do javali. Nem mesmo lobos atacavam um javali selvagem. Eles apanhavam um jovem quando tinham sorte, mas certa vez vi três deles tentando apanhar uma fêmea — ela apenas correu na direção deles e eles fugiram. Eu frequentemente os ouvia esmagando as coisas à noite e ficava com o coração na boca, mas nunca mais fiquei cara a cara com um.

Após cerca de uma semana eu descobrira quais alcateias havia e do que precisávamos em uma fita. Eles eram muito diferentes dos lobos norte-americanos. Os grupos eram muito menores, e eles não ficavam juntos, talvez porque estivessem procurando comida. Havia quatro grupos na área, e dois eram apenas casais. O grupo maior tinha cinco indivíduos, incluindo filhotes. Descobri seus territórios, o que não era difícil — o cheiro de amoníaco que deixavam em certos lugares fazia os olhos se encherem de água; mas eles pareciam sair dessas áreas com frequência e cruzar a fronteira para a Rússia. A fronteira era marcada por uma série de postes brancos com pontas vermelhas que se erguiam a 45 centímetros do solo e no inverno ficavam inteiramente cobertos de neve. Nessas circunstâncias era muito fácil se perder, e mais de uma vez me vi do lado errado da fronteira tentando explicar a um veículo cheio de guardas de fronteira russos de dedos nervosos o que estava fazendo ali. Eu havia aprendido que o segredo era gritar *Wilk! Wilk! Wilk!* para eles em meu melhor polonês, enquanto vasculhava em todas as minhas camadas de roupas quentes em busca do documento oficial das autoridades polonesas provando quem eu era e que estava ali estudando lobos.

Infelizmente, os agentes florestais não me permitiram usar um gravador dentro da floresta. Eles me permitiram uivar, mas não me deixaram entrar com nenhum equipamento de som. Então meus colegas tocaram a fita a partir da fazenda de Stanislaw. Os lobos conseguem escutar a até 16 quilômetros de distância, mas nunca terei certeza se eles ouviram e foram influenciados. O que sei é que estabelecemos contato sonoro. Ouvi o que achei ser uma fêmea solitária chamando. Eu respondi e ela chamou novamente. O chamado dela passou de defensivo para localizador. Ela estava pedindo ajuda, e meu chamado indicou minha disposição de me juntar a ela. Nós uivamos um para o outro durante a maior parte de duas semanas e meia. Nesse período eu estava permitindo que ela soubesse minha posição, deixando meu cheiro e comendo a comida que sobrara da caçada do grupo, pegando o que um membro intermediário comeria: filé e conteúdo do estômago. Tinha a sensação de que ela me acompanhava, observava, seguia; de tempos em tempo tinha um vislumbre dela.

Certa manhã eu fiz uma curva na floresta e lá estava ela na trilha à minha frente, a uns 6 ou 7 metros de distância. Ela ficou parada me encarando por quarenta ou cinquenta segundos, o que era extraordinário para um animal que havia sido alvo de balas, caçado e perseguido, e depois desapareceu. Era uma loba linda, em boas condições, obviamente bem-alimentada. Não havia dúvida de que era a loba que eu tinha chamado. Então, certa manhã, quando estava ajoelhado junto a um riacho em uma clareira, jogando água no rosto e bebendo, me dei conta de que tinha companhia. Eu me virei lentamente e ali, sentada a menos de 2 metros, estava aquela fêmea magnífica.

Infelizmente eu não podia ficar mais tempo na Polônia, então não sei se teria conseguido chegar mais perto dela ou me infiltrar em um grupo como fizera em Idaho, mas considerei aquela uma tremenda descoberta pessoal. Aquilo me mostrou que não importava o que os seres humanos haviam feito a eles, quando você se aproxima dos lobos nos termos deles, como eu havia feito com raposas tantos anos antes, e mostra que não quer lhes fazer mal, aos poucos a confiança retorna.

Chegara a hora de outra experiência com gravações. Eu prometera a Stanislaw que tentaria descobrir um modo de manter os lobos longe de seu rebanho, e com aquele conhecimento limitado dos lobos da área, das fazendas e da floresta me sentia confiante de que podia mostrar a ele como se ajudar. Meu plano era muito simples. Dei a ele um gravador barato com alto-falantes — exatamente o que usara para tentar localizar os diferentes grupos. O que precisávamos fazer era convencer os lobos de que um grupo rival já era dono do território ao redor da fazenda de Stan. Se eu conseguisse fazer isso de forma convincente, minha teoria era que eles a deixariam em paz.

Mostrei a Stanislaw como usar o equipamento. Ele era muito simples. Não fazia sentido levar para aquela região rural pobre alto-falantes que sacudiriam a Jamaica. O equipamento tinha de ser simples o bastante para que as pessoas conseguissem usá-lo e barato o suficiente para que pudessem ter um. A fita que dei tinha gravações de um grupo com cinco machos — um a mais que qualquer dos grupos que eu ouvira na floresta — portanto uma ameaça em potencial. Eles estavam dando um uivo defensivo, como se deixando claro para quem chegava que a área ao redor da fazenda de Stan era território deles. Expliquei a Stan que havia uivos com sons diferentes e que antes de os lobos irem caçar em uma área eles davam um uivo de localização para ter certeza de que não estavam invadindo a área de ninguém. Ele imediatamente disse que havia percebido os diferentes uivos; era gratificante ver como aquele homem estava em sintonia com seu ambiente. Ele me disse que antes de um ataque os uivos eram agudos, e depois graves. Eu disse que era porque após ter caçado o grupo dá um uivo defensivo para deixar claro que aquela área passou a ser deles.

Disse que sempre que ele ouvisse o uivo agudo — o chamado de localização — tinha de ligar o gravador e tocar até que os uivos do grupo selvagem se afastassem, que eu tinha confiança de que isso aconteceria. Ele percebeu a lógica imediatamente e estava disposto a dar uma chance, e quando voltei à Polônia para fazer um documentário dois anos depois ele estava encantado em como as gravações haviam sido um sucesso. Ele as usara exatamente como eu ensinara, e não aconteceram mais ataques aos seus animais. Ele estava fascinado.

O prazer de trabalhar com os fazendeiros poloneses, ao contrário dos fazendeiros de Idaho, era que fundamentalmente os poloneses respeitavam os lobos, e Stanislaw estava disposto a dar uma chance. Ele não queria ter de atirar nos lobos; só precisava que eles parassem de atacar sua criação. Já os fazendeiros americanos que conheci infelizmente pareciam acreditar que lobo bom era lobo morto.

Antes de voltar para casa, Romick quis me mostrar a floresta primária Bialowieza, o mais antigo parque nacional da Polônia e patrimônio mundial da Unesco. Ficava ao sul de onde estávamos. É um lugar inacreditável; com onze mil espécies diferentes de animais selvagens, incluindo o bisão europeu, a flora é igualmente impressionante. Mas recebe centenas de visitantes, e os lobos pareciam estar adaptando seu comportamento de uma forma um tanto funesta. Em consequência, os agentes florestais pareciam estar chegando mais perto dos lobos do que na floresta Rominicka, e um homem me disse ter visto dois lobos passando por uma trilha. Inicialmente ele achou que deveriam ser cachorros, pois os lobos normalmente não usam trilhas, mas não havia dúvida de que eram lobos — um macho e uma fêmea —, e enquanto a fêmea andava em linha reta, o macho entrava e saía das árvores de um lado e de outro, espantando presas, que ela então apanhava. É o modo como cachorros caçam, não lobos.

22

Uma dura lição

Eu realmente não esperava que Elu, minha fêmea em Combe Martin, ficasse grávida naquele primeiro ano, mas por precaução decidi me mudar para junto do grupo duas semanas antes de ela entrar no cio, de modo a poder observar o comportamento de cortejo e me ligar suficientemente a ela para que permitisse que eu fosse a babá de seus filhotes. Para minha surpresa, embora Shadow fosse o macho dominante, foi Pale Face quem acasalou com ela. Na época isso me confundiu, e tive de esperar cinco anos por uma possível explicação. Revelou-se que Shadow tinha problemas no coração. Ele e uma fêmea que eu pouco antes recebera do Dartmoor Wildlife Park, chamada Lady Penelope, estavam sendo enviados por empréstimo para um colecionador em Oxfordshire como casal reprodutor quando ele inesperadamente morreu em trânsito. Um exame mostrou que tinha doença cardíaca. É possível que sempre tenha tido problemas cardíacos, e por isso Elu escolhera Pale Face como pai de seus filhotes.

Durante as nove semanas de sua gravidez Elu mostrou todos os sinais de que daria uma boa mãe; embora fosse sua primeira vez, ela aparentemente sabia instintivamente o que fazer. Colocou os dois rapazes para ajudá-la a cavar os dois buracos de encontro para os filhotes. Eles são pequenos túneis perto do abrigo nos quais os filhotes são ensinados a entrar caso estejam em perigo. Eles têm entre 60 e 90 centímetros de profundidade e normalmente são abertos sob uma pedra ou raiz de árvore, de modo que é quase impossível um predador cavar e tirar o filhote. Minha relação com Elu parecia estar indo bem. Imitei tudo o que vira Daisy fazer em Longleat, quando esperava ser a babá, e Elu parecia reagir bem a mim. Tive um momento de ansiedade após seis semanas, quando ela começou a cavar furiosamente sob as raízes da maior árvore do cercado. Achei que ela poderia estar se preparando para parir ali em vez de no abrigo que eu construíra. Caso ela se enfiasse fundo sob a terra e algo desse errado, poderíamos ter um problema. Felizmente ela não o usou.

Dois dias antes de ela dar à luz eu saíra em expedição de caça, voltando para o cercado com alguns coelhos. Era meio da tarde; Elu apanhou um dos coelhos e foi para o abrigo, onde eu cavara uma cova de parto como os que vira lobos selvagens fazer, e permaneceu lá até que, na madrugada seguinte, ouvi os uivos baixos e sofridos de uma loba em trabalho de parto. Era diferente de qualquer som que ouvira lobos fazer. Eu não tinha ideia do que estava acontecendo ou se ela estava sofrendo, e não tinha como descobrir. Sempre que eu ou qualquer outro chegávamos perto da entrada do abrigo, ela dava um rosnado grave e profundo para nos afastar. A julgar pelo ponto de onde vinham os barulhos, ela ignorara meu espaço de parto e cavara outro para si depois dele, obviamente para estar o mais longe possível de qualquer ameaça, e era completamente inacessível. Mas o terreno tinha uma inclinação, e, ao cavar, ela chegara muito perto da superfície em um ponto; quando ela se virara, um pouco da terra caíra, revelando um pequeno buraco acima dela. Eu esperava conseguir ver o que estava acontecendo abaixo com uma lanterna.

À primeira luz da manhã ouvi os primeiros gemidos baixos. Com o coração acelerado, subi a colina correndo até o trailer para achar uma lanterna e, quando lancei luz pelo buraco, tive de segurar as lágrimas. Estava olhando diretamente para a cova de parto dela e quatro filhotes minúsculos que pareciam estar se contorcendo, portanto vivos e bem. Cheio de uma espécie de orgulho paterno, cobri o buraco com uma pedra para impedir que chovesse dentro e esperei pacientemente que a natureza seguisse seu ritmo. Eu não seria responsável por cuidar deles antes de cinco semanas.

No terceiro dia Elu saiu do abrigo e os alarmes começaram a soar. Normalmente a mãe fica sob a terra com os filhotes uma semana inteira. Quando eu estava com os lobos selvagens em Idaho, a mãe ficara no abrigo mais de uma semana e estava emaciada quando saiu. Tentei me convencer de que talvez fosse diferente com lobos em cativeiro, e o clima ali não era tão ruim quanto nas Rochosas. Mas filhotes recém-nascidos precisam da mãe para regular a temperatura — eles perdem calor corporal muito rapidamente —, e devem se alimentar pelo menos a cada duas horas. Quando ela continuou do lado de fora após três ou quatro horas, comecei a entrar em pânico. Eu a pressionei a voltar; coloquei comida na entrada do abrigo esperando que o som dos filhotes despertasse seu instinto materno, mas nada funcionou; na verdade ela parecia determinada a ficar o mais longe possível da área do abrigo.

Se eu queria salvar os filhotes, tinha de tomar uma decisão — e logo, do contrário não haveria nada a ser salvo. Entrei e apanhei as criaturinhas; eram como bolas de pelúcia de olhos bem apertados, arfando e resmungando. Três deles estavam embolados e aquecidos, e pareciam razoavelmente bem; o quarto parecia muito diferente e estava deitado a cerca de 60 centímetros dos outros, frio. Elu claramente o havia empurrado para longe e não o queria. Todos sofriam de desidratação, que se pode verificar beliscando a pele. Quanto mais tempo a pele beliscada leva para se esticar e a marca sumir, mais desidratado o animal está. A pele do quarto filhotinho ficou pinçada como a crista de um dinossauro.

Com a ajuda de voluntários, rapidamente subimos a colina com eles até o abrigo de blocos de cimento perto do meu trailer que eu preparara para o filhote de pastor-alemão de alguém do parque. O piso já estava coberto de palha e criamos uma cova de parto falsa, colocando um cobertor felpudo dentro de uma caixa com uma bolsa aquecida para simular o melhor possível a mãe deles, então pusemos os filhotes lá. Nós os alimentamos de mamadeira com um leite especial chamado Esplac, e os três rapazes que estavam embolados mamaram como se fosse pela última vez, o que me sugeriu que Elu não os alimentara horas antes de deixar o abrigo. A quarta pequenina, que eu chamei de Cheyenne, mal abria a boca. Tive de ficar sentado com ela enfiada no meu casaco para aquecê-la e dolorosamente forçá-la a beber o leite uma gota por vez.

Não é inédito que lobas em cativeiro abandonem os filhotes. Algumas vezes o instinto materno não é suficientemente forte, e algumas vezes elas não têm modelos com os quais aprender. Howletts, onde ela havia nascido, não queria mais filhotes, então mantinha machos e fêmeas em cercados distintos, e Elu nunca vira outras mães parindo ou criando filhotes. Quando isso acontece, há duas alternativas: salvar a ninhada, como eu havia feito, ou deixar que os filhotes morram na esperança de que a mãe aprenda com a negligência e seja melhor da próxima vez. Isso acontece, embora algumas vezes exija a morte de três ou quatro ninhadas para que a mãe aprenda que precisa amamentar os filhotes durante cinco semanas, de modo a que sobrevivam; é a forma que a natureza tem de ensinar uma dura lição. Para mim não havia escolha; eu tinha de entrar.

Após dois dias eu estava tendo de dedicar tanto tempo à pequena Cheyenne que precisava de ajuda para alimentar os outros. Isso funcionava durante o dia, quando havia voluntários, mas à noite apelei para Jan, que foi me salvar e concordou em me ajudar a cuidar deles em casa, em Plymouth. Eu conseguia chegar em casa nas duas horas que tinha entre as refeições, então os alimentava antes de partir, colocava-os numa caixa no banco da frente, cobria-os e viajava enquanto eles dormiam ao meu lado; e ela alimentava os rapazes em intervalos de duas horas durante a noite, enquanto eu me concentrava em Cheyenne. De manhã eu os levava de volta a Combe Martin e repetia o processo na noite seguinte.

Chamei os rapazes de Tamaska, Matsi e Yana, e foi interessante vê-los desenvolver suas próprias características. Não demorou para ver que Tamaska era o maior e mais guloso. Os rapazes estavam indo bem e, de vez em quando, Cheyenne tomava meia garrafa de leite de uma vez e eu achava que ela finalmente superara o perigo, mas isso não durava, e estava sempre a levando ao veterinário. A conta estava aumentando, e eu começara a raspar o que restava quando uma amiga dona de uma loja de animais apareceu para ajudar. Ela disse que eu poderia colocar futuras visitas ao veterinário na conta de sua clínica em Plymouth. Eu criei aquela criatura por duas semanas e meia, querendo que sobrevivesse, mas não estávamos fazendo progressos. Certo dia ela começou a fazer um som rascante ao respirar, o que nunca é um bom sinal. O veterinário disse que estava com pneumonia, e o resultado de exames de sangue indicou que não tinha sistema imunológico. Ela morreu nos meus braços na volta para casa. Fiquei arrasado; mas ele disse que a única coisa que a mantivera tanto tempo viva havia sido minha atenção 24 horas por dia. Na natureza ela nunca teria sobrevivido ao primeiro dia.

Isso me ensinou uma lição valiosa. A mãe de Cheyenne sabia que o filhote não resistiria e deliberadamente a empurrara para o lado. Ela não tinha o luxo de ajudantes para alimentar os outros filhotes enquanto se concentrava no fraco. A natureza disse a ela para ficar com os que iriam sobreviver. Eu estava interferindo em algo sobre o qual nada sabia, mas nunca faria isso novamente. Enterrei Cheyenne em uma caixa no que é hoje outro cercado de lobos perto do meu trailer e plantei uma árvore para ela. E choro por ela até hoje.

23

Somos o que comemos

Os três filhotes remanescentes precisavam de uma mãe, e, como Elu perdera o interesse neles, sobrou para mim. Tendo tido a esperança de ser escolhido como babá, eu assumia então um papel inteiramente diferente e mais difícil. Será que estava à altura? Eu sabia que era capaz de mantê-los vivos — essa era a parte fácil —, o desafio era impedir que eles se transformassem em lobos domesticados. Eu queria que crescessem com o maior volume possível de instintos e características de seus primos selvagens, porque para mim a justificativa de manter lobos em cativeiro era aumentar nosso conhecimento sobre o que faz os lobos selvagens se comportarem do modo como se comportam e, entendendo isso, ajudar a impedir que entrem em choque com os humanos.

Houve um incidente chocante no Canadá há alguns anos, quando um praticante de caminhada, um estudante sozinho na floresta de Saskatchewan, foi atacado e parcialmente devorado por lobos. Alguns sugeriram que havia sido um ataque oportunista. Como já expliquei, nunca aceitei a ideia de que lobos fazem algo por ser a opção mais fácil. Os humanos são colegas predadores, não presas, e tudo o que os lobos me ensinaram sobre seu mundo em todo esse tempo me diz que essas criaturas não atacariam um homem — ou qualquer fonte de alimento — apenas por ele estar lá e ser conveniente.

A fêmea dominante mandará os caçadores buscar as fontes de alimento que darão a eles o de que precisam naquele exato momento de suas vidas, e ela também desempenha um papel importante na manutenção da ordem social na alcateia: eles são o que comem. As melhores partes da caça e os órgãos vitais sempre são do casal alfa, e seu cheiro, portanto sua autoridade, é muito diferente daquele dos membros de posição inferior que não comem tão bem.

A alcateia é perfeitamente capaz de ignorar um animal ferido que poderia abater sem esforço para correr atrás de uma criatura saudável por uma semana e meia se precisar daquilo que aquele animal pode fornecer. Pode haver uma alcateia rival na área, por exemplo, e eles precisam de comida de alta octanagem para poder defender seu território. Da mesma forma, se a fêmea alfa está prestes a parir os filhotes, pode deliberadamente escolher um animal mais velho ou um que não esteja em tão boa forma quanto os outros porque deseja reduzir os níveis de energia do grupo para que seus membros não sejam muito agitados ou rebeldes perto dos filhotes, o que os colocaria em perigo. Essa inteligência é passada de geração em geração, e é impressionante vê-la em funcionamento.

A fêmea dominante pode identificar e selecionar o animal que deseja em meio a um rebanho de trezentos animais pelo cheiro que ele deixa no solo. Pode ser um alce com um corte infeccionado na pata. Sempre que aquela pata toca o chão, deixa cheiro de pus. Ela sabe que ele está fraco há algum tempo e o segue. Ela fareja a grama e os arbustos onde o animal parou para pastar e arrancar folhas pelo caminho, e pode sentir pelo cheiro dos dentes apodrecendo que não é um animal jovem. Então, antes mesmo de chegar perto desse alce, ela já construiu uma imagem mental dele. Ao chegar mais perto, ela transfere sua atenção do chão para o ar. Pode ainda estar a três quilômetros de distância, mas alarga as narinas, respira fundo e seu nariz se enche de partículas de poeira de ácaros e pelos que flutuam no vento, e todos os seus sentidos confirmam que aquele é o animal que ela quer. Então eles vão para o abate. Ela começa a correr e os caçadores a seguem, o que aumenta sua adrenalina, e quando vê o animal escolhido indica qual é com a cauda e eles o derrubam, mesmo que outros animais do rebanho estejam mais perto. Eles obedecem à alfa.

A alcateia que matou o praticante de caminhada vivia em uma área em que muitas árvores haviam sido derrubadas e a floresta eliminada, significando que as presas estavam perdendo seu hábitat. Aqueles lobos haviam passado a comer salmão migratório, algo de que os lobos gostam de tempos em tempos, mas que não faz parte de sua dieta habitual e não tem as propriedades da carne. Eu achava que isso podia em parte explicar por que haviam atacado um homem, então fiz uma experiência com meus lobos em Combe Martin, uma das coisas boas de ter animais em cativeiro. Após alguns meses em uma dieta de peixe, todos estavam comendo a mesma qualidade de comida, e a estrutura social da alcateia estava desmoronando. Já não havia posições claras, portanto, ninguém para tomar decisões, ninguém para disciplinar, e eles se comportavam como bárbaros desordeiros. Assim, acho que a explicação mais provável para aquela alcateia ter atacado o praticante de caminhada era não haver alguém para dizer a eles o que fazer — e o que não fazer.

Isso ainda deixava a questão de por que eles começaram a comê-lo. Lobos selvagens e em cativeiro matam outros predadores. Vi lobos matarem ursos, ursos matarem lobos e lobos matarem leões da montanha e coiotes, mas raramente os vi matar um colega predador para comer. Eles irão erradicá-lo, caso o vejam como um competidor por comida, e matarão para proteger as crias — matarão humanos tão prontamente quanto qualquer outro animal nessas circunstâncias, mas não nos comerão.

Minha teoria é que eles talvez não nos reconheçam como colegas predadores. Isso é razoável, pois por causa de nossa dieta moderna — grande parte da qual é carboidrato e *junk food*, para não falar das pessoas rigidamente vegetarianas — nós cada vez mais cheiramos como presas. Também nos comportamos mais como presas. Nossos ancestrais jamais teriam saído correndo à visão de um lobo, um urso ou um leão da montanha — seu coração não teria acelerado, eles não teriam começado a suar ou revirado os olhos como zebras assustadas. Esses animais eram uma visão familiar, e como eles partilhavam o mundo — como os nativos americanos continuaram a fazer por muito mais tempo que nossos antepassados — sabiam que não deviam ficar entre uma mãe e seus filhotes ou andar perto demais de um abrigo. O cheiro do medo é muito excitante para um predador, e apenas presas o transmitem tão facilmente. Então, se havia alguma confusão acerca do praticante de caminhada e os instintos do grupo diziam que eles precisavam de carne para restaurar o sistema social, posso entender por que começaram a comê-lo.

Agentes florestais dizem o mesmo dos ursos. Na primeira vez que um urso ataca ele está sempre protegendo os filhotes ou uma fonte de alimento. Mas, uma vez tendo matado um ser humano e se dado conta de que cheirava, se comportava e até mesmo tinha o gosto de presa, aquele urso verá os humanos como outra fonte de alimentos e matará novamente.

O problema é que cada vez que avançam os humanos roubam um pedaço do mundo deles. Os lobos têm essa extraordinária inteligência que passam de geração a geração sobre como, onde e quando caçar, o que comer, e, de repente se veem cara a cara com a humanidade, que prejudicou o equilíbrio. A fonte natural de alimento da qual eles viveram durante centenas de anos desaparece e em seu lugar alguém constrói uma fazenda de gado. É inevitável que eles fiquem cada vez mais próximos do homem se ele estiver fornecendo a única fonte de comida que resta.

Assumimos o papel de criatura dominante na Terra, mas não temos ideia de como administrar as criaturas abaixo de nós. Não sabemos como sustentar o equilíbrio que regula tudo — coisa que os animais fazem naturalmente. Ratos e insetos não são um problema na natureza. Eles se alimentam de carcaças, e seu número é limitado pela disponibilidade de comida; a natureza não permite que eles saiam de controle. Estimule-os a ir para as cidades jogando comida na sarjeta e deixando latas de lixo abarrotadas em todas as ruas e, previsivelmente, seu número irá disparar. Se começássemos a ser responsáveis, os animais abaixo de nós seriam responsáveis.

Nós estamos descontrolados e confortáveis demais do nosso jeito. Comemos demais das comidas erradas — comidas que têm tão pouco valor que precisamos comer montanhas delas para extrair algo de bom. Os nativos americanos costumavam comer apenas alimentos de alto valor nutritivo e apenas em proporções moderadas. Quase não havia gordos entre eles, e eram dos povos mais fortes e em melhor forma da Terra. Hoje eles comem a comida do homem branco e estão se tornando obesos como o resto do mundo ocidental — e envenenados pelos produtos químicos que usamos no solo. A incidência de câncer é alta demais para ser coincidência. Os trançadores de cestas que ainda trabalham da forma tradicional, que envolve passar as fibras pela boca, estão desenvolvendo câncer de boca. Outros tipos de câncer são comuns.

Temos muito a aprender com os animais. Se prestássemos atenção, eles poderiam nos ensinar a salvar o planeta. Precisamos voltar a ser guardiães da natureza, aprender sobre o mundo deles e curar as feridas que causamos na natureza. Tudo neste mundo tem um lugar e não podemos ser tão ingênuos de pensar que podemos nos salvar permitindo que as outras espécies fracassem. Os nativos americanos acreditam que o que acontece no mundo dos lobos acontece no nosso e vice-versa. Eles dizem: "Ele, eu." Precisamos trabalhar juntos, e todo o resto se encaixará. O mundo animal funciona junto; a natureza não precisa ser cruel. Os lobos têm rivais, mas precisam de rivais de modo a continuar empurrando a presa na sua direção. E nenhum animal mata por diversão. Vi predadores e presas bebendo juntos em paz um ao lado do outro em um bebedouro; era como se os animais houvessem assinado uma trégua, de modo a que nenhum deles fosse obrigado a beber quando os insetos chegassem e tornassem a vida desconfortável para todos. Eles estavam cooperando um com o outro de tal forma, que fiquei esperando Noé aparecer com sua arca a qualquer momento.

24

Saber seu lugar

Uma alcateia — que esteja comendo como a natureza quer — sempre terá um casal alfa, em seu auge, e acredita-se que esses são os únicos que procriam. Eles tomam as decisões pelo bem da família toda. Depois haverá um beta, ou repressor, e um testador, que é o controlador de qualidade. Depois deles vêm os lobos intermediários altos e intermediários baixos, e um animal ômega cuja função é encerrar brigas e reduzir a tensão na alcateia. Atualmente tendemos a não usar muito a terminologia alfabética porque ela sugere uma distância muito grande entre o topo e a base, que na realidade não existe. Então, hoje os alfas com frequência são chamados de tomadores de decisões. Eles assumem o posto por terem mais experiência e, no instante em que um deles falha, é substituído, como aconteceu com Daisy em Longleat. Durante anos, as pessoas acharam que os alfas eram os maiores e mais corajosos animais da alcateia, aqueles que se apresentavam e os dominantes que comiam primeiro e não deixavam os outros chegar perto da carcaça até terem se fartado. Vivendo com eles, me dei conta de que isso era um equívoco. Eles são os pensadores, os animais mais inteligentes da alcateia, e, portanto, os mais valiosos.

A maioria de nós nunca viverá com lobos, mas um número impressionante vive com cães, e é útil traduzir a estrutura social dos lobos para o mundo canino porque, como descobri com os cães do Exército, a maioria dos problemas que temos com o melhor amigo do homem é causa por nossa incapacidade de compreender as semelhanças entre os dois animais. A diferença entre o DNA de lobos e cães é de 0,2%. Após milhares de anos de reprodução seletiva, criamos todas as formas, tamanhos e cores que o homem poderia querer — do são-bernardo ao chihuahua; hoje temos até mesmo uma raça que não nos causa alergias. Mas sob os pelos lustrosos, as unhas cortadas e os adoráveis olhos castanhos essas criaturas são muito semelhantes aos caras com os quais passei tanto tempo. Eles foram domesticados, claro, mas seus instintos são fundamentalmente os mesmos. São animais grupais, assim como os lobos, e nós os tiramos do mundo deles e ficamos surpresos e com raiva quando eles não se encaixam perfeitamente no nosso. E normalmente isso acontece porque compramos o animal errado para nossa situação ou os alimentamos com a comida errada, que interfere com sua capacidade de socializar.

As pessoas costumam pensar que é bom ter um cão alfa, acreditando que é o corajoso que se apresenta para dizer oi quando você vai escolher o filhote na ninhada. Não é o caso. Os alfas ficam no fundo do canil porque têm uma forte noção de autopreservação. Eles nunca se colocam em risco. Se a situação fica perigosa — se um urso está circulando perto do abrigo, para usar um contexto do lobo — os alfas não irão se envolver e verão outros membros do grupo serem mortos em vez de arriscar a própria vida. Eles são metade do casal reprodutor, e a continuidade da linhagem é o mais importante.

Se você leva um filhote alfa para casa, ele aprenderá muito rápido, será treinado facilmente, para que um dia, quando ele achar que é o momento certo, possa assumir o controle do grupo. E estará esperando esse dia, um sinal de fraqueza em você que sugira que não é mais capaz de fazer o trabalho. Isso pode ser aos 6 meses, aos 9 meses ou aos 2 anos, e, a não ser que você esteja sempre um passo à frente dele, seu adorável cão dócil se transformará em um voluntarioso que não presta a menor atenção no que você diz a ele.

Às vezes ele fica "surdo" fora de casa. Os donos dizem: "Ele fica bem em casa, mas assim que chega ao parque não ouve uma palavra que eu digo." Isso acontece porque os sentidos do cão são muito mais poderosos que os nossos. Ele sabe exatamente quais pessoas e quais cachorros estão no parque porque vê mais longe que nós, escuta sons que não escutamos e fareja tudo o que aconteceu no dia anterior, então assume o controle, sabendo que você não é capaz de manter ambos em segurança.

O beta, ou o que hoje costumamos chamar de repressor, *é* o filhote que vai corajosamente na sua direção quando você vai conhecer a ninhada. Ele é o disciplinador, o segurança, o guarda-costas; é pura agressão. Não pensa, bate. Não precisa pensar porque não é a sua função; o tomador de decisões faz isso por ele. Seu papel é proteger o grupo e garantir que os membros do grupo sigam as regras e não peguem comida que não pertence a eles ou se comportem acima de sua posição. E se houver ameaça externa ele lida com ela, destemidamente.

Em uma alcateia esse animal tem uma das funções mais importantes, mas se você decide levar esse animal para casa sem ter consciência do que escolheu, isso pode ser desastroso. Você e ele podem ter noções distintas do que é uma ameaça. Pode ser um outro cachorro no parque, um vizinho ou uma criança em visita. Do seu ponto de vista, a agressão será inexplicável, mas ele terá percebido algo que você não percebeu. Ele também pode decidir reforçar em casa o que considera serem as regras do grupo. Se é ensinado que não pode sentar no sofá ou subir as escadas, seus filhos podem descobrir que também não podem. E se o cachorro disciplinar seu filho do modo que ele disciplinaria outro cachorro, isso poderá provocar ferimentos sérios. Nós não temos o pelo grosso que protege cachorros e lobos. Odeio pensar nos muitos cachorros que foram condenados à morte por terem mordido alguém por nenhuma outra razão a não ser que os humanos em sua vida não conseguiram compreender o sistema de grupo e como aquele cachorro específico devia ser tratado.

E o grupo tem o testador, o controlador de qualidade. É um animal de posição intermediária a alta, e sua função é levar todos os outros a dar o melhor; ele se assegura de que eles podem exercer as funções que dizem poder e, se não atendem às expectativas, é o repressor quem aplica a disciplina. Se chegar ao ponto em que a disciplina não funciona e o animal começa a perder sua autoridade e sua utilidade para o grupo de alguma forma, o lobo beta o expulsa. No caso de um cachorro, o testador pode ser um animal muito cansativo, pois estará forçando e testando sua capacidade diariamente, garantindo que você merece ser aquele que toma as decisões por ambos.

Os indivíduos de posição intermediária a baixa são naturalmente nervosos e desconfiados. Seu papel no grupo e vigiar perigos; eles andam ao redor do abrigo ou vão para um ponto alto na encosta para avisar com antecedência algo que o casal alfa precise saber para garantir a segurança do grupo. Eles são bons animais de estimação porque não precisam disciplinar nem ensinar nada a alguém. Só precisam de um pouco de comida de vez em quando e ficam felizes, e aceitam ordens de qualquer um. Animais dessa posição não vão na sua direção quando você conhece a ninhada; são aqueles que se escondem nos cantos — são os bons e velhos sacos de pancada. O único problema pode ser o excesso de latidos e o medo de agressão, mas isso pode ser prevenido — assim como todas as características que são úteis em uma alcateia, mas um incômodo na sociedade humana.

Há três especialistas na alcateia. O caçador, a babá, que normalmente é uma avó, e o dissipador, e eles são muito respeitados pelos outros. Com frequência o caçador é uma fêmea, porque elas são mais leves e rápidas que os machos, embora, se a presa for um animal grande como um bisão ou um alce, a fêmea o fará correr até a exaustão, mas precisará do corpo pesado do macho para derrubá-lo. Assim, com frequência eles montam uma emboscada. Os caçadores perseguem e abatem, mas não são os que decidem o que caçar — isso é função da fêmea alfa. Ela corre com os outros e escolhe o animal que quer isolando-o. Os caçadores então assumem e fazem seu trabalho. Qual é esse animal varia, dependendo da época do ano e da qualidade da carne que ela sabe que a alcateia precisa. Nos cachorros, o caçador normalmente é um tipo magro, esguio, musculoso e rápido, e tem muita resistência. É ele que está sempre atento a movimentos, espreitando pássaros e saltando sobre folhas e penas.

As babás são escolhidas pela fêmea alfa para cuidar dos seus filhotes e normalmente são lobas que já foram alfas quando mais jovens. Podem ser machos ou fêmeas, mas costumam ser fêmeas e assumem o trabalho da mãe entre cinco e seis semanas, quando ela retoma seus deveres na alcateia. A babá protege os filhotes, os disciplina e alimenta, no primeiro estágio regurgitando. Ele os ensina como defender sua comida, caçar e interagir de forma segura com o resto do grupo.

O papel do dissipador, ou lobo ômega, é acalmar a alcateia, absorver a energia e a agressividade dos outros. Lobos brigam entre si com frequência, e na maioria das vezes violentamente, ainda mais na hora das refeições e na estação de acasalamento — como descobri dolorosamente em Idaho —, quando a tensão é alta e toda a alcateia está no limite. É o modo como eles desafiam e restabelecem a ordem social. O dissipador se mete no meio do tumulto e recebe o golpe, mas nunca perde a calma, nunca demonstra agressividade e acaba acalmando as coisas. Ele não recebe muita gratidão por seu trabalho; é sempre o último a comer e tem os menores privilégios, mas seu papel é essencial para o bem-estar da alcateia. No mundo canino, se houver cães brigando no parque, esse camarada se meterá no tumulto e poderá fazer muito barulho, mas acabará com a briga.

Conhecer qual desses animais você levou para casa é parte do caminho para garantir uma vida feliz juntos, mas o resto depende de como você lida com o cachorro que comprou e como o treina. A maioria dos treinadores e comportamentalistas baseia seus métodos no comportamento dos lobos e reconhece a importância do grupo, do que eu, claro, não discordo, mas, como já disse, para realmente entender o que está acontecendo você precisa estar lá. Observar lobos de longe pode facilmente levar a conclusões equivocadas, e acho que é o que acontece em muitos casos. Os donos foram ensinados que precisam assumir o papel do cão alfa, e, a despeito dos resultados milagrosos com cachorros problemáticos que vimos na televisão, isso nem sempre funciona e nem sempre é uma solução a longo prazo para os donos envolvidos.

Não quero de modo algum criticar os comportamentalistas caninos, mas acredito firmemente que é importante imitar o comportamento lupino acuradamente, e o fato é que nem todo animal suporta seu dono assumindo o papel de alfa.

25

De volta ao começo

No passado os cientistas afirmavam que era falso fazer comparações entre lobos e cachorros domésticos. Com base em minha experiência direta com ambos, discordo profundamente. Acredito piamente que o que descobri sobre lobos é não apenas relevante, mas fundamental no que diz respeito a lidar com o lobo na sua sala de estar.

Se você tem aquele animal de posição inferior nervoso que se esconde nos cantos e desperta o seu afeto — aquele pelo qual a maioria de nós anseia — e se comporta como um alfa ou mesmo um beta com aquele cão, irá destruí-lo. Ele se encolherá porque no seu mundo a distância entre o animal alfa e a posição dele é colossal. Ele é valorizado pelo grupo pelo que ele é, mas na natureza os dois não se misturam. Seria como pedir que o presidente e um engraxate dividissem uma casa. Não compre esse animal de estimação apenas porque sente pena dele. Pense bastante sobre onde e como você vive, porque esse animal é naturalmente barulhento. Lembre-se de que no grupo a função dele é avisar sobre perigos. Então, se você vive no centro de uma cidade agitada, ele latirá o dia inteiro, enlouquecendo você e toda a vizinhança. A não ser que você consiga convencê-lo de que sabe o que está acontecendo, ele o avisará sobre tudo que se move em um raio de 5 quilômetros da sua casa — mas, em terreno plano e com o vento na direção certa, isso pode chegar a até 18 quilômetros.

Não é impossível transformar esse animal em um cachorro de cidade relaxado, mas depende de treinamento e do modo como você lida com ele desde o primeiro dia. De preferência deve pegá-lo no verão, quando o tempo é bom, as noites são leves e o céu claro. Leve-o para fora o máximo e o mais longe possível, exponha-o a todas as visões, todos os cheiros e sons e mantenha-o perto de você, tranquilizando-o sobre tudo que pareça deixá-lo tenso, fazendo longos carinhos nas costas e respirando profundamente, que é como a mãe dele o teria acalmado. Faça com que veja que não há nada a temer e ele ficará tranquilo — um som conhecido não é alarmante para um cão ou um lobo, ou mesmo para um ser humano. Qualquer coisa que ele nunca tenha ouvido o fará latir, então se você não trabalhar com ele quando pequeno, no momento em que começar a soar, e soar a noite inteira, a 8 quilômetros, um alarme de fábrica que você não consegue ouvir, ele o avisará sobre isso.

Não escolha o caminho dos gritos e berros. Você estará perdendo seu fôlego e o estimulando. Ele achará que você o está apoiando com seus próprios latidos. Cães só conseguem ouvir tom e timbre, o equivalente aos diferentes sons que escutamos batendo em uma xícara cheia, pela metade e vazia. E eles só entendem vozes de comando que foram ensinadas. Precisam ser palavras ou frases curtas como *sente*, *fique*, *agache*, *venha*, *solte* e *quieto*; e devem ser ditas em um tom e um timbre de autoridade, tendo em mente que tom e timbre podem ser distorcidos pelo vento e o clima, e se ele estiver a alguma distância. Então, quando o cachorro começa a latir, você deve dizer "Quieto!", com um fim seco que significa parar. Se você quer que ele continue a fazer algo, como ir na sua direção, deve deixar sua voz ir murchando. Você ensina recompensando-o sempre que ele faz a coisa certa. A ordem diz a ele que você consegue ouvir o som, sabe o que está acontecendo e irá tomar a decisão acerca do que fazer. Ele ficará feliz de repassar a responsabilidade, porque tomar decisões não é sua função e ele não a deseja.

Mas a primeira coisa é definir por que ele está latindo. Pode haver momentos em que você precisa ser alertado sobre um estranho que se aproxima ou algo incomum acontecendo do outro lado da rua. Chegou ao fim o tempo de pensar que um latido é um latido é um latido. Cachorros têm uma linguagem complexa, como os lobos; seu latido diz coisas diferentes e pode ser ajustado para percorrer muitos quilômetros. Você pode, por exemplo, ter uma casa com jardim que o cachorro considera seu limite territorial. O cachorro está em casa e ouve alguém vindo, dá um rosnado grave seguido por um único latido, seguido por outro rosnado. Ele está dizendo que há alguém lá fora, mas ainda longe, então não há motivo para pânico. Se a pessoa continuar vindo, ele dará uma atualização — três latidos e um rosnado longo. Se você não fizer nada e a pessoa chegar à calçada e romper o limite, você tem o efeito de metralhadora. Mas se você se levantar antes do estágio final e for à janela ver quem está vindo e der uma ordem ao cachorro ele relaxará. Passar os 6 primeiros meses da vida do cão dando a ele esse tipo de treinamento fará toda a diferença entre você e seu cachorro viverem felizes para sempre — ou não.

Claro que muitas pessoas não compram filhotes como cães de estimação. Há mais cães sendo resgatados de criadores do que sendo comprados, e com frequência eles foram maltratados. Examinamos o prontuário e vemos que o animal foi acorrentado, espancado e deixado com fome, e, sendo emotivos, ansiamos por dar a ele uma nova chance; mas assim que ele faz xixi no tapete ou algo antissocial, não agimos assim. Colocamos a culpa no passado dele e vamos diretamente para o lugar escuro de onde ele estava desesperado para escapar, normalmente o arrastando conosco. Os humanos estão sempre olhando para trás; os cachorros, como os lobos, vivem no presente. Ele pensa: novo grupo, novas regras, novo líder — estou feliz. E, ao contrário do ditado segundo o qual "você não pode ensinar truques novos a um cachorro velho", acredito que você pode se retornar àquele período da vida do cão quando ele era mais receptivo à educação.

O lobo e o cão se desenvolvem em pequenos círculos. No começo esse círculo é dentro e ao redor do abrigo ou da caixa de papelão, onde, enquanto mama, o filhote aprende com a mãe os princípios básicos — ele capta os sinais tranquilizadores dela, descobre o sistema de recompensas, aprende seu valor no grupo e como se comunicar com os seus. Quando ele sai para o mundo exterior com cinco semanas e começa a misturar o leite da mãe com carne regurgitada, esse círculo de aprendizado aumenta e ele começa a descobrir como lidar com outros membros do grupo, como defender sua comida, o que fazer e para onde ir em caso de perigo. Com o passar dos meses, o círculo vai aumentando até que com 9 meses ele tem as habilidades sociais e de sobrevivência de que necessita.

Como já disse, a dieta desempenha um papel muito importante na sociedade lupina e pode alterar completamente a natureza de uma alcateia, como provou a experiência com peixe. A fêmea alfa sabe disso. Antes de apresentar seus filhotes ao resto da alcateia, ela se assegura de que os níveis de energia dos membros do grupo estejam baixos dando a eles os indivíduos mais velhos do rebanho ou filhotes ainda mamando, porque o leite contido no estômago desses animais tem um efeito calmante e suavizante em todos. Eles se tornam plácidos, gentis e tolerantes, quase como filhotes crescidos. A agressividade e as brigas que costumam surgir no momento das refeições desaparecem, e eles toleram qualquer um. Quando você os vê assim, não é difícil acreditar nos mitos e lendas sobre crianças humanas amamentadas e adotadas por lobos. Uma fêmea lactante cujos filhotes não sobreviveram pode aceitar um substituto para alimentar.

Então, para reeducar cachorros você deve dar a eles o tipo de dieta que tiveram nos primeiros meses de vida: uma mistura de leite e carne moída ou picada bem fina, que seria similar à comida regurgitada que receberam durante aquele período de aprendizado intensivo. Dois meses assim e o cão deverá estar calmo e receptivo, pronto para escutar, e nesse momento você pode treiná-lo mais ou menos como se fosse um filhote, forte na recompensa e leve na punição. Em minha opinião, a força nunca deveria ser usada com cachorros, porque não funciona; e chutar um cachorro provavelmente o fará atacar, porque é chutando que as presas se defendem quando estão sendo caçadas.

A forma mais eficaz de ensinar um cachorro é pelo exemplo, e a punição mais eficaz é negar calor ao animal. É assim que cachorros e lobos são ensinados e punidos no mundo deles — são afastados da segurança do corpo da mãe.

É impossível exagerar a importância que a dieta tem na manutenção da estrutura do grupo. Lobos comem três tipos de comida: aquela que consomem para boa forma e saúde; comidas de sobrevivência, que incluem animais com grande volume de gordura que os mantém quentes durante condições climáticas ruins; e comidas sociáveis, que mantêm a estrutura da alcateia.

De modo a conservar seu status, o casal alfa precisa ter um percentual muito alto de órgãos internos em sua dieta, bem como um pouco de carne de movimento, como perna e quadril, e um pouco de matéria vegetal para mantê-los saudáveis, que, como as presas sempre são herbívoras, vem do conteúdo do estômago. Os betas, os repressores, comem exclusivamente carne de movimento, com alguns vegetais; o animal de nível intermediário a alto, que seria o testador, come um percentual de carne de não movimento do pescoço ou das costas, com cerca de 25% de conteúdo do estômago. Os de nível intermediário ficam com meio a meio de carne e estômago, e os de intermediário a baixo ficam com 75% de matéria vegetal do estômago e 25% de carne.

O que aconteceu com os cães que vivem em nosso mundo foi que nós perturbamos o equilíbrio natural. Nós os alimentamos, independentemente de sua posição, com o mesmo tipo de comida — basicamente ração seca ou enlatada, que misturamos com biscoitos (nenhum canídeo na natureza comeu trigo) —, e assim confundimos a ordem social natural, tornando difícil para os animais se diferenciarem. Nós aumentamos o problema com nosso treinamento, como tentar fazer um cachorro dominante sentar ou deitar no parque diante de animais de posição inferior.

Em nosso desejo do animal cosmeticamente perfeito também removemos os traços que essas criaturas usam na natureza para se comunicar umas com as outras. Hoje temos cachorros sem focinhos, de modo que eles não podem ser disciplinados da mesma maneira que os canídeos foram por milhares de anos. Temos cachorros com orelhas caídas, o que os priva de outra forma vital de comunicação com outros cães. Até recentemente, antes de isso ser proibido no Reino Unido, cortávamos os rabos de certas espécies, dessa forma eliminando sua capacidade de comunicação por intermédio do cheiro, uma parte importante de sua linguagem, que eles liberam movendo os rabos.

26

Valores familiares

Depois que Cheyenne morreu, mantive os três meninos de Elu no abrigo pelos dois meses seguintes, e nesse período eles passaram de leite para leite com carne moída — eu estava me esforçando ao máximo para criar o que a mãe deles teria regurgitado. Eles gostaram e, muito rapidamente, passaram apenas para carne moída e depois asas de galinha, que instantaneamente passaram a defender uns dos outros, rosnando e mostrando os dentes. Nessa época eu me dei conta de que eles precisavam de espaço, mas não havia como colocá-los com Shadow e Pale Face. Então, com a ajuda de seis voluntários, construí um novo cercado com uns 2 mil metros quadrados junto ao trailer, no alto do parque. Coloquei os dois rapazes lá e os três filhotes no cercado de baixo, onde haviam nascido, e me mudei com eles.

De repente eu era responsável por tudo. Na natureza haveria outros para cuidar da segurança dos filhotes, enquanto o papel da babá era apenas ajudar na educação e cuidar deles e monitorá-los. Mas cabia a mim mantê-los aquecidos, seguros e alimentados, e levá-los para o abrigo à noite. Todas as coisas que eles receberiam de um adulto dependiam de mim. Eu era o adulto, mas nem de longe tão bem equipado para lidar com isso quanto os lobos adultos. Mas pareceu funcionar, e, quando entrava no abrigo à noite, eles me seguiam. Mas houve muitas ideias que tive para seu treinamento que na época pareceram boas, mas que quando eles se tornaram adultos eu gostaria de não ter colocado em prática. Uma foi o bom e velho Tamaska, o beta que era grande e corajoso e supostamente não tinha medo de nada, sempre avançava e era uma rocha entre os lobos — mas tinha pânico de trovões. Quando filhotinho, ele se assustava ao primeiro sinal de uma tempestade elétrica. Gritava como um bebezão, corria na minha direção e eu o apanhava — isso no abrigo, muito antes de passarmos para o cercado. Ele precisava de calor e eu o tomava nos braços e o vestia como um cachecol, e o calor do meu pescoço na sua barriga o acalmava. Quando estava calmo, ele descia e tentava mamar qualquer coisa que achasse que podia lhe dar comida. Normalmente seria a ponta do meu nariz, que parecia uma teta, e ele ficava mamando por uns quinze ou vinte minutos até adormecer, quando eu o colocava de volta com os outros filhotes.

Ter um lindo pacotinho peludo de três ou quatro semanas mamando a ponta do meu nariz era uma experiência maravilhosa e todos admiravam isso, mas eu não havia me dado conta de que, como seu primeiro professor, tudo o que ensinasse eles levariam para a idade adulta. Então, mesmo hoje, um adulto crescido pesando algo como 60 quilos, Tamaska ainda pode ser encontrado durante uma tempestade sentado no meu colo sob uma árvore chupando meu nariz. Só que agora ele é grande demais para mamar meu nariz, então apenas coloca seus incisivos ao redor dele e o aperta. Portanto, eu diria a qualquer um com um cachorro para ter cuidado com o que ensina quando ele é pequeno.

Outra coisa que eu poderia ter evitado, pensando retrospectivamente: no começo, após alimentarmos os filhotes eu costumava levá-los para o abrigo subterrâneo para esquentá-los. Com cerca de seis meses eles eram bem grandes, pareciam lidar melhor com o clima e preferiam deitar debaixo de uma árvore. Apenas caso tivesse chovido constantemente por quatro ou cinco dias e estivéssemos encharcados é que entrávamos para nos secar e aquecer.

Cada um dos filhotes escolhera seu lugar no subsolo. Matsi, Yana e eu íamos para o fundo e deitávamos amontoados, mas Tamaska, que era o maior, deitava na entrada com cabeça e ombros ao ar livre e a traseira voltada para nós. Isso não era problema quando ele era pequeno, mas, à medida que crescia e comia cada vez mais carne crua, ele desenvolveu um grave problema de flatulência. Havia muito pouco ar no fundo do abrigo, e, quando começava, ele soltava gases a cada 15 minutos, e o cheiro nos fundos era terrível. Estávamos entre o inferno e o mar azul profundo: devíamos ficar sob a chuva e o frio, ou secos e correndo o risco de sermos derrubados pelo cheiro medonho? Algumas vezes era tão ruim que até mesmo ele se remexia e farejava, como se dizendo: "Deus do céu, quem fez isso?"

Se eu tivesse de escolher um preferido entre os três seria Tamaska. Ele era um tipo, mas todos eles são da família, e tento não ter um preferido. Meu papel entre eles era estranho. Eu estava lá para ensinar a eles como desempenhar seus papéis como lobos adultos, mas eu não era o líder; essa era a coisa incomum da experiência. O único indivíduo ao qual eu sempre era superior era Matsi, um animal assustado e tímido, mas quanto aos outros dois eu tinha de criá-los para estar acima de mim na estrutura social. Eu ensinava pelo exemplo, na esperança de que, quando chegasse o momento de liderar, se lembrassem e fossem os animais equilibrados que eu mesmo tentara ser. Eu não os censurava; mostrava como esperava que se comportassem e, quando precisava discipliná-los, era negando calor, comida ou água, que é como filhotes são disciplinados na natureza. Tudo que eu fazia era concebido para ensiná-los a ser lobos selvagens, não semidomesticados. Quando precisava demonstrar minha força, fazia isso por intermédio de jogos, e nunca sentia raiva, apenas me afastava e deitava. Eu não queria que minha agressividade interferisse com meus ensinamentos.

Eu os ensinei a defender sua comida e a reconhecer que cada um tinha sua própria parte dela na carcaça. Com seis semanas eles já estavam começando a dar sinais das posições que iriam ter, e, quando comecei a introduzir coelho com essa idade, o dividi e dei a cada um uma parte do animal de acordo com as características que estavam demonstrando. Matsi, como o mais inferior, ficava com o conteúdo do estômago; Tamaska, que estava claramente destinado a ser o beta, o valentão, levava a carne de movimento, pernas e quadris; e Yana, que sem dúvida tinha cérebro, ganhava os órgãos internos. Quando levava uma carcaça, fazia de tudo para conduzir Yana para a caixa torácica, de modo a que ficasse com coração, fígado e rins, e mantinha Tamaska no quadril e nos ombros. Mas ele era tão guloso que começava a comer qualquer parte que conseguisse, e tive muitas batalhas com ele. E tinha de tentar intimidá-lo rosnando e mostrando os dentes — minhas armas — e com a língua projetada, como os próprios lobos faziam. Se isso não funcionava eu me virava rapidamente para o lado da sua boca para que ele se afastasse. Tudo o que eu fazia imitava o que vira lobos fazendo na natureza; e foram muitas as vezes que ele decidia que não gostava do lugar para onde eu o tinha mandado e se virava contra mim. Meu nariz e meus lábios estavam cheios de marcas onde seus dentes afiados como agulhas haviam me apanhado, e de alguma forma ele conseguia repetidamente arrancar pedaços de pele do meu nariz com seus molares. Certa vez colocou todo o meu maxilar inferior na sua boca; os dentes inferiores me apertavam abaixo do queixo e os incisivos superiores estavam cravados no tecido macio sob minha língua. Estávamos rosnando e grunhindo um para o outro e ao mesmo tempo eu o pegara pela pele do pescoço; era uma guerra e uma batalha de vontades. Se ele fosse mais velho eu não teria chance, mas naquele breve período de sua vida eu tinha uma posição superior como babá, e ele precisava aprender qual era o seu lugar. Eu costumava brincar que Tamaska e eu havíamos brigado tanto que você acharia que éramos casados.

Outra lição importante era como impedir que os três se machucassem seriamente em uma de suas lutas de mentirinha. Com seu peso, força e pressão dos maxilares, os lobos precisam tomar muito cuidado para não matar acidentalmente outro membro da alcateia. No momento em que um sente dor, dá um guincho agudo, e um animal equilibrado sempre deve soltá-lo. Sou testemunha de que eles fazem isso; a pele humana não é páreo para a de um lobo, e muitas vezes tive de protestar. Tinha de ensinar aqueles camaradas a fazer o mesmo, mas para mim era bastante difícil infligir-lhes dor. A única forma de fazer isso era mordendo-os na orelha ou no lábio. Então, fazíamos lutas de mentira e eu mordia apenas o suficiente para doer, e, no momento em que gemiam, eu reduzia a pressão, empurrava-os de costas para expor o ventre vulnerável e colocava a boca acima de suas gargantas, na pose clássica de lobo, para indicar que eu era confiável.

Equilíbrio também precisa ser ensinado, o que fiz com jogos envolvendo caçada. Cachorros fazem o que chamamos de agachamento de brincadeira; com lobos é chamado de agachamento de caça, pois dessa posição, agachados bem baixo, eles podem saltar 1,80 metro em qualquer direção. Muitos de nossos jogos começavam com essa posição, saltando de um lado para o outro, correndo e perseguindo uns aos outros. Se a brincadeira parecia estar ficando dura, eu me jogava novamente naquela posição agachada e tudo parava, o que acalmava todos para que tivéssemos certeza de que era seguro para todos continuar a lutar. Estava tentando ensinar a eles como passar de alta energia para baixa energia, de modo a que nunca ultrapassassem a linha de perigo. Eles podiam ter uma luta de mentira, mas não podiam acabar ferindo um outro membro da família.

O que descobri com essas brincadeiras, lutas de mentira e saltos foi que a intensidade da interação aumentava o nível de adrenalina e feromônios, o que dava a eles — e a mim — uma vantagem sobre os outros animais do grupo. Se eu não conseguia fazer Tamaska se afastar da caça, precisava ter uma luta de mentira com Matsi por dez minutos, e, quando eu voltava, Tamaska se afastava sem que precisasse fazer muito, porque meu sangue estava quente e ele podia farejar a mudança em mim.

Outra lição muito importante era a autopreservação; eles precisavam aprender a postura corporal, compreender a comunicação vocal e saber como se proteger. Todo som que um lobo faz em tom alto é encorajador, então se havia perigo na área e eu queria que os filhotes viessem até mim, atraía-os com um lamento agudo, e, tendo os atraído, os acalmava com um lamento grave. Havia outro ruído que significava perigo, que podia vir de terra ou ar. Se um abutre, um helicóptero ou avião estivesse passando no alto, eu fazia um barulho de "uf-uf" em *staccato*, e eles instantaneamente corriam para mim em busca de proteção. Qualquer coisa em tom baixo é desencorajadora, então de perto um grunhido gutural baixo é um alerta, e, como eu havia aprendido com lobos selvagens, nesse caso você precisa ver o que suas armas — dentes à mostra — e sua postura corporal estão dizendo. Uma das formas pelas quais as posições sociais se diferenciam é a altura na qual exibem suas armas. Um animal de alta posição mostra as dele alto e espera ser saudado pelas outras posições com as deles baixas, na altura correspondente às suas posições. Se o animal de posição inferior não demonstrar o devido respeito, o animal dominante irá rosnar. O mesmo acontece quando cães se encontram no parque; eles rapidamente estabelecem uma ordem social, e se um não demonstra o respeito que deveria, eles batem e mostram os dentes, e algumas vezes brigam. Se aquele lobo de posição inferior continua se recusando a guardar suas armas, o rosnado se intensifica até que finalmente o animal dominante morde o lado da face do outro. A mordida é o último aviso antes que ele ataque e o prenda no chão com a boca, ao mesmo tempo rosnando. Ele então o soltará, recuará e repetirá o rosnado, e nesse momento o lobo de posição inferior deve ter baixado o corpo e demonstrado sinais de submissão.

Acontece um processo similar com a comida. Lobos adultos indicam posse com a posição das orelhas. Uma pessoa de fora observando lobos se alimentando pensaria que os dentes são aquilo em que você precisa prestar atenção. Ela estaria errada. São as orelhas. Elas dizem exatamente o que se pode ter e o que não se pode. Se um animal está de pé acima de uma carcaça e com as orelhas esticadas como asas para as laterais da cabeça, está dizendo que é um animal de posição superior à sua, que o pedaço de carne pertence a ele e que se você chegar perto terá problemas. Ouse avançar e ele rosnará, mostrando os dentes com a língua projetada entre eles; o rosnado irá aumentar; ele baterá os dentes como último aviso e então atacará. Se, porém, um animal de posição superior à dele vier da direita, por exemplo, ele colocará a orelha direita de lado e para trás, indicando ao animal que ele pode se aproximar e comer, mantendo a outra orelha na horizontal para proteger a sua parte. Eu precisava ensinar isso aos filhotes, mas de todas as lições essa era quase a mais difícil, porque não tinha as orelhas deles. Eu tinha de cobrir a carne com a cabeça toda, mas eles pareciam entender a mensagem.

Possivelmente porém a lição mais difícil para mim, como humano com emoções humanas, era ensinar a eles prioridades. Como alcateia, se estiverem enfrentando perigo, eles têm de proteger os membros de mais alta posição. Eles irão até mesmo sacrificar toda uma ninhada em uma situação de ter de fazer uma escolha, sabendo que poderão ter mais filhotes no ano seguinte, mas que, se os lobos de mais alta posição morrerem, toda a alcateia pode estar condenada. E caso chegasse a isso, os filhotes de mais alta posição, como futuros líderes, tinham de ser protegidos antes dos outros. Era algo com que eu lutava; com meu sentimentalismo humano não parecia certo deixar um animal saudável e em boa forma perecer porque outro tinha uma posição superior. Mas era o que eu tinha de ensinar a eles. Nós fazíamos jogos de pegar. Eu corria atrás deles mordendo seus traseiros e suas pernas, fazendo-os girar e virar, como se um lobo rival estivesse atrás deles. Eu os ensinei a caçar com o mesmo tipo de jogo. Mas nessa lição específica eu os guiava na direção dos buracos de encontro, e a única forma que eles podiam fugir de minhas mordidas era se enfiando neles. Então eu os deixava, em parte por não ter alternativa. Era como se os buracos houvessem sido feitos sob medida para um filhote de lobo de 3 meses. Eu não poderia tirá-los por amor ou dinheiro. Então eles aprenderam que era para onde tinham de ir a fim de escapar. A parte mais difícil foi ensiná-los a buscar segurança em ordem de prioridade; mantendo Tamaska e Matsi fora e garantindo que Yana entrasse primeiro.

Fiquei feliz por ter sido apenas uma aula.

27

Uma vida isolada

Vivi com esses camaradas o tempo todo por 18 meses — comendo com eles, dormindo com eles e lutando com eles. Durante esse tempo não tive uma refeição decente, uma xícara de café ou um sanduíche; não mudei de roupa, tomei um banho ou lavei os cabelos. Não me deitei em nada mais macio que chão duro. Urinei no cercado como eles, usando minha urina para marcar território. A única diferença era que, enquanto as fezes deles ficavam onde caíam, eu recolhia as minhas para que os voluntários as eliminassem higienicamente. Meu único luxo era papel higiênico, que deixavam para mim na área entre os dois portões de entrada. Não saí do cercado uma única vez, nem quis. Estava absolutamente feliz e plenamente realizado. Aqueles caras eram minha família — eu os conhecia melhor que meus próprios filhos —, e quanto mais ficava com eles, menos queria deixá-los. Eu ficava cem por cento confortável no mundo deles. Eles me desafiavam constantemente — assim como as crianças —, mas era uma sensação inacreditável vê-los crescer e se tornar mais confiantes, ver suas características se desenvolvendo e seus diferentes talentos e habilidades aflorando, e saber que eles me valorizavam e que eu desempenhava um pequeno papel em tudo aquilo.

Meu contato com o mundo exterior era mínimo. Eu não tinha ideia do que acontecia além da cerca de arame do cercado, nem interesse em saber. Tinha um walkie-talkie para me comunicar com os voluntários, mas só o usava para acertar quando queria que eles levassem comida para o cercado e de qual tipo seria, para que pudesse preparar os filhotes para associar nossos jogos de caça com a comida que comíamos. E eventualmente, quando sentia que eles estavam ficando um pouco confiantes demais, pedia que alguns voluntários uivassem ou tocassem gravações de alcateias de diferentes tamanhos uivando para dar à minha a impressão de que não estávamos sós.

Depois que eles haviam superado os primeiros meses, quando precisavam comer menos e com menor frequência, coloquei-os em uma dieta de excesso e fome, que é como viveriam na natureza. A obsessão em lhes ensinar os modos selvagens, quando claramente estavam destinados a passar suas vidas em cativeiro, tinha um objetivo. Esperava que eles pudessem ensinar aos seus o que eu havia ensinado a eles, e assim por diante por gerações, de modo a que um dia, se lobos fossem novamente libertados na natureza na Grã-Bretanha, os descendentes daqueles rapazes soubessem cuidar de si mesmos. Meu sonho era que conhecessem o mundo deles, mas também suficientemente o nosso para conseguir sobreviver nele.

Naqueles primeiros 18 meses nós comíamos a cada dois dias. O primeiro dia era passado em preparação para a caçada, fazendo jogos, entrando no clima e nos alimentando ao anoitecer ou alvorecer do segundo dia. Matsi era o mais rápido e ágil dos filhotes, e o que mais demonstrava interesse por nossos jogos da caçada, então, embora fosse macho, eu o treinei para ser o caçador, enquanto eu desempenhava o papel da fêmea alfa, escolhendo o que queria que ele caçasse. Eu os ensinei a esconder comida, o que é uma parte muito importante da sobrevivência na natureza, como eu descobrira em Idaho. Eles sabem que o tempo de fartura não dura para sempre e precisam se preparar para as épocas do ano em que não há nada para a alcateia caçar. Eu estocava pedaços de carne na lama ao redor do lago, abaixo do nível da água, que funcionava como uma geladeira, e eventualmente aumentava o intervalo da chegada de uma carcaça no cercado para três ou mesmo quatro dias, e então mostrava a eles como desenterrar a comida escondida para comer entre caçadas. Juntamente com a carne eu enterrava pedaços da carcaça, como quadris de cervos e pernas e pedaços de coelho, vaca, ovelha e asas de faisão para usar como ferramentas de aprendizado.

No dia de preparação, dependendo do que os voluntários haviam dito que seria o cardápio, eu desenterrava um pedaço do mesmo tipo de animal e o usava para despertar o interesse deles. Se fosse faisão, eu segurava as asas no ar e as batia, depois as baixava para que eles saltassem na direção delas — tudo para tentar ensinar os filhotes sobre a comida que eles comiam, e nesse caso que os faisões não podiam ser apanhados no chão. Até mesmo pedia que os voluntários os jogassem no cercado por cima da cerca, para fazer parecer que estavam voando. Colocava peixes no lago e fazia os filhotes entrar na água e mergulhar em busca deles. Se um fazendeiro local havia entregado um lote de coelhos, eu desenterrava um pedaço de pele, um pé ou uma orelha de coelho e o sacudia diante deles, ou, se alguém aparecera com uma carcaça de cervo, eu desenterrava uma perna de cervo.

A perna tinha o casco, e estava sempre bem preservada. Eu corria com ela, girando, virando e mudando de direção como se fosse um animal sendo caçado, e eles corriam atrás de mim, tentando me derrubar. Nos primeiros dias eles tentaram me pegar por trás e eu os chutava com o casco, acertando-os sob o maxilar, ensinando uma importante lição — que se tentassem pegar um cervo ou alce por trás, ele os chutaria. Quando *eu* fiz isso, eles pararam no meio do caminho, mas foi apenas dor. Precisavam saber que um chute forte na garganta desferido por um alce lutando por sua vida os mataria. Usei os chifres para ensinar aos filhotes o perigo de chegar a uma presa pela frente e não ser rápido o bastante para sair do caminho, caso o cervo se virasse. Eu havia visto babás lobas fazendo isso na natureza. Se eles ficavam ao alcance, eu enfiava os chifres pontudos nos seus flancos. Eles não demoraram a descobrir que a forma mais segura de me derrubar era trabalhando juntos e atacando como uma unidade, em um padrão triangular pela lateral. Só quando fizeram isso dei a comida a eles.

Depois de comer, eu os ensinei a dar um uivo defensivo para proteger sua caça de outros lobos na área que poderiam pensar em roubá-la. E ensinei a usar o que haviam comido para marcar com cheiro o perímetro do seu território a intervalos de metros, o que era efetivamente trancar a porta. Na natureza seria a cada centenas de metros. O segundo dia era passado relaxando e digerindo antes de começar tudo novamente. Eu os alimentava ao anoitecer e alvorecer para ensinar que esses eram os momentos naturais e melhores para caçar. No instante em que os voluntários levavam para o cercado a caça do dia, começava minha batalha para mantê-los nas partes da carcaça que eram deles por direito — e, à medida que eles ficavam maiores e mais fortes, pior era a batalha, e mais ensanguentado eu saía dela ao final.

Eu comia o que eles comiam, enfiando o rosto na carcaça e arrancando a carne crua com meus dentes junto com Yana, ao mesmo tempo rosnando e batendo os dentes para Tamaska a fim de mantê-lo longe da caixa torácica, que era nossa. Mas, depois de minha experiência em Idaho, após nove meses comendo carne crua, comecei a me preocupar com o efeito que isso poderia ter em minha saúde. Portanto, nos últimos nove meses pedi aos voluntários que grelhassem minha parte e a colocassem com alguns vegetais dentro de uma bolsa de plástico enfiada dentro da carcaça. O único problema era que eu precisava ser rápido; os três lobos se interessavam muito pela minha porção, especialmente Tamaska. Ele por alguma razão era louco pelo gosto da carne preparada, e não havia como afastá-lo. Ele sempre roubava minha comida, e eu não tinha escolha a não ser voltar para a carne crua.

Após 18 meses comecei a deixar o cercado uma hora por vez, como se em viagens de caça, como aconteceria na natureza, retornando com um animal. Inicialmente não ia mais longe do que o alto da colina, de onde podia ver o que acontecia, e que eles ficavam muito agitados com minha ausência. Se me chamavam eu respondia para que soubessem onde estava e o que estava acontecendo, e nas primeiras duas vezes eles ficaram tão perturbados que não pararam de uivar, mas logo associaram meu desaparecimento a comida. Em uma oportunidade Tamaska deu um uivo extraordinário, que eu nunca ouvira antes. Era como quatro latidos e um uivo, mas soava como se houvesse algo errado, então voltei correndo para o cercado e descobri que era um balde de plástico branco no cercado dos primatas, perto dali, que havia sido derrubado pelo vento e fazia um ruído que ele não reconhecia, e isso o perturbava. Ele estava dando um lamento de longa distância que eu ainda não ensinara a nenhum deles. Ele havia aprendido o uivo de reunir e o "uf-uf" defensivo de curta distância, e simplesmente somara os dois para me chamar de volta de longe e dizer que havia algo errado. Foi um dia excitante para mim — e mais uma vez senti que o aluno se tornara mestre.

Por mais que fosse duro para mim me afastar, eu sabia que aqueles camaradas precisavam ter seu próprio grupo e depender menos de mim. Então, embora continuasse a viver com eles mais uns seis meses, comecei a passar períodos maiores longe. E foi numa dessas oportunidades que conheci Helen Jeff e minha vida sofreu uma reviravolta inesperada. Eu sempre achara que um dia poderia haver alguém que me arrastasse para longe dos animais e de volta ao mundo humano, mas não esperava que o puxão fosse tão repentino e forte.

Certa noite, quando estava fora do cercado, um colega apareceu no parque dizendo que havia uma promoção de duas refeições por uma no *pub* local, o Station Inn, e, contra o bom senso, concordei em ir com ele. Helen estava lá com uma amiga. Não era o *pub* que costumava frequentar — na verdade ela disse que normalmente preferiria morrer a entrar ali —, mas tivera um dia especialmente ruim e queria tomar algo antes de voltar para casa. Eu diria que foi um acaso; ela diria que era inevitável. Ela me reconheceu — eu era bem conhecido na área, e não havia muitos homens que cheirassem como eu, com uma barba de mais de 18 meses, cabelos compridos emaranhados e cicatrizes por todo o rosto. Não estava vestindo o macacão que usava com os lobos nem as botas que calçava no cercado; eu os deixava do lado de fora do trailer nos intervalos, para que não fossem contaminados por outros cheiros, mas mesmo sem eles eu devia feder terrivelmente.

Helen se interessava pelo que eu estava fazendo com os lobos, então conversamos por uma hora ou mais, enquanto nossos parceiros batiam papo, e marcamos outro encontro. Ela era fantástica, com grandes olhos azuis e cabelos louros compridos, e me lembrava Michelle, meu primeiro amor em Norfolk. Era um ano mais nova que eu e trabalhava com crianças em uma escola da cidade. Havia sido casada e tinha um filho de 8 anos de idade, mas a relação com o marido acabara muito tempo antes, e, embora eles dividissem o teto sobre suas cabeças, era uma questão de conveniência. Sua situação era muito semelhante à minha com Jan. Nós nos sentimos imediatamente atraídos um pelo outro; e, apesar de eu tecnicamente estar com Jan, e em um momento de otimismo termos tido um quarto filho, Sam, nascido pouco antes dos filhotes, em março de 2004, nossa relação acabara havia muito, e Jan encontrara outra pessoa.

Helen morava em um bangalô do outro lado do vale, a uma boa distância de carro, mas pouco mais de um quilômetro e meio em linha reta, e pelos meses seguintes, à medida que meu tempo com Yana, Tamaska e Matsi chegava aos poucos ao fim, Helen e eu nos comunicamos uivando pelo vale.

28

Uma curiosa coincidência

Pouco antes de voltar a dormir em meu trailer, alguém tentou envenenar os três filhotes de lobo. Fui ao cercado no final de um dia para passar a noite com eles, como de hábito, e Yana agia como se estivesse doidão, sem força nas pernas, bêbado. Eu nunca havia visto nada como aquilo em um lobo, e, se não estivesse tão preocupado, teria sido engraçado. Ele não conseguia andar em linha reta e ficava batendo nas coisas. Ele colidiu com árvores, pedras e a cerca uma ou duas vezes, e entrava e saía do lago. Eu o tirei algumas vezes, porque estava de pé lá, tremendo, mas ele continuava a voltar, como se fosse sonâmbulo. Não reagia a mim de forma alguma; sequer parecia perceber que eu estava lá. Estava completamente desligado, e obviamente congelando, embora não fosse uma noite particularmente fria.

Eu não tinha ideia do que havia de errado. Passei a noite com ele e mais uma vez ele foi para o lago e tive de pescá-lo. Ele não conseguia manter a temperatura, e de madrugada eu estava completamente perdido. De repente tive uma ideia idiota, o único modo em que consegui pensar de aquecê-lo: eu o peguei e, com uma força hercúlea produzida pelo medo, consegui passar com ele pelos portões, deixando os dois outros lobos dentro, e o carreguei para o meu trailer, onde o coloquei na cama comigo. Liguei o aquecedor e deitei debaixo do cobertor com ele, apertando-o junto ao meu corpo para tentar transferir calor. Àquela altura ele era um lobo adulto, pelo menos em aparência, mas estava tão desligado que não fez nada a não ser deitar, flácido, ao meu lado.

O corpo dele pareceu tirar calor do meu, e em poucos minutos eu estava congelando, e tive de sair da cama e me enrolar em um cobertor em frente ao aquecedor; após me aquecer, retornei para a colcha com ele, deixando que absorvesse meu calor novamente. Isso durou o resto da noite, até ele começar a acordar pouco antes do amanhecer e, ainda sem me reconhecer, tentar me morder. Eu agarrei seus maxilares e decidi que, mesmo se ele não soubesse quem eu era, poderia reconhecer minha voz. Na natureza eu nunca usara minha voz humana e raramente o fizera com aqueles lobos, mas eles haviam me escutando falando com os voluntários no parque quando necessário e eventualmente ao telefone. Foi a única coisa em que consegui pensar, então pelas duas horas seguintes falei com ele sobre tudo e nada; falei sobre o tempo e sobre o que estava acontecendo na minha vida e tudo o que planejava para o futuro. Esgotei todos os assuntos.

Quando ele finalmente acordou de verdade, começou a destruir minha casa, o que não era exatamente uma surpresa em um lobo adulto que se refizera e se vira em um espaço confinado que não reconhecia. Por sorte consegui colocar uma corrente no pescoço dele e levá-lo para o campo, onde andei com ele até que ficasse exausto.

Então levei-o de volta para o trailer e dei-lhe baldes de água. Ele ainda estava um pouco trêmulo, mas eu esperava que a água lavasse o que havia no seu corpo, que foi o que acabou acontecendo. Apenas depois do meio-dia achei que ele estava suficientemente seguro para voltar para seus irmãos no cercado. Uma análise das fezes de Yana revelou uma alta concentração de fenobarbital, muito usado como anticonvulsivante para epilepsia. Só posso imaginar que alguém jogou um pedaço de carne com a droga dentro do cercado, e Yana, sendo o macho alfa e o primeiro a comer, engoliu tudo.

Os povos nativos americanos dizem que depois de uma experiência como essa, Yana e eu teríamos uma ligação única. Eles costumavam dizer que se um caçador e um urso derramavam sangue um do outro se tornavam a mesma pessoa, e o caçador não conseguiria atirar naquele urso, não importando onde o visse. Eu na verdade nunca acreditara nessa lenda até alguns meses depois, quando Helen e eu estávamos na cama no trailer e minha mão esquerda estava realmente doendo. Eu a esfregava e examinava a carne entre o polegar e o indicador, esperando ver um corte, um espinho ou alguma outra explicação, mas não encontrava nada. Pedi a Helen que desse uma olhada, mas ela não viu nada além da pele vermelha. Parecia um daqueles espinhos que se cravam debaixo da pele e ficam tão inflamados e doloridos que você não consegue tocar nem tentar retirá-los. A dor foi piorando durante a noite e era tão intensa que eu mal consegui dormir. Na manhã seguinte descemos para o cercado. Helen estava um pouco à frente de mim e voltou correndo pela trilha.

— Você não vai acreditar — disse ela. — Yana está mancando; está erguendo a pata esquerda.

— Provavelmente levou uma mordida de noite — respondi, e fui dar uma olhada nele, sem pensar em nada.

Quando eu o rolei e olhei a pata, vi que tinha um espinho quase no mesmo lugar correspondente a onde eu sentia a dor na minha mão. O espinho estava logo abaixo da superfície, mas consegui pegar a ponta com as unhas e arrancar.

Eu disse a Helen:

— Estava com um espinho na pata.

Não fiz a relação imediatamente porque estava ocupado demais com Yana, mas ela disse:

— Ai, meu Deus.

— O quê?

— Sua mão na noite passada. O espinho.

Aquela podia ser a maior coincidência da minha vida. Ou podia ser a crença dos nativos americanos de que, se você ajuda uma criatura e cuida dela, vocês se tornam um e partilham sensações.

29

Alma gêmea

Minha relação com Helen evoluiu rapidamente, embora a maior parte do nosso tempo juntos fosse passada em torno do cercado dos lobos ou em meu péssimo trailer. Ela não tinha ilusões sobre em que estava se metendo, mas isso não parecia incomodá-la — e eu a admirei e amei ainda mais por isso. Ela estava disposta a passar a noite no trailer sem água quente, urinar no balde de massa e levantar às 5h30 da manhã para ficar com o filho Arran antes que o marido saísse para o trabalho. Eu sempre estava acordado essa hora para cuidar dos lobos, então não era um problema para mim, embora não fosse a ideia dela de diversão. Ela se banhava em casa, tomava café com Arran e ambos iam juntos para a escola. O marido não tinha problemas com o que ela estava fazendo — eu até mesmo fui ao bangalô conhecer Arran e ele, e tudo foi muito amistoso — mas o dia dela era longo demais.

Aquilo não daria certo a longo prazo, e após Helen e eu passarmos um fim de semana em um hotel de Minehead — e eu ter tomado meu primeiro banho em anos, estando usando apenas a mangueira fria do lado de fora do trailer — ela decidiu que estava cansada de acordar às 5h30. Precisava do seu próprio lugar onde pudesse viver com Arran e eu pudesse ficar com ela nas noites em que escapasse dos lobos. Ela alugou um chalé em uma colônia de férias na cidade, e eu ia para lá com menos frequência do que gostaria.

O parque estava muito movimentado. Eu recebera a oferta de dois jovens lobos europeus que um colecionador particular não queria e, suspeito, teria matado, caso não os tirasse das mãos dele. O homem tinha mais dinheiro do que juízo; parecia um homem rico com brinquedinhos. Não me importo com pessoas que jogam dinheiro fora se o brinquedo for movido por um motor, mas quando é movido por um coração pulsante eu me importo. Quando fui ver os lobos ficou bastante claro o que havia acontecido. O homem tinha um filho mimado que ficava chutando uma bola dentro do cercado e induzira um instinto de caça naqueles lobos jovens, e eles finalmente o haviam mordido. Os nomes dos infelizes lobos de três anos eram Totto e Nanook. Eu apressadamente adaptei outro cercado perto do trailer para eles, para que não houvesse como eles cruzarem com os lobos cinzentos, e os levei para Combe Martin.

Eles se adaptaram rapidamente, mas a experiência não havia feito bem a eles. Eles eram rápidos para morder, e na primeira semana tive de entrar no cercado com coelhos e roedores nas mãos para ensinar que eu era o fornecedor de comida, não a comida. Pouco depois recebi a oferta do irmão deles, Zarnesti, que eu conhecera em Broxbourne quando filhotinho. Era aquele cuja mãe rolara sobre ou pisara pouco depois do nascimento, esmagando sua mandíbula e dando a ele uma aparência cômica, como o Pateta. E foi o que despertou emoção na criança defeituosa.

Isso elevou o número total de lobos para nove, que eu mantinha em três cercados: Shadow, Pale Face e Elu estavam juntos. Os três filhotes — Yana, Tamaska e Matsi — estavam juntos, e havia os europeus. Eu não pretendia aumentar, então pelo segundo ano consecutivo dei uma injeção anticoncepcional em Elu para garantir que ela não engravidasse. Ela era destinada a cães, mas funcionara bem em Elu no primeiro ano, então usei novamente. Mas eu não levara em conta a extraordinária capacidade que os lobos têm de regular seus corpos; esses são animais capazes de absorver uma ninhada de filhotes quando sentem que o ambiente não é mais seguro para o nascimento. Elu descobriu o que estava acontecendo e retardou o cio até o anticoncepcional perder a força, e então acasalou. Nove semanas depois ela pariu exatamente o mesmo número da primeira vez, mas dessa vez a fêmea sobreviveu. Eu a chamei de Cheyenne, e aos rapazes de Nataa, Tejas e Nanoose.

As habilidades maternas de Elu não haviam melhorado, e mais uma vez ela abandonou o abrigo e eu tive de entrar e resgatar os filhotes; mais uma vez virei noite as cinco ou seis semanas seguintes dando mamadeira a quatro bocas famintas. Dessa vez, assim que começaram a comer sólidos, eu os entreguei a Yana, Tamaska e Matsi na esperança de que fizessem um trabalho melhor que o meu.

Embora os filhotes não houvessem sido desejados, se mostraram úteis. Ao longo dos anos eu mantivera contato com Bernard Walton, um produtor de TV que havia feito a série *Talking with Animals* para a BBC. Ele tinha sua própria produtora, a Aqua Vita Films, e quando soube o que havia feito com os primeiros filhotes em Combe Martin quis fazer um documentário sobre eles, sobre mim, minha carreira e as pesquisas que estava fazendo na Polônia. Os novos filhotes eram perfeitos para fazer a recriação, e foram muito filmados. Também viajamos para Polônia, Finlândia e Estados Unidos para filmar lobos e falar com especialistas, incluindo Levi Holt. O filme foi transmitido pelo National Geographic Channel nos Estados Unidos como *A Man Among Wolves*, e no Reino Unido pelo Channel Five como *The Wolfman*. Para garantir equilíbrio — e adicionar polêmica —, Bernard convidou um grupo de cientistas a dar suas opiniões sobre minha abordagem prática.

A maioria dos cientistas se mostrou cética, quando não desaprovou inteiramente, o que não me surpreendeu. Os jovens cientistas pareciam usar antolhos, com medo de questionar a sabedoria aceita e prejudicar suas carreiras — como sempre —, mas para mim uma das conversas mais recompensadoras foi com Doug Smith, biólogo encarregado do programa de reintrodução de lobos no parque nacional de Yellowstone, nos Estados Unidos. Nós nos sentamos na encosta do Blacktail Deer Plateau, debruçada sobre o parque em todo seu esplendor, e pela primeira vez me senti confortável e à vontade, com esperança de que pudesse haver uma solução intermediária. Eu nunca antes conseguira sentar com um biólogo e trocar ideias.

Embora fosse apenas para um programa de TV, no final eu senti que podíamos ter um vislumbre de esperança mútua, ou, como Doug disse, a panaceia que estávamos lutando para encontrar.

Ele reconheceu que uivos e cheiro eram o segredo para o comportamento do lobo, e dois dos seus aspectos menos pesquisados. Ele sabia que cada lobo tinha um uivo diferente, mas não parecia saber que coletivamente havia diferentes uivos que significavam coisas muito diferentes.

Yellowstone tem um programa fantástico que estabeleceu o padrão para outras reintroduções, incluindo a de Idaho, mas em minha opinião eram cometidos erros. Eles examinaram aquele parque glorioso com seus milhares de hectares e florestas, vales e riachos pitorescos e acharam que ele tinha tudo para os lobos — e que a visão de lobos circulando livres majestosamente daria lucro com os turistas. Mas soltar oito lobos no meio daquilo era apenas uma parcela da equação. Depois de acabar com as presas do parque, os lobos não tiveram opção a não ser seguir para a região agrícola circundante, o que os colocou em choque com pessoas e gado. O que os lobos fazem na natureza é se dividir em alcateias rivais, como jogadores em um tabuleiro de xadrez, de modo a poder espantar as presas de um lado para o outro entre eles, o que mantém as presas e eles nos seus próprios limites territoriais. Se isso não pode ser feito com alcateias reais, acredito que pode ser feito tocando gravações de alcateias, que farão as presas dar meia-volta, tornando desnecessário que os lobos se aventurem fora do parque. Mas são os cientistas que comandam os programas de reintrodução, e eles protegem seu terreno ciumentamente; não querem um aventureiro sem qualificações sugerindo que pode haver outro modo de fazer as coisas.

Doug e eu também tivemos uma longa conversa sobre as semelhanças entre o cachorro e o lobo, particularmente nas posições sociais, algo que eu sempre aventara em Idaho, mas era um assunto tabu. Eu sempre achara que a chave para o lobo era o cachorro, e vice-versa — que o modo de levar as pessoas a compreender e respeitar o lobo era compará-lo com o animal que elas tinham em suas salas. Mas os biólogos não me escutavam. Diziam que eram animais diferentes e que não havia nada a ganhar comparando os dois. Dez ou 12 anos depois lá estava Doug, um dos biólogos de lobos mais respeitados do mundo, dizendo basicamente a mesma coisa que eu havia dito, e sendo levado a sério. Pense bem: se os biólogos tivessem escutado dez anos antes, muitos problemas poderiam ter sido evitados.

Na última vez em que fui ao centro de educação e pesquisa de lobos em Idaho eles estavam tendo grandes problemas com a alcateia em cativeiro com a qual eu passara tanto tempo. Agora eram apenas três animais, o que não me surpreendeu — o grupo ficara tão famoso que até mesmo o público sabia seus nomes. Anos atrás os cachorros eram como lobos, mas ao levá-los para nossas casas e domesticá-los nós os modificamos.

Os humanos não são intrinsecamente animais de grupo. Gostamos de ter famílias, mas podemos sobreviver sem elas, mesmo sozinhos se precisarmos, e, ao se associar a nós por tanto tempo, os cachorros aprenderam isso. O que aconteceu aos cachorros está acontecendo agora aos lobos em cativeiro. Eles estão se voltando uns contra os outros, lutando e algumas vezes se matando, e os grupos estão ficando menores porque em cativeiro, onde não há ameaça territorial e nenhuma chance de fome, os lobos não precisam da família. Na natureza eles não conseguem sobreviver sem cada posição social fazer sua parte — o grupo é tudo. Mas, por causa de sua crescente proximidade do homem, mesmo na natureza, o comportamento dos lobos está mudando.

O lobo é um animal adaptável — os Nez Percé me ensinaram isso. Eles mesmos chegaram perto da extinção anos atrás, e buscaram inspiração e orientação no lobo para resgatá-los do abismo, porque os lobos escaparam muitas vezes antes. A natureza, incluindo os lobos, sempre encontra um modo. Tenho de acreditar que algum equilíbrio acabará sendo restabelecido e os humanos irão parar de dominar e começar a escutar. Os biólogos usaram os lobos para ganhar iniciais depois de seus nomes; os Nez Percé sempre os viram como símbolos de sobrevivência e esperança. Sua postura é a de que, se os lobos podem retornar à terra, então eles também podem. Simplesmente ficar sentado ali no platô com Doug

Smith era uma revolução. Ele tentara a ciência e descobrira que ela não oferecia todas as respostas. Diferentemente de alguns de seus colegas, estava preparado para escutar outras ideias. Eu tinha de esperar, pelo bem do lobo, que outros seguissem seu exemplo.

A Man Among Wolves/The Wolfman foi exibido em março de 2007 e provocou grande celeuma. Quase ganhou um prêmio Emmy, sendo derrotado por pouco por *No reino dos suricatos*. A National Geographic me levou aos Estados Unidos para divulgar a série na época do lançamento e de repente em todo lugar que eu ia as pessoas pareciam reconhecer meu rosto. Helen foi comigo, e passamos os melhores momentos das nossas vidas em um hotel adorável com o maior banheiro que eu já tinha visto; achei que havia chegado ao paraíso. Certa noite eu e Helen arriscamos sair sozinhos. Fomos assistir a um espetáculo na Broadway, e na volta para o hotel, me sentindo e parecendo um peixe fora d'água, vi um bando de jovens com capuzes à nossa frente, gritando e gesticulando para os pedestres. Eles iam em nossa direção, e comecei a pensar em todos os programas de televisão que vira sobre agressões e estupros nas ruas de Nova York. Disse a Helen que iria empurrá-la em uma passagem e que ela teria de correr, enquanto eu faria o que pudesse para enfrentá-los. Quando eles chegaram perto, meu coração estava acelerado — eram quatro, cinco, seis. Lobos selvagens, ursos não eram nada comparados com o pânico que eu sentia. O maior e de aparência mais malévola aproximou o rosto do meu, bateu no meu ombro e disse: "Aí, cara! É o homem-lobo!" E enquanto me cumprimentava e perguntava como estava, eu pensava: o que você estava fazendo assistindo ao National Geographic Channel em uma sexta-feira à noite?

Helen estava se tornando uma parte indispensável da minha vida. Quanto mais a via, mais me dava conta de que nunca amara antes. Eu não havia entendido o significado da palavra. A excitação, o riso, a necessidade de estar com ela, saber tudo sobre ela, eram uma experiência inteiramente nova. Tínhamos muito em comum. A paixão dela era por crianças e a minha por lobos, aparentemente dois campos muito diferentes, mas havia muitas semelhanças em nossas aspirações e visões de vida. Ela era uma assistente de apoio ao aprendizado, mas seus pontos de vista sobre cuidados infantis, especialmente crianças com problemas, eram tão alternativos quanto os meus no estudo de lobos. Ela entrara em choque com o *establishment* educacional da mesma forma como eu entrara em choque com os cientistas, e ela sentia em seu trabalho algumas das frustrações que eu sentia no meu. Quanto mais eu descobria sobre ela, mais convencido ficava de que encontrara minha alma gêmea, alguém com quem queria estar — a *única* pessoa com quem eu já quisera estar tanto quanto com os lobos.

Após varios meses Arran exprimiu o desejo de ir morar na casa do pai. Ele era um garoto sensível, e suspeito que sentiu que a mãe tinha alguém com quem estar, mas que seu pai estava só. Helen ficou arrasada. Eu disse que Arran era novo demais para saber o que queria, que ela devia tomar a decisão por ele, mas ela não iria fazer isso. Sempre escutara o que ele dissera e respeitara seus pontos de vista, embora fosse uma criança, e, mérito dela, o deixou partir, embora isso lhe causasse semanas de sofrimento. Mas era a decisão certa. Achei que seria passageiro, que Arran voltaria em duas semanas, mas não foi assim; ele ainda mora com o pai, mas Helen o vê muito e todos são felizes.

Quando ficou claro que Arran não voltaria, começamos a pensar em morar juntos. Um dos bons resultados da série de televisão foi que Bob decidiu que meu velho trailer arruinado estava deixando o parque desmazelado, então me deu outro, maior, com dois quartos, chuveiro e toalete. Não era o maior dos luxos — a água quente não funcionava direito e às vezes simplesmente não funcionava, e não havia cozinha —, mas oferecia um pouco mais de espaço, e finalmente pudemos dar adeus ao balde de massa.

Helen estava se envolvendo cada vez mais com os lobos e o trabalho que eu fazia, e tendo cada vez menos prazer no seu emprego. Ela passava todos os momentos livres comigo à noite e nos fins de semana, e era tão natural com os animais que depois de um tempo eu a convidei a ficar comigo em tempo integral. Então ela abriu mão do chalé com cozinha, banheiro e água corrente quente e fria; e foi viver em um trailer com fogareiro e um homem que fedia a lobo. Eu admiro muito essa mulher.

Por acaso — Helen diz que nada acontece por acaso —, na manhã em que ela concordou em morar comigo, eu tivera uma reunião para discutir ideias para uma nova série de televisão. Bethan Corney, a editora responsável do Channel Five, que sempre me dera muito apoio, estava querendo dois documentários de duas horas para levar à frente a história da minha vida com os lobos. A questão era como. Ela havia ido de carro até Combe Martin com minha nova agente, Hilary Knight, e Kath Moore, produtora-executiva de uma empresa chamada Tigress, com sede em Bristol, que faria os filmes. Estávamos à mesa no trailer com canecas de café quando mencionei que Helen decidira se mudar para lá e ajudar no parque. Kath perguntou que trabalho ela iria fazer. Eu disse que antes de tudo teria de ensinar a ela como ficar com os lobos. Ela arregalou os olhos, e naquele momento surgia o tema de *Mr. and Mrs. Wolf.* Com cerca de três meses de filmagem para o Channel Five, o Animal Planet americano se juntou ao projeto e fez a proposta para o mercado americano. Eles queriam 12 programas de meia hora com o título *Living with the Wolfman.*

Helen sempre achou que seu lugar era com crianças. Trabalhara a vida inteira com elas, e observara sua hierarquia em sala e no playground, e quanto mais falávamos, mais nos dávamos conta de como elas eram semelhantes aos lobos nesse sentido. Eu achava que se pudesse treiná-la e deixá-la à vontade com a alcateia ela seria uma perfeita babá de lobos. Estava interessado em descobrir se os lobos faziam distinção de gênero, como suspeitava que faziam. Os lobos com os quais sempre interagira mais intimamente foram machos, e eu achava que Cheyenne poderia se abrir com Helen de uma forma que não fazia comigo. Ela tinha quase dois anos de idade; se engravidasse, o desafio que todos sabíamos que daria um bom programa seria ver se eu conseguiria ensinar a Helen o suficiente sobre lobos nas nove semanas da gravidez de Cheyenne. E será que então conseguiríamos convencer Cheyenne a escolher Helen como babá dos seus filhotes?

30

O milagre que é o lobo

As filmagens começaram no final de fevereiro com a corte e os machos lutando sem parar um com o outro como teriam feito em liberdade. Eu colocara Cheyenne no cercado principal com Yana, Tamaska e Matsi, esperando que ela escolhesse Yana, o macho alfa, como parceiro. Ele era seu meio-irmão, mas lobos acasalam com membros de sua própria família em cativeiro, assim como em liberdade, e não há evidências de que isso provoque problemas na linhagem. Seus irmãos pelos dois lados estavam no cercado ao lado, que tinha uma porta de ligação para que pudéssemos segregá-los caso necessário, mas àquela altura eles estavam correndo juntos, uma alcateia de sete animais. Nataa, Nanoose e Tejas eram jovens demais para acasalar, e, mesmo se chegassem perto, um dos machos adultos os botaria para correr.

Os lobos são tão tímidos quanto ao acasalamento que normalmente o fazem longe do resto da alcateia, como eu descobrira na natureza, ou sob a proteção da escuridão. Eu nunca testemunhara um acasalamento, mas daquela vez esperávamos registrar com a câmera, portanto, assim que percebemos por seu comportamento que Cheyenne se tornara receptiva, passei todo meu tempo observando e esperando — na expectativa de que Yana se movesse.

Ele não fez nada disso. No meio da tarde, pouco depois de terem sido alimentados, Cheyenne escolheu Matsi, o animal de mais baixa posição do grupo. Eu não podia acreditar. Era um enorme choque; contrariava tudo que me haviam contado. Todos os biólogos dizem que o alfa eliminará outros candidatos potenciais. Estávamos vendo algo muito interessante, e eu suspeitava que ela o havia escolhido por alguma razão. No começo da manhã seguinte, ela acasalou novamente com Matsi. Naquela noite, embora fosse difícil ver sob as árvores no escuro, me pareceu que ela finalmente permitira a Yana o que lhe era de direito.

Na manhã seguinte eu estava no trailer com a equipe de filmagem, tomando uma xícara de café e comendo um sanduíche de bacon, quando Linda e Roger, dois funcionários do parque, ligaram para meu celular e disseram: "Venha logo; você não vai acreditar nisso." Nós descemos a colina correndo e encontramos Cheyenne e Tamaska, o beta, engatados um no outro. No espaço de dois dias, Cheyenne acasalara com todos os três candidatos.

Pelo que eu sabia, isso nunca havia sido testemunhado antes, e em algum momento faremos exames de sangue para descobrir quais foram os pais de quais filhotes. Há evidências de cachorros produzindo duas linhagens diferentes na mesma ninhada; alguns deles podem, por exemplo, ser labradores puros e claramente cruzamentos de labrador e collie, portanto deve ser possível que lobos façam o mesmo. Tenho a teoria de que ela devia ter escolhido os parceiros em função de sua posição, sabendo instintivamente que seus filhotes teriam exatamente a mesma posição dos pais — filhotes sob encomenda, por assim dizer. Claro que isso poderia ser resultado apenas de uma fêmea inexperiente, mas também poderia ser algo muito mais inteligente, que viraria pelo avesso o atual conhecimento.

A grande questão seguinte era se Cheyenne engravidara depois de todos aqueles acasalamentos, algo que precisávamos saber em função do cronograma de filmagem. A forma mais confiável era com um ultrassom, mas eu não estava preparado para obrigar Cheyenne a passar por todo esse estresse, de modo que 14 dias depois tentamos duas alternativas: mandamos uma amostra de fezes para um laboratório que normalmente testa leões e grandes felinos, mas estava preparado para ver o que acontecia com um lobo, e tentamos um teste de gravidez humano, que não tinha garantia de precisão, mas que sentimos que poderia nos dar alguma ideia. Quando Helen e eu fomos à farmácia de Combe Martin comprar, todos olharam para nós e tivemos de explicar rapidamente que era para um lobo, não para nós.

Coletar uma amostra de urina era o desafio seguinte. Eu tinha de correr atrás de Cheyenne, que circulava por dois cercados, com um potinho e me jogar no chão sempre que ela parecia prestes a acocorar. Contra todas as probabilidades, consegui, e levamos a amostra para o trailer com todo o cuidado e mergulhamos a fita de teste. Achei ter detectado uma marca leve, mas não tive certeza.

Tivemos de esperar mais três semanas pelos resultados do exame de fezes em laboratório, mas nesse meio-tempo ela apresentara todos os sinais de estar grávida: começara a ganhar peso, as tetas começaram a inchar, e ela passara a cavar um abrigo e construir locais de encontro como eu vira a fêmea alfa fazer na natureza. Quando o laboratório finalmente disse ter o máximo de certeza de que ela estava prenhe, tudo começou a girar. Só tínhamos poucas semanas para convencer Cheyenne de que Helen era suficientemente experiente para ser babá.

Helen havia entrado no cercado nas semanas anteriores, mas naquele momento tudo tinha de ser acelerado. Todos os dias eu a levava até a mãe, a boca cheia de pequenos pedaços de carne crua picada e mastigada que ela regurgitava a pedido quando Cheyenne mordia seus lábios — a primeira coisa que os filhotes fazem com sua babá. Fiz o mesmo juntamente com Helen, e Cheyenne tinha tanto apetite e mordia nossos lábios com tanta ânsia que ambos parecíamos ter beijado um cacto. Após semanas fazendo isso, nossos lábios estavam tão machucados que já não podíamos tomar uma caneca de café quente.

Finalmente chegou o dia do parto. O abrigo já tinha câmeras com infravermelho instaladas para cobrir todos os ângulos que Cheyenne pudesse escolher. Fora do cercado, na pequena arquibancada que o público usava para escutar minhas palestras na temporada, a equipe de filmagem colocara um monitor para que pudéssemos ver o que acontecia debaixo da terra. Cheyenne entrou no abrigo e estava inquieta, mas fora isso não havia sinal de atividade. Tendo em mente que a mãe dela entrara no abrigo dois dias antes de parir, eu não esperava muito. Helen e Jude, uma voluntária que passara da unidade de primatas para nós, ficaram com o primeiro turno enquanto eu comia alguma coisa. Desci para rendê-las por volta das 23 horas. Por volta de 1 hora da manhã ela ficou agitada novamente e cavou uma cova de parto, e nesse processo cobriu parcialmente uma das câmeras. Chamei Helen e Jude e pouco depois começamos a escutar sons que sugeriam que ela entrava em trabalho de parto, então tivemos uma visão inacreditável: ela arrancou o pelo em torno das tetas para prepará-las para os filhotes. Eu nunca antes vira ou ouvira falar de lobos fazerem isso. Estávamos testemunhando algo realmente inacreditável.

Entre 2 horas e 4h30 da manhã saiu o primeiro filhote, uma criatura de aparência muito escura, que ela pegou bem rispidamente com os dentes. Tive um momento de ansiedade e disse em voz alta: “Calma, Cheyenne”, mas o filhote guinchou e ela afrouxou o aperto e o colocou gentilmente abaixo de si, onde ele começou a mamar. Todos demos um grande suspiro de alívio e nos permitimos relaxar. Ela tinha um filhote vivo, saudável e mamando, e parecia saber o que estava fazendo. Os números dois, três e quatro saíram com a mesma facilidade, e estávamos extasiados. Sucesso. Helen começou a gravar uma passagem com a câmera para o diário em vídeo que estava fazendo. Cheyenne estava sugando, lambendo e limpando seus filhotes. Todos podíamos sair e dormir um pouco; nossa menina fizera tudo certo — esperávamos quatro filhotes, e ela os parira. Foram nascimentos de manual.

Então me dei conta de que Cheyenne começara a empurrar novamente e nada estava saindo. Ela estava ficando perturbada. Ela uivou, resmungou e gemeu, e os barulhos que fez provavelmente irão nos assombrar a Helen e a mim até o dia de nossa morte. Ela passou uma hora e meia fazendo isso, mas não podia demorar tanto para um último filhote nascer, então tentei não entrar em pânico. Após duas horas e ainda sem sinal de algo, fiquei seriamente preocupado. À primeira luz, decidi tentar tirá-la do abrigo e caminhar um pouco com ela para ver se isso ajudava. Helen e Jude a chamaram, e ela saiu e sentou no monte por quatro ou cinco minutos, lambendo o traseiro, depois voltou para dentro, circulou, deitou e começou a empurrar novamente, ficando cada vez mais perturbada. Eu sabia que havia uma possibilidade real de a perdermos. Se o filhote dentro dela estivesse morto, logo começaria a envenenar seu corpo; então chamei o veterinário, que levou um tempo insuportavelmente longo para chegar.

Ele concordou que o filhote dentro dela provavelmente estava morto e queria sedá-la para tirá-lo e permitir que ela voltasse para os filhotes vivos. Nós a chamamos uma segunda vez, e o veterinário a sedou com um dardo, mas isso apenas a deixou grogue. Ele usou um segundo, dardo e ainda assim ela não apagou, e, semiconsciente, me deu uma mordida feia na mão. O veterinário não conseguiu retirar o filhote manualmente. Teria de fazer uma cesariana, o que significava levá-la para sua clínica, a vinte minutos de carro.

Nós enfrentávamos um terrível dilema. O pior cenário era que podíamos perder Cheyenne; se não perdêssemos, ela ficaria longe dos filhotes pela duração da cirurgia mais a viagem de ida e volta, tanto tempo que perderíamos os filhotes, e se os removêssemos e alimentássemos enquanto estivesse fora ela provavelmente os rejeitaria ao voltar.

Decidi entrar e pegar os filhotes e levá-los conosco para a clínica veterinária. Assim, enquanto Helen e Jude colocavam Cheyenne na jaula na van, entrei no abrigo. Cheyenne cavara entre 1,80 metro e 2 metros além do abrigo que eu fizera, exatamente como sua mãe antes dela, garantindo que nada maior que ela pudesse chegar aos filhotes. Tive de me contorcer por aquele túnel estreito, que era muito apertado. Em certo ponto o túnel virava para baixo, quase como um sifão em uma pia, provavelmente para coletar água e impedir que a câmara de parto inundasse. Na descida do túnel havia uma projeção acima que eu achei que fosse sólida. Bati nela quando abria caminho, e na verdade era terra solta que ela havia retirado, e que caiu sobre o meu rosto. Eu não conseguia respirar nem me mover. Gritei por socorro na esperança de que alguém me ouvisse, mas todos estavam muito ocupados carregando Cheyenne e ninguém ouviu — a não ser o filho pequeno de Helen, Arran. Eu podia ouvir o pânico aumentando em sua voz enquanto ele gritava para que alguém voltasse ao abrigo; então, graças a Deus, dois dos tratadores foram, e senti mãos puxando meus pés no momento em que começava a ter dificuldade para respirar e achava que nunca mais sairia. Àquela altura o abrigo desmoronara completamente, e não tive escolha a não ser cavar e tirar os filhotes da sua câmara. Eu os coloquei em uma caixa, cobri-os com um suéter para mantê-los aquecidos, coloquei a caixa no banco da frente de meu 4 x 4 com pequenas mamadeiras em forma de banana com leite especial e saí em disparada atrás de Helen, que partira sem mim porque Cheyenne estava começando a acordar.

Quando cheguei, Cheyenne estava na mesa de cirurgia, então deixei os filhotes com nossos ajudantes tentando dar leite a eles e fui ver como a mãe estava. Era como ele suspeitara: Cheyenne tinha um grande filhote fêmea dentro de si que nunca teria saído naturalmente. Por sorte havíamos chegado a tempo — Cheyenne ainda estava viva e a cirurgia havia sido um sucesso —, mas tínhamos muito o que fazer com os filhotes, e eu contava com pelo menos mais 24 horas sem dormir.

Não sei explicar por que fiz o que fiz a seguir. Imaginei que se os filhotes haviam mamado uma vez da mãe teria sido criado um laço, por mais frágil que fosse. Seria esperar demais de Cheyenne: ela passara por um grande trauma, tivera a pior experiência de parto que se podia imaginar e seu abrigo havia sido destruído. Ainda assim, voltei ao parque antes de Helen, levando os filhotes comigo, fui para o cercado e comecei a recriar o abrigo para deixá-lo o mais parecido possível com o que Cheyenne fizera. Eu estava funcionando na base da adrenalina, mas para ter alguma chance de sucesso o abrigo não poderia ter cheiro de ninguém além do meu. Esperava colocar os filhotes de volta no subterrâneo e encorajar Cheyenne a se juntar a eles. As chances de sucesso não eram boas, mas eu sabia que se o abrigo tivesse o cheiro de mais alguém ela não chegaria perto dele.

Coloquei um a um os pequenos novelos agitados e guinchando na nova cova de parto, no momento em que Helen descia a trilha na van com Cheyenne atrás. Levamos a jaula para o cercado e abrimos a porta, e uma loba muito grogue e suja de sangue cambaleou para fora, parecendo muito triste consigo mesma. Ela tentou correr e imediatamente caiu no lago, então eu entrei e a tirei de lá. Estávamos ambos encharcados, bem como tudo mais. Os garotos estavam trancados no cercado ao lado, e ela tentou desesperadamente se juntar a eles. Parecia não lembrar dos filhotes ou do que havia acontecido antes da anestesia; apenas se movia de forma insegura de um lado para o outro, subindo e descendo o limite da cerca. Eu não sabia o que fazer. Se abrisse a porta de ligação, ela nunca olharia novamente para os filhotes.

Então tive uma inspiração. Fui até ela e comecei a gemer e ganir com uma voz aguda que ela conhecia de todo o tempo que passara com ela. Eu me esfreguei nela, tentando criar um laço do modo como lobos fazem quando precisam um do outro, e ela teve uma reação inicial. Comecei a recuar muito devagar, sempre a chamando, até termos contornado o lago e estarmos a meio caminho do abrigo. Avançamos muito lentamente, chegando cada vez mais perto, até estarmos a talvez 10 metros da entrada do abrigo, e então ela se virou e correu na direção dos rapazes.

Minutos valiosos transcorriam. Eu não podia passar por tudo aquilo novamente. Podia ouvir os filhotes guinchando de ansiedade sob o solo, precisando de calor e comida, e, se não conseguisse levá-la até eles logo, iríamos perdê-los. Se eu pelo menos conseguisse fazer com que ela chegasse suficientemente perto, tinha esperança de que também os ouviria e seus gritos despertariam seu instinto materno. Então fiquei junto ao abrigo e gemi até minha garganta começar a inchar. Eu não comera nem bebera nada o dia inteiro, e ainda tinha lama ao redor da boca; estava de pé havia quase 48 horas, e exausto. Ela finalmente começou a ir na minha direção, e continuou até estar a 1,50 metro. Recuei, ainda gemendo, até minha cabeça estar junto à entrada; ela veio e colocou a boca junto à minha, como se pedindo comida, e nesse instante vi que ela havia escutado os filhotes. Ela inclinou a cabeça para um lado e depois para o outro e sua orelha estremeceu, como se escutando atentamente. Trêmula, ela enfiou a cabeça e os ombros dentro da entrada, e torci para que ela continuasse avançando — fiquei até mesmo tentado a empurrar —, mas ela recuou novamente e sentou sob uma árvore.

Comecei a gemer mais uma vez, e ela novamente cambaleou até a entrada do abrigo e lambeu minha boca, então coloquei a cabeça para dentro, e ela colocou a cabeça e os ombros para dentro comigo. Recuei lentamente. Ela estava com cabeça, pescoço e ombros dentro, e dessa vez apoiei meu ombro no traseiro dela para tentar impedir que recuasse. O barulho dos filhotes chamando era quase ensurdecedor, e, de repente, a pressão sobre meu ombro desapareceu; eu caí para frente e ela desapareceu sob a terra.

Esperei alguns segundos. Ainda podia escutar os filhotes chamando, mas não tinha ideia do que estava acontecendo — ela sairia novamente ou deitaria sobre eles, esmagando-os? O coração estava na minha boca e cruzei todos os dedos. Quando saía do cercado, Helen foi até mim em lágrimas. Ela estava acompanhando pelo monitor.

— O que aconteceu? Cheyenne os comeu? — perguntei.

— Ela está amamentando! — disse Helen, rindo em meio às lágrimas.

Eu só pensei: “Deus do céu.” Esse é o milagre que o lobo é.

31

Forçando os limites

Eu ficara muito excitado com a perspectiva de ensinar Helen a interagir com os lobos e de ela se tornar parte do meu mundo; e gostava das ideias por trás do documentário. Seria uma grande demonstração do trabalho de pesquisa que estávamos fazendo. Mas não estava me enganando; sabia que Helen tinha uma montanha enorme para escalar. Ela teria de aprender em semanas o que eu levara anos para descobrir, e muito do que me mantinha a salvo com aquelas criaturas era minha experiência. Ao esperar que aquilo funcionasse — esperar que a alcateia fosse levada a pensar que Helen tinha mais experiência no mundo deles do que eles mesmos —, eu estava forçando todos os limites. Embora tivesse passado a vida forçando limites e fazendo coisas que o senso comum me dizia ser tolice, sempre havia sido o *meu* pescoço que eu havia arriscado. Daquela vez era o pescoço da mulher que eu amava — e, se fosse capaz de voltar no tempo e ter aqueles meses de volta, nunca teria feito aquilo.

Durante os meses de filmagem, tive um vislumbre da ansiedade que Helen sofria em todo o nosso tempo juntos. Todo dia ela ficava doente de preocupação com o estado em que eu estaria no final dele, sem saber se estaria cortado, mordido ou sangrando e precisando de curativos, ou mesmo levado para a emergência para levar pontos. Eu sofria concussões constantemente. Quando recebia um golpe realmente forte na cabeça — do tipo que me deixava zonzo e vendo estrelas —, cerca de uma hora depois acordava de repente e encontrava Helen acima de mim, pálida, perguntando se estava tudo bem. Ela me dizia que eu ficara inconsciente durante dez minutos. E muitas vezes eu urinava sangue.

E nós havíamos trocado de papel, e ambos achávamos isso enervante. Passei a ser aquele que vivia aterrorizado com algo dar errado. Era ela quem enfrentava a interação diária, e, embora eu ficasse no cercado com ela a maior parte do tempo e garantisse que não havia perigo, sabia que estava blefando. Estava dizendo a ela para deitar no chão de costas e expor a garganta e o ventre vulneráveis. Eu não podia garantir que um daqueles lobos não iria acidentalmente morder forte demais ou furar uma veia com os caninos. Se ele perfurasse uma das grandes veias no pescoço, ela estaria morta em segundos.

No começo eu estava bastante confiante, e inicialmente as coisas deram certo. Meu plano era apresentar Helen aos lobos em estágios. Primeiramente ela conheceu Cheyenne sozinha, pois, a não ser que ela aceitasse Helen, toda a experiência estaria encerrada; e os primeiros encontros pareceram promissores. Helen tinha de demonstrar respeito por Cheyenne como um membro do grupo de posição superior, e ela fez tudo que eu lhe incutira. Depois conheceu os machos jovens, Nanoose, Nataa e Tejas. Teve de convencê-los de que ocupava uma posição superior à deles, o que era um desafio maior. Eles eram como adolescentes selvagens, procurando briga, e ela ficou muito assustada, mas conseguiu se conter com eles e no final do dia todos uivaram juntos para consolidar a relação. Os lobos com os quais ela realmente teria trabalho seriam os pais ansiosos: Yana, Tamaska e Matsi. Para ter sucesso, ela precisava ser aceita pela alcateia inteira.

Então aconteceu algo que me deu um choque de realidade. Eu levara uma carcaça de cervo para dentro do cercado. Helen estivera me ajudando a alimentar os animais, mas não entrara comigo.

Estava do lado de fora conversando com um voluntário. O nível de energia do grupo era alto; acho que devia haver na área uma cadela no cio que se aproximara do cercado. O que quer que fosse, o clima entre eles era muito tenso — quase explosivo. A hora da comida é sempre muito barulhenta, com todos os lobos rosnando, batendo os dentes e defendendo seus lugares na carcaça. Para alguém não familiarizado com a cena, era como se eles fossem matar uns aos outros, mas não era isso. É o tipo de situação em que o latido é pior que a mordida. Até deixar de ser.

Eu estava no meu lugar habitual na carcaça entre Tamaska e Yana; ambos estavam rosnando e mostrando os dentes enquanto rasgavam a pele e os ligamentos. Eu rosnava enquanto arrancava meu pedaço, deixando claro a todos que aquilo era meu, quando de repente recuei e ergui a cabeça. Uma fração de segundo depois Tamaska e Yana avançaram um no outro; suas mandíbulas travaram e seus corpos se tornaram uma bola de pelo preto e castanho que girava. Se eu não houvesse tirado a cabeça naquele instante teria ficado no meio daquilo, e alguns dos piores ferimentos que sofri ao longo dos anos foram de ser apanhado em fogo cruzado.

Helen assistira com horror crescente. Queria saber como eu descobrira que tal violência estava prestes a eclodir, e queria que a ensinasse a reconhecer para que estivesse preparada quando estivesse lá sozinha. Fiquei nauseado. Era instintivo e fruto de anos de experiência. Não era algo que pudesse ensinar a ela nem algo que pudesse fazer por ela. E naquele momento me dei conta de que estava fazendo Helen passar por algo arriscado demais. Eu pensara que sabia o bastante para mantê-la em segurança, mas naquele momento percebi que não. Sempre acreditei que Steve Irwin, o australiano especialista em vida selvagem conhecido como Caçador de Crocodilos, havia sido morto por se permitir sair de seu campo de especialização. Ele foi morto pelo ferrão de uma arraia quando filmava na Grande Barreira de Corais. Eu tinha muita admiração por Irwin, mas a especialidade dele eram crocodilos, e achei perigoso quando ele sentiu a tentação ou foi persuadido a sair de seu campo de especialização. Eu me lembro de tê-lo visto na televisão enquanto a esposa brincava com dingos na Ilha Fraser, mas, pelo que sabia, ele não entendia nada de cães — ele estava fora do seu ambiente, mas fazia isso pelas exigências da televisão. Eu podia ver que um dos dingos estava prestes a morder, e um momento depois ele mordeu a esposa; Helen, que assistia comigo, perguntou: "Como você sabia que ele iria fazer aquilo?" Eu não soube responder. Era apenas uma sensação fruto de anos de experiência com essas criaturas. Televisão ou não, eu estava jogando com a vida de Helen, e precisava jogar em segurança.

Houve outros momentos durante as filmagens em que pensei ter cometido um grande erro. Eu estava sempre dividido entre fazer o que sabia que seria um grande programa, o que era importante, e o que sabia ser seguro para Helen. Algumas vezes eu a embosquei. Ela estava aterrorizada de conhecer os garotos mais velhos; isso foi crescendo dentro dela até explodir de forma desproporcionada. Eu sabia que se dissesse antecipadamente que planejara apresentá-la a Matsi em dois dias ela não comeria nem pregaria o olho. Ficaria em tal estado que entraria no cercado cheirando como uma pessoa diferente e dando todos os sinais errados. Matsi é provavelmente o mais imprevisível dos lobos da alcateia, porque seu trabalho como testador é revelar fraquezas. Se ele identifica a menor hesitação em outro lobo, ou em uma pessoa, alerta o alfa, que envia o beta, o valentão, para lidar com o problema.

Então fiz uma surpresa a Helen. A confiança dela estava no auge, tendo conseguido lidar bem com os três adolescentes, e Matsi estava de bom humor. Eu passara algumas horas com ele naquela manhã, e ele estava calmo e relaxado. Ele encontrara Helen do outro lado da cerca muitas vezes, portanto tinha muita informação sobre ela. Era um belo dia sereno. Tudo pressagiava um encontro bem-sucedido. Eu só precisava de uma mentirinha. Disse que iríamos encontrar novamente os mais novos; quando ela viu Matsi no cercado principal com eles, entrou em pânico. Eu disse que ela só tinha de deixar algum cheiro para que ele a conhecesse primeiro por intermédio disso. Ela disse com um toque de histeria na voz: "Mas e se Matsi me atacar?" Eu menti: "Não vai, porque a equipe de gravação também estará no cercado com todo o seu equipamento e ele ficará nervoso demais." Eu sabia que ele iria até ela em linha reta, mas apostava que assim que estivesse lá ela lidaria com ele, como lidara com os outros. Eu já havia percebido que sua tendência era entrar em pânico algumas horas antes de um acontecimento, mas ser fria como um pepino quando no meio da crise. Ademais, eu estaria lá com ela e não deixaria as coisas irem longe demais.

Quando Matsi foi na direção dela, pude ver lágrimas surgindo nos seus olhos e o lábio inferior começar a tremer. Aquele era o primeiro lobo que ela realmente temia conhecer. Matsi não apenas era um macho adulto grande, pesado e completamente crescido, como tinha uma reputação, e Helen ouvira as histórias. Pouco antes tinha havido um acidente no parque. Matsi arrancara toda a carne dos dedos de alguém. A vítima era uma integrante da equipe, e o que ela fizera era completamente irregular, mas algumas vezes as pessoas mais experientes podem avaliar os animais e tirar conclusões erradas. Ela colocara dois dedos através da cerca para fazer carinho em Matsi, achando equivocadamente que era outro lobo, mais dócil.

Sendo o testador, Matsi se virara e agarrara os dedos da garota com a boca. Ela começou a gritar com ele e tentou puxar os dedos, momento em que ele apertou os dentes e puxou, raspando-os até o osso. Eu não contara a história a Helen para assustá-la, mas para lembrar que, embora aquelas criaturas estivessem enjauladas, ainda eram animais selvagens, e nunca se podia ficar despreocupado perto deles. Eles vivem o momento, e não se pode considerar nada garantido. Você só é tão bom quanto o último momento em que esteve com eles. Não importa que tenha dado mamadeira a eles; aquilo foi antes, isso é agora, e, a não ser que consiga provar seu valor a eles toda vez que os encontra, você tem problemas. Lobos não são sentimentais.

"Não ouse!", eu disse a ela com firmeza quando começou a perder a compostura. Ela olhou para mim e trincou os dentes do jeito que fazia quando eu sabia que estava irritada. Pensei: ótimo, que me odeie se for necessário, apenas não desmorone na frente de Matsi. Meu palpite foi correto. Matsi saltou sobre ela, mas ela permaneceu absolutamente calma e se segurou, e, depois de investigá-la completamente, o testador da matilha se virou e foi embora. O alívio no rosto de Helen era óbvio, e dei um suspiro de alívio. Não gosto de apostar em resultados.

Momentos depois fui lançado no ar pelos três adolescentes, que se jogaram sobre mim. Eles estavam em meio a uma luta furiosa, e eu não estivera observando com suficiente cuidado. Estava em minha posição habitual, agachado, e foi minha cabeça que recebeu o golpe. Tudo ficou preto por um segundo, depois vi estrelas e me senti como se houvesse sido atingido por um trem. Além de praticamente me nocautear, o golpe soltara meu microfone, então tive de deixar o cercado rapidamente para que o engenheiro de som o prendesse novamente. Enquanto estava fora, Matsi foi na direção de Helen. Eu estava impotente para ajudar.

Vê-la com as mandíbulas de Matsi fechadas sobre sua garganta foi, sem exceção, o momento mais aterrorizante da minha vida. Não que não confiasse em Matsi. Tinha absoluta fé nele. Não confiava era que Helen mantivesse a calma. Se aquela integrante da equipe tivesse mantido a calma e ficado em silêncio e imóvel quando Matsi pegou os dedos com a boca, ele os soltaria sem machucá-la. O dano que ele provocou foi terrível, mas foram apenas dedos; naquele momento Matsi tinha os dentes ao redor do pescoço de Helen. Se ela gritasse ou tentasse se afastar — se movesse um músculo — ele faria exatamente o que fizera com a integrante da equipe, mas as consequências seriam inteiramente diferentes. Helen estaria morta.

Meu maior medo em todo aquele exercício eram as reações de Helen. Ela é *a* pessoa mais emocional que já conheci, e tentar fazer com que desligasse suas emoções era a lição mais importante que eu tinha de lhe ensinar naquele período — a mais difícil. Eu via repetidamente os sinais dentro do cercado. Havia uma pequena área entre os portões duplos do cercado onde ela se preparava antes de entrar com os lobos, e eu podia acompanhar a transformação que se processava, com ela passando da Helen emocional para a Helen da alcateia. Eu sempre tinha de esperar aquela mudança, quando ela dizia "Certo, vai", e então, quando abria o segundo portão, eu costumava dizer a ela: "Esqueça humano; pense lobo!" Era muito difícil para ela, e eu sentia um enorme orgulho da forma como ela conseguia se controlar, mas no minuto em que saíamos por aquele primeiro portão ela irrompia em lágrimas, ria, ou produzia uma mistura dos dois, e tudo que ela havia contido saía aos borbotões.

Ela ficou imóvel. E a expressão de puro medo no rosto dela ainda me assombra. Impotente para ajudar, fiquei junto à cerca do lado de fora, e, tentando manter a calma, disse a ela para não se mover. Pela graça de Deus, ela escutou; confiou em mim e não entrou em pânico. E, tendo segurado a garganta dela pelo que pareceu uma eternidade, mas que na realidade provavelmente não passou de um minuto, Matsi a soltou. Estranhamente, a despeito do medo, Helen não se deu conta de como a situação havia sido séria até ver a expressão no meu rosto. Foi o que realmente a perturbou. Mas ela passara no teste; Matsi a aprovara, e, a despeito dos meus temores, ele e Helen estabeleceram uma ligação inacreditavelmente forte; eles eram tipos parecidos — ambos profundamente desconfiados e lentos para confiar. O problema seguinte era Tamaska.

32

Colapso

O encontro entre Tamaska e Helen nunca aconteceu. Ela chegara a um ponto de completa exaustão. No início nós havíamos concordado em gravar dois ou três dias por semana, o que, considerando tudo o que estava acontecendo em nossas vidas, era factível, mas com o passar do tempo o Animal Planet começou a pressionar para antecipar a série. Essa pressão pressionou a Tigress, que por sua vez começou a nos pressionar. Eles estavam produzindo material para 12 programas de meia hora na América do Norte e dois documentários de duas horas para o Channel Five no Reino Unido. Isso correspondia a centenas de horas de gravação, e precisavam da nossa participação na maioria delas.

Nosso compromisso com gravações aumentou para seis e às vezes sete dias por semana. Começávamos às 7h30 e com frequência ainda continuávamos gravando até 21h30, momento em que estávamos arrasados. As gravações produziam outras pressões em Helen. Fazer um curso rápido para se tornar uma babá loba significava uma total mudança de vida para ela. Ela já se acostumara a viver em uma caixa de sapato, mas então tivera de mudar sua dieta. Como a maioria das pessoas, ela gostava de comidas como pizza, macarrão e hambúrgueres, e adorava bolos e doces. Não era apaixonada por fígado e não conseguia engolir rim. De modo a ter um cheiro aceitável para a alcateia, ela tinha de comer o que um lobo de alta posição comia — e isso significava fígado, rins e coração, bem como carne de boa qualidade e vegetais crus. Mais ainda, tinha de mastigar aquelas vísceras parcialmente cozidas para poder regurgitar para Cheyenne e os filhotes. E não podia sequer se alegrar com uma bebida.

Outra grande mudança: tinha de se exercitar na academia para aumentar sua força física. Eu a obriguei a fazer levantamento de peso, flexões e abdominais, além de usar a esteira. Ela odiava; nunca fizera esse tipo de exercício na vida, mas era vital que fizesse. Tinha de ser capaz de se garantir contra os lobos, para sua própria segurança. Eu era forte, mas mesmo assim tinha de me exercitar, e corria todos os dias para manter minha resistência, como sempre fiz e ainda faço. Sem essa forma física, você não tem chances em uma luta com um lobo de 60 quilos que é exclusivamente dentes e músculos; e, por mais que eu estivesse em forma, não havia garantia de que um dia um deles não iria partir meu pescoço.

Nossa programação já seria exaustiva mesmo que só tivéssemos de nos concentrar nas gravações, mas não era assim. As gravações eram um acréscimo ao nosso trabalho diário normal. Eu ainda tinha de fazer o que antes tomava todo o meu tempo. Tinha de cuidar dos lobos, verificar as cercas do perímetro duas vezes por dia e manter uma ligação com todos eles — incluindo os lobos europeus, que não estavam sendo filmados. Ainda tinha de enriquecer a vida deles com gravações de outras alcateias, alimentá-los a intervalos regulares e organizar entregas de carcaças, e ainda tinha de cumprir meus compromissos com Bob Butcher. A gravação perturbou a temporada mais movimentada do parque, e ele estava aumentando a pressão para que eu encontrasse e saudasse os visitantes, muitos dos quais haviam me visto na televisão e iam para lá esperando que eu fizesse uma palestra e desse minha demonstração habitual. Eu não via meus filhos havia 12 meses, e me sentia cada vez mais desconfortável. Jan e eu estávamos disputando a guarda na justiça. Enquanto isso, eu e Helen levávamos a vida a 120 por hora; tínhamos dias de 16 a 17 horas, e isso era demais. Não nos deixava tempo um para o outro, para conversar. Também não podíamos fugir um do outro, e não havia vida fora do que fazíamos. Isso era um inacreditável estresse para nós e nossa relação. Sentíamos como estivéssemos escorregando para um abismo. Algo tinha de ser cortado.

Devíamos estar no quarto final das gravações quando as rachaduras começaram a aparecer. Helen estava se preparando para conhecer Tamaska, o repressor, e sabia que esse era o problema. Matsi, o testador, era ardiloso, mas o testador não disciplina. Seu trabalho é simplesmente destacar seus fracassos para os outros animais. Apenas se você entra em pânico ele reage, e é quando surgem o perigo e os riscos de vida com ele. O encontro com Yana, o tomador de decisões, tinha seus próprios desafios, como Helen descobriu, e ela teve de demonstrar para com ele o respeito que o chefe merece, mas ele nunca seria a maior ameaça. Como macho alfa, ele se preservava e mais provavelmente sempre ameaçaria Helen mais com a voz e a postura — e chamaria outro membro do grupo para fazer o trabalho.

Tamaska era quem fazia o trabalho. Era com ele que ela não podia se permitir cometer um erro, porque ele não perdoava. Segundo as regras da alcateia, ele tinha o direito, e certamente o poder, de aplicar qualquer disciplina necessária, e eu não tinha direito de interferir. Se ele avançasse em Helen, a única esperança que eu teria de salvá-la seria distraindo-o momentaneamente, fazendo com que ele me escolhesse. Isso daria a ela alguns segundos para fugir do cercado, mas não mais. Eu teria de agarrá-lo, que era contra tudo o que eu acreditava sobre aqueles animais, e receber suas mordidas, que seriam graves e provavelmente fatais. Quanto mais observava Helen, menos confiança sentia em sua capacidade de lidar com essa apresentação final. Estava começando a ficar preocupado. Ela parecia mais cansada e pressionada a cada dia. A dieta, os exercícios e a pressão emocional — tudo a estava forçando e cobrando seu preço.

Aquilo me lembrou o treinamento de comando pelo qual eu havia passado. Qualquer um em boa forma física podia passar facilmente por um dos testes que fazíamos, mas quando eles aconteciam todos os dias, algumas vezes duas vezes por dia, em um período de oito a dez semanas, como estávamos fazendo, as rachaduras começavam a aparecer, e era o que acontecia com Helen. O esforço físico e mental de seus dias com os lobos, somado ao que acontecia emocionalmente entre nós, era demais, e pouco antes de se encontrar com Tamaska ela desmoronou.

Não consigo lembrar qual foi o incidente específico que deflagrou a crise. Foi algo bobo e irrelevante, como eu ter ou não dado descarga no sanitário ou lembrado de comprar leite no mercado. O que quer que tenha sido, como Helen disse, foi a gota que fez o copo transbordar. Tudo havia se acumulado, e precisávamos de uma pausa. Não acho que qualquer dos dois achou que fosse permanente; ela disse que apenas precisava se afastar dos lobos e de tudo o que vinha com eles. Embora estivéssemos juntos e ela fizesse parte da minha vida havia quase três anos, ainda víamos o mundo de forma diferente. O modo que ela tinha de lidar com o que havia acontecido era retomar a vida normal; a minha era voltar para os lobos. Ambos voltamos para os mundos que conhecíamos. Eu sentia como se estivéssemos em um comprido túnel escuro e cada fonte de luz no final dele houvesse sido bloqueada. Nós havíamos tido brigas maiores do que aquela, e superado. Aquela não foi sequer uma briga. Apenas uma discussão que não podia ser resolvida. Helen foi para a cama e eu dormi no sofá, e, quando as coisas não estavam melhores na manhã seguinte, chegamos à conclusão de que precisávamos de uma pausa e de um pouco de espaço.

Era setembro. Estávamos gravando havia mais de sete meses, e ainda tínhamos várias semanas e, claro, um contrato. Mas não havia como fazer nada naquele dia, e quando a equipe de gravação chegou, pronta para trabalhar como sempre, dissemos a eles que as coisas haviam desmoronado e não podíamos trabalhar. Eu precisava sair do trailer, então os deixei e fui para a cidade. Quando voltei, a equipe havia desaparecido, assim como Helen. Depois ela me enviou uma mensagem de texto dizendo que não podia voltar para o trailer; tinha de sair.

Naquela época, descobri o horror do mundo das celebridades. Quando os americanos souberam da separação, sua solução foi apontar câmeras para os dois o mais rapidamente possível, esticar um microfone e perguntar como nos sentíamos — o que, considerando como nos sentíamos, era a última coisa que queríamos. A Tigress foi nos salvar. Àquela altura eles eram bons amigos — havíamos passado por muita coisa juntos —, e a atitude deles foi: pode ser assim que vocês agem nos Estados Unidos, mas não é como fazemos as coisas aqui. Esses caras precisam de um tempo para resolver seus problemas, e, quando tiverem feito isso, nós voltamos ao trabalho. Não acho que o Animal Planet tenha gostado de ouvir isso — eles pareciam adorar o elemento novelesco de nossas vidas —, mas sem aquela pausa para respirar acho que não teríamos conseguido continuar. Ganhamos uma semana.

Depois Helen me disse que aqueles foram os piores dias da sua vida; ela não sabia como iria superar. Eles também foram insuportáveis para mim, porque busquei consolo com os lobos, achando que ficaria confortável com eles sob a proteção da noite. Depois que ela saiu passei todas as noites com eles no cercado, mas eles sentiam falta dela tanto quanto eu. Eles a chamaram a noite inteira, um assombroso grito de causar arrepios pelo membro perdido da alcateia, um chamado de reunião para mostrar a ela o caminho de casa. Eu ansiava para que sua resposta viesse do outro lado do vale, como um dia havia sido, mas não houve nada; apenas o silêncio. Eles chamaram assim durante cinco noites, e pouco a pouco isso partiu meu coração. Eu a queria de volta. Não conseguia encarar a ideia de um futuro sem ela. Ela me mostrara um mundo que eu não sabia existir, um mundo de amor e riso, um mundo que Helen habitava. Um mundo do qual eu queria fazer parte, mas ela fechara a porta para ele.

Helen e eu não nos falamos nesse período, mas Kath Moore entrou em contato com ambos separadamente, e concordamos em deixar a Tigress filmar nossa separação. Eles concluiriam a série do Animal Planet acompanhando Helen em sua jornada para uma nova vida e me mostrariam, e meu futuro, mais uma vez sozinho com os lobos. Isso era suficientemente difícil para mim, mas o pior era ter de gravar passagens juntos. As gravações nem sempre são feitas em sequência, e havia cenas que precisávamos fazer juntos para serem encaixadas no período anterior à nossa separação que já havia sido gravado. Fingir ser um casal para as câmeras foi a coisa mais difícil que eu já havia feito. Foi uma agonia para ambos.

Aquilo de que mais precisávamos era de tempo para lidar com o que havia acontecido. Talvez um dia pudéssemos resgatar algo da relação, talvez pudéssemos ser amigos, mas não saberíamos até termos tempo de refletir e curar as feridas. Mas não pudemos nos dar esse luxo. O contrato de gravação que no início parecera tão excitante se transformara em um terrível pesadelo, e nos obrigava a ficar juntos.

E não havia acabado. O contrato também nos obrigava a fazer divulgação. Tivemos de viajar para os Estados Unidos juntos para promover o lançamento de *Living with the Wolfman*. Assim, quando finalmente tivemos uma pausa das gravações como casal feliz, poucas semanas depois estávamos juntos rindo e brincando um com o outro nos sofás dos principais programas de entrevistas de Nova York. Mais uma vez, tudo fingimento. Helen tinha de falar alegremente sobre o prazer de viver com o homem-lobo, e eu tinha de uivar e rosnar, e em geral divertir a plateia. O Animal Planet decidira que manteria nossa separação em segredo. Isso seria revelado no último programa, e eles pretendiam que fosse um gancho para uma segunda temporada. A separação seria permanente ou conseguiríamos solucionar nossas diferenças? Parecia que nossos corações partidos estavam sendo usados para aumentar a audiência.

Nossa visita anterior a Nova York havia sido muito feliz. Aquela não podia ser menos. Foi um período maluco para nós — e perturbador. Acho que na verdade nenhum de nós queria viver sem o outro, mas simplesmente não víamos um modo de estar juntos e fazer isso funcionar. Fomos levados ao aeroporto em carros separados, embora estivéssemos a poucos quilômetros de distância. Viajamos separados no avião, ficamos em quartos separados e vivíamos vidas separadas, mas conversávamos juntos em sofás de estúdios de televisão como se fôssemos inseparáveis. Voltar e ver todos os velhos lugares da visita anterior e lembrar da diversão e do riso era inacreditavelmente doloroso. Foi mais difícil que qualquer coisa com a qual tive de lidar na natureza. A luta pela sobrevivência, a dor física, as mordidas, os cortes e golpes na cabeça e em outras partes do meu corpo não foram nada comparados à dor que então sentia. Em todos aqueles anos eu escondera minhas emoções. E lá estavam elas então, nuas. Eu não conseguia ver uma saída.

Todo dia era uma batalha para levantar, e eu tinha de lembrar a mim mesmo de respirar fundo. Eu estava mais deprimido do que nunca, e minha emoção teve um enorme impacto nos lobos. Eles nunca haviam me visto demonstrar tanta emoção, e eu me preocupava em como eles iriam reagir. Mas foram eles que me fizeram superar. Eles haviam chamado, mas quando não havia mais esperança de resposta pararam de chamar e começaram a reestruturar a alcateia. Eles haviam chorado sua perda, Helen, mas a vida continuava. Se a alcateia não podia recrutar, tinha de se reestruturar; todos tínhamos de seguir em frente.

Certa manhã, pouco depois de voltarmos de Nova York, fui surpreendido com uma ligação de Helen para meu celular. Ela perguntou se eu poderia levar seus cachorros para passear. "Por quê? O que aconteceu?", perguntei. Sua voz soava estranha, e ela disse que não conseguia sair da cama. Fui imediatamente para lá e fiquei chocado ao vê-la. Parecia uma casca vazia, e enquanto falávamos ela parecia devanear — num instante estava comigo e no outro estava longe em seu próprio mundo. Eu não sabia o que estava acontecendo nem o que fazer. Nunca passara por nada como aquilo; aquela deitada na cama não era a Helen que eu conhecia. Era uma completa estranha, e aquilo era muito assustador. Cuidei dos cães e depois telefonei para a equipe de gravação. Ainda estávamos filmando os últimos episódios da série americana. Disse: "Não há a menor chance de Helen conseguir gravar hoje." Eu disse que veria como ela estaria na manhã seguinte. Eles disseram que não podiam continuar a perder dias de filmagem. Custava dinheiro. O Animal Planet estava pressionando. Os dois primeiros episódios haviam sido exibidos, e eles estavam ficando sem tempo. Disseram que eu tinha de resolver aquilo ou chamar um médico.

Retrospectivamente, foi a melhor coisa que eles poderiam ter dito. Consegui levar Helen a uma clínica, e o médico a examinou e a encaminhou a um especialista no hospital. O diagnóstico foi de completa exaustão física e mental: seu sistema havia desligado.

Helen passou dois meses sem sair da cama. Mesmo as menores atividades a exauriam. Eu fazia os trabalhos pesados para ela, mas fora isso mantinha distância. Não era a pessoa certa para cuidar dela; sabia que, se ficasse por perto, só pioraria tudo. Ademais, ainda tinha gravações a fazer e os lobos para cuidar, então Jude ocupou esse espaço. Elas haviam se tornado boas amigas, e, como trabalhava no parque, podia atuar como intermediária entre mim e Helen, e me avisaria de qualquer coisa de que precisasse.

Os últimos dias de gravação foram muito difíceis. Helen havia feito sua última aparição — estava jogada na cama e não iria para lugar nenhum —, então a Tigress teve de usar imagens dela já gravadas para concluir os últimos programas. Eu estava preocupado com Helen, e, de minha parte, simplesmente me segurando, existindo, mas no momento tempo era fundamental. Havíamos forçado a Tigress e o Animal Planet até o limite emocional e financeiro, mas, graças a todo mundo trabalhar junto e conseguir tirar o melhor da situação, superamos — tínhamos a série e os dois documentários de uma hora para o Reino Unido prontos. De repente, após dez meses de pressão, de dias longos e equipamentos de gravação enchendo o trailer, tudo havia terminado. O Natal estava chegando, e eu estava só.

Eu havia recebido um convite de amigos que administravam um dos *pubs* da cidade, mas antes de tudo festejei com os lobos. Um negociante de perus havia entregado um conjunto de aves abaixo do padrão que não conseguira vender, e eles foram o presente de Natal dos rapazes. O único problema é que não haviam sido depenados, e o cercado estava muito enlameado naquele dia. Os filhotes nunca haviam visto perus, e ficaram loucos, fazendo-os em pedaços e espalhando penas brancas por toda parte. Quando saí, com apenas trinta ou quarenta minutos para me arrumar, estava tão sujo que parecia ter sido coberto de piche e penas.

Eu não tinha água quente no trailer havia meses, então usei a mangueira, tentando parecer suficientemente respeitável para sair e pensando, no dia de Natal, aos 43 anos de idade, que minha vida tinha de mudar.

A decisão de sair foi um erro. Eu concordara achando que seria bom me afastar um pouco do trailer, mas foi desastroso. Helen e eu havíamos ido muitas vezes juntos ao *pub*, então ele trouxe de volta lembranças dolorosas, e todas as outras mesas eram ocupadas por casais. Eles riam, brincavam, faziam barulho e se divertiam. E eu estava sentado em uma mesa para um, me sentindo pior que nunca.

33

Eu tenho um sonho

Com a ajuda de um terapeuta aprendi muito sobre mim mesmo nos meses seguintes. Os Nez Percé haviam dito que eu vivia entre dois mundos, mas me dei conta de que passara tanto tempo com os lobos no mundo deles que quase esquecera como ser humano. Meu objetivo havia sido preencher a distância entre esses dois mundos, tentar conseguir aceitação para os lobos em uma sociedade que não os queria nem entendia a importância que eles têm para garantir o equilíbrio e a prosperidade da natureza. Mas, como dizem os nativos americanos, é inútil ser capaz de falar pelo lobo se você não consegue se comunicar com as pessoas que precisam escutá-lo. Eu esquecera como fazer isso. Estava tão próximo dos lobos que perdera a noção de por que fazia aquilo. Para fazer diferença no mundo deles eu tinha de voltar a colocar um pé no nosso.

Helen e eu havíamos forçado demais com as gravações, e isso colocara uma pressão insuportável em ambos, mas eu sabia que o verdadeiro motivo do rompimento, e possivelmente mesmo do colapso de Helen, era eu. Ela adorava os lobos; era quase tão apaixonada por eles quanto eu, e não piscava na hora de arrastar carcaças ou arrancar cabeças e cascos dos bezerros que vinham do abatedouro. (Podemos dar ovelhas e cervos inteiros, mas desde a crise do mal da vaca louca [encefalopatia espongiforme bovina] nos anos 1980, não podemos dar aos lobos cabeças ou cascos.) É o que eu adorava em Helen: o fato de que não tinha frescuras nem se importava de ficar suja. Acho que ela não se importava nem mesmo de morar no trailer com coelhos mortos sendo jogados no teto do meio da noite por Derek, o homem do abatedouro, após suas expedições de caça. Sempre que perguntava por que fazia aquilo, ele dizia que esperava um dia ver Helen do lado de fora de camisola. Acho que ela não se incomodava em abrir mão dos confortos a que estava acostumada. Ela se incomodava com minha incapacidade de me entregar plenamente.

Eu estivera fisicamente com Helen nos anos em que vivemos juntos, mas mentalmente sempre estivera no cercado com os lobos. Um era um mundo despido de emoções; o outro era repleto delas. Eu sabia que desligava minhas emoções quando estava no mundo dos lobos, mas sempre achara que as ligava novamente quando subia a trilha para o trailer. Ficou claro para mim que não. Na realidade, nunca deixei a floresta, e me dei conta de que, se quisesse ter relacionamentos humanos no futuro, fosse com Helen, meus filhos ou qualquer outro, precisaria voltar para o mundo humano.

Eu também me tornara obsessivo. Não conseguia separar os perigos que sabia existir no mundo dos lobos, onde a vida é uma constante luta pela sobrevivência, dos perigos que identificava no mundo humano. Era como um veterano do Vietnã ou alguém sofrendo de transtorno de estresse pós-traumático. Quando Helen e eu passávamos o dia com Arran, agia como um lobo macho protegendo a alcateia. Via perigos em toda parte, mesmo caminhando pelas ruas de Barnstable, a cidade comercial da região. Nunca relaxava até estar de volta à zona de segurança do lar. E não aproveitava os passeios que fazíamos ao parque, ao zoológico ou à praia porque estava sempre no limite, com medo de que um deles fosse para a beira da água sem mim ou corresse e brincasse na areia. Era como um collie desorientado que precisava juntar todo mundo o tempo todo para ter a certeza de que estavam seguros. Tinha um medo mórbido de não estar lá quando o perigo se apresentasse, o que no mundo animal é o maior crime que um protetor pode cometer, porque ameaça toda a alcateia. Quando Helen saía, eu sempre precisava saber para onde iria e quando voltaria, e acho que ela não suportava mais isso.

Meu mundo eram os lobos, eu a levara para ele e quase a sufocara. Eu não tinha outras necessidades, Helen tinha, e eu não reconhecera isso. Ela precisava levar uma vida muito mais normal do que eu; precisava sair, ver amigos, fazer compras, ir ao salão de beleza de tempos em tempos, fazer a sobrancelha ou pintar as unhas. Queria dormir de vez em quando, mas eu levantava antes do amanhecer todo dia para poder correr e encontrar o sol nascente como os Nez Percé faziam. Helen era o amor da minha vida. Quando menino, sempre tivera o sonho romântico de que um dia alguém me faria perder o fôlego, e, quando isso não aconteceu, me preocupei com algo diferente. Finalmente Helen aparecera, e eu estivera tão desesperado para ficar com ela e protegê-la que quase matara nossa relação.

Enquanto ela descansava e o novo ano começava, gradualmente ela ficou mais forte, e eventualmente me mandava textos. Havia várias coisas que precisávamos conversar e resolver. Havia questões financeiras e também as coisas que deixara no trailer, incluindo roupas, que eu tinha de devolver, e ela estava com uma mala com coisas minhas de quando viajamos juntos pela última vez. Certo dia ela telefonou. Tinha um problema com um dos cachorros e pediu meu conselho. No final do telefonema eu disse: "Se precisar do disque-cão 24 horas novamente, é só gritar", esperando que entendesse a mensagem, que entendeu. Depois ela teve uma longa conversa com a mãe, falando sobre o que ainda sentia por mim e dizendo que esperava que houvesse algum modo de resolvermos nossos problemas. Também falou com Arran, que a encorajou.

Nós nos encontramos novamente no começo de fevereiro e tomamos um café juntos. Helen também fizera terapia. Passamos o tempo analisando o que dera errado entre nós, identificando o que fizera a panela de pressão explodir, e chegamos à conclusão de que, embora partilhássemos um interesse por lobos e um desejo de entendê-los e ajudá-los, não deixávamos tempo para nossas necessidades pessoais. Voltamos a isso em encontros posteriores, reconhecemos que, embora levássemos vidas anormais, éramos pessoas normais — com Helen sendo mais normal que eu — e tínhamos necessidades normais.

Ainda está no começo; Helen conseguiu um emprego no Serviço Nacional de Saúde, aluga uma casinha em Barnstable e vê os amigos mais do que quando estávamos juntos. Conversamos todo dia e nos vemos sempre que possível, mas ambos sabemos que seria um erro voltar ao ponto em que estávamos. Estamos cuidando de todo o resto, mas espero que um dia estejamos juntos novamente. Após uma longa batalha judicial pela guarda, hoje vejo meus filhos em fins de semana alternados, e, como queria ter algo melhor que um trailer para onde levá-los, alugo uma pequena cabana. Cansei daquele tipo de vida.

Entrei novamente em contato com minha mãe, e um dia a trarei para Devon. Voltei recentemente a Norfolk para enfrentar meus medos e descobri que era mais fácil lidar com eles do que esperara. Também visitei os túmulos dos meus avós no cemitério da igreja em Great Massingham, e me dei conta de como era equivocada minha lembrança de quando haviam morrido. Visitei antigos amigos e, pela primeira vez, consegui ver minha infância pelos olhos da minha mãe, imaginando como a vida devia ter sido difícil para ela e quão corajosa havia sido de me criar como mãe solteira naquela época, naquele ambiente. Meu comportamento deve tê-la perturbado e ferido. Ela continua sem me contar quem foi meu pai, mas deve ter suas razões. Um dia eu gostaria de apresentar Kyra, Beth, Jack e Sam à sua meia-irmã, Gemma. Durante todos esses anos eles sequer souberam que ela existia. Também gostaria de conhecer minha filha crescida.

Enquanto isso, meus planos a longo prazo são encontrar uma propriedade para comprar com espaço para os lobos — idealmente

4 mil metros quadrados de floresta por lobo — e dirigir um centro de pesquisa e ensino. Meu sonho é provar que deixar lobos percorrendo a floresta é benéfico para o meio ambiente e, portanto, para a humanidade. Eu levaria naturalistas para identificar a fauna e a flora da floresta antes da chegada dos lobos, depois os convidaria a voltar em três ou quatro anos para ver como ela havia mudado. Acredito que descobriríamos que as presas se tornaram mais saudáveis e aumentaram em número. A presença de predadores em uma região estimula as fêmeas a produzir animais mais fortes e em número maior; e sendo mantidos em movimento eles não devastam uma única área, como atualmente fazem em muitos lugares. A vegetação iria florescer, atraindo para a região pássaros e uma grande variedade de animais selvagens.

Há uma história que os inuit contam sobre quando seus ancestrais começaram a caçar e matar renas, que eles acreditavam vir milagrosamente do mar. Os animais os sustentaram perfeitamente até as pessoas começarem a caçar demais e o rebanho se tornar fraco e doente. Então os inuit rezaram por uma criatura que protegesse as renas e as mantivessem saudáveis, e, dessa vez o que veio do mar foi um lobo. Depois que o lobo havia acabado com os velhos, doentes e feridos, os inuit ficaram com animais fortes e saudáveis para caçar — e mais deles. Claro que nenhum animal vinha do mar. A rena devia ser uma manada migratória, e aonde a presa vai o predador vai atrás, mas depois disso o lobo ganhou aos olhos dos inuit poderes místicos.

Ainda há muita pesquisa a ser feita. Ninguém ainda sabe o que aconteceria caso lobos fossem soltos na natureza no Reino Unido. A Escócia debate uma tentativa de controlar entre dois e três mil cervos usando lobos. Se conseguirmos provar que os lobos criam mais vida do que eliminam — e acredito que podemos — apenas a soltura dos lobos seria inútil. Você teria de soltá-los como parte de um programa muito maior com outros predadores. É preciso pesquisar mais a dieta para aprender exatamente qual o efeito de diferentes fontes de alimentos nesses animais e descobrir o que os lobos selvagens da Polônia conseguem com animais domésticos que não conseguem com as presas naturais. E os seres humanos precisariam ser preparados para ver os lobos novamente percorrendo as florestas. Essa provavelmente é a maior dificuldade: o medo das pessoas, que é baseado em mitos e lendas contados a elas ao longo de séculos. Se eu for à praia com um pastor-alemão, as pessoas ficarão imediatamente assustadas, porque ele parece um lobo. Se levar um terrier, todos pensarão: que bonitinho! O fato é que é mais provável o terrier morder que o pastor-alemão.

Em todas as palestras que fiz em Combe Martin, tentei eliminar as falsidades sobre os lobos nas quais as pessoas acreditam. As crianças precisam aprender como se comportar com eles, permanecer calmas, nunca dar as costas e correr, que é exatamente como elas devem se comportar com cachorros. Tenho um amigo em Devon, Charlie Richardson, que tem um cachorro chamado Saarloos, um cruzamento entre lobo e pastor-alemão. Esses cães parecem lobos e têm muitas das características dos lobos, mas são mais adaptados aos seres humanos. Eles podiam ser apresentados a crianças em vários locais para que elas aprendessem sobre lobos.

Sabemos que os lobos podem se ligar a seres humanos de um modo que muitas vezes nenhum humano consegue — como Zarnesti com a criança deficiente que nunca demonstrara uma emoção. Vi muitas cenas semelhantes ao longo dos anos. Certa vez um homem alto e corpulento foi ao cercado de lobos de Sparkwell. Ele estava com a esposa e três filhos, mas você nunca diria que eles estavam juntos. Ele ficou bem afastado, e, enquanto eu conversava com a família, percebi que ele e Dakota, a loba, haviam entrado em contato. Ela estava olhando para ele através da cerca, e cada movimento que o homem fazia, Dakota reproduzia. Ele se curvou, ela se agachou; ele pulou para um lado, ela pulou — era a primeira vez que eu via um lobo fazer isso. Todos paramos de falar e observamos. Eu então fui chamado, mas quando voltei encontrei a família se abraçando, em lágrimas. Soube que o homem havia sido jogador de rúgbi, em boa forma e atlético, mas pouco antes tivera uma lesão nas costas que significava que nunca mais poderia correr. Sua vida esportiva estava encerrada, e ele sentia que havia perdido a razão de viver. Estava profundamente deprimido e se afastara de tudo, incluindo a família. Ele sempre gostara de animais, e sua família o levara ao parque na esperança de que a visita o animasse. O que quer que tenha acontecido entre ele e Dakota naquela tarde, a loba o trouxe de volta. Em meio às lágrimas, ele se desculpava com a esposa e os filhos e os abraçava como se sua vida dependesse disso.

E estamos começando a aprender, como sempre se suspeitou, que os lobos também podem identificar doenças em humanos. Ao longo dos anos fiz programas de encontros com lobos no parque para as pessoas chegarem mais perto dos lobos que os visitantes habituais. Antes eu sempre pergunto se alguém tem alguma doença ou se há mulheres grávidas ou menstruadas, porque tudo isso pode ter um efeito nos lobos. Se um voluntário entra no cercado resfriado ou com um ferimento, os lobos sabem imediatamente, e seu comportamento é mais desafiador. Centros que têm lobos sociáveis entre os quais o público pode caminhar relatam o mesmo comportamento. Os lobos imediatamente escolhem pessoas que têm algum tipo de fraqueza.

Certo dia Helen levou ao cercado um homem de meia-idade que parecia perfeitamente saudável, a quem haviam sido feitas as perguntas habituais. Quando ele chegou perto da cerca, um dos lobos começou a tentar mordiscar e lamber a mão dele através do arame, não agressivamente, mas de forma obsessiva, como se não conseguisse ficar satisfeito. Aquilo era muito incomum, para não dizer anormal, e olhei para Helen e sussurrei: "Está tudo certo com esse cara?" Ela disse que ele afirmara não ter problema algum, então esqueci o assunto, pensando que o lobo deveria estar apenas em um dia curioso. Quando terminamos, fiquei com os lobos enquanto Helen levava o homem montanha acima; no caminho, ele ficou sem fôlego e começou a ofegar e chiar. Ela perguntou se estava bem e ele disse que não mencionara antes por não achar relevante, mas tinha uma doença no sangue que às vezes o deixava sem fôlego. O sexto sentido deles poderia ser usado.

Outra faceta do meu sonho é ajudar os Nez Percé. O governo dos Estados Unidos não acredita que eles possam administrar a terra. Eu gostaria de levar alguns deles ao Reino Unido para dar a eles a oportunidade de provar que podem, que seus métodos de purificar a terra funcionam, de modo a que um dia eles possam recuperar parte do que no passado foi deles. Poderíamos fazer acampamentos de verão para mostrar às crianças — às futuras gerações — como respeitar e usar a terra, valorizar a natureza e transformar riachos poluídos em riachos puros o bastante para beber deles usando plantas, pedras e animais. Acho que as pessoas têm uma sede crescente de entrar novamente em contato com a terra e descobrir formas naturais de curar o planeta. Eu adoraria participar disso.

Um outro ingrediente importante seriam cursos de adestramento de cães para ajudar as pessoas a compreender as criaturas com as quais partilham suas vidas. Como diz o velho ditado, não existe animal mau, apenas lições ruins, e muito sofrimento é causado pela compra do animal errado e a incapacidade de entendê-lo. Cachorros não são diferentes de lobos, e vi muitos lobos perigosos passarem por centros de resgate. Se você tem um lobo que foi criado de forma errada por humanos, tem um lobisomem moderno. Ele parece um lobo, mas tem todas as características de um bandido indisciplinado e mal-educado.

Esse é o meu sonho. Espero que você partilhe dele.

Lamento que tantos cientistas desaprovem o que tenho feito. Acredito que o medo deles de que eu torne a vida mais perigosa para os lobos, penetrando em uma alcateia selvagem, é infundado. Repetidas vezes durante aqueles dois anos em Idaho, ficou claro que os lobos não baixavam a guarda por me conhecer. Eles não consideravam todos os humanos inofensivos mais do que consideravam todos os lobos benignos. Os filhotes eram ensinados a confiar apenas nas criaturas que eram parte da família. Eles temiam os outros lobos e, da mesma forma, temiam todos os humanos. Eu diria que os benefícios do que fiz superaram em muito os perigos para aquela alcateia. Descobri mais sobre o comportamento e a comunicação dos lobos selvagens comendo, dormindo e vivendo com aqueles animais nas Montanhas Rochosas do que teria conseguido com binóculos, por mais potentes que fossem. Minha esperança é que juntemos nossas descobertas e eu e os cientistas somemos forças.

Todos os lobos com os quais convivi eram lobos que provavelmente entrariam em contato com seres humanos e, portanto, precisavam saber algo sobre o nosso mundo. Eu nunca tentaria me infiltrar em uma alcateia no Ártico ou nas estepes da Rússia, onde não há fazendas ou vilas próximas, nenhum gado para ser atacado e nenhum conflito. Não haveria razão nem justificativa para interferir. Esses lobos não precisam de nós e nós não precisamos deles. Meu interesse em aprender como falar por essa nobre criatura, cuja linguagem ninguém mais parece compreender, é onde os dois mundos entram em choque. Espero que um dia nós, humanos, que perdemos o rumo em muitos sentidos, sejamos capazes de aprender com o animal que um dia caminhou conosco e nos ensinou tanto do que sabíamos sobre sobrevivência, lealdade e família, mas parecemos ter esquecido.

Agradecimentos

Minha família nativa americana acredita que nosso hálito é sagrado. Ele nos liga ao Grande Espírito (Criador). Portanto, nossas palavras são igualmente sagradas e não devem ser usadas levianamente. É importante escolhê-las com cuidado e usá-las sabiamente.

Para honrar minha família nativa americana e as muitas pessoas que contribuíram para este livro, espero ter escolhido minhas palavras sabiamente.

Para começar, Hilary e Katie, da Hilary Knight Management. Por seu apoio e lealdade ao dever, e também por ir acima e além das obrigações de um agente, obrigado.

A Jane Turnbull e Daniel Conaway por seu apoio e ajuda na descoberta da editora certa; a Julia Pastore, da Harmony Books; e Carole Tonkinson e Kate Latham, da HarperCollins; obrigado por demonstrar tanta fé neste livro.

À equipe dedicada e generosa do Wolf Pack Management: Roger Cooke, Linda Cowen, Jude Cross e Wendy Jamieson-Butler. Obrigado, amigos, por seu total apoio. Pode nem sempre ter sido fácil, mas certamente valeu.

A Penny Junor, por colocar meus pensamentos mais íntimos no papel. Sempre acreditei que seria quase impossível transformar minha vida em palavras, recuperar o milagre de viver com lobos por intermédio dos olhos de um homem. Você realmente merece sua reputação entre os autores.

À minha família e a meus amigos, responsáveis por moldar minha infância e fazer de mim a pessoa que sou hoje. Vovô, espero que esteja olhando para mim aqui em baixo e tão orgulhoso de mim quanto sempre fui de você.

À minha mãe. Desculpe por todas as dúvidas ao longo dos anos, não apenas por não reconhecer como deve ter sido difícil para você criar um garoto raivoso e rancoroso, mas também pelos sacrifícios que fez ao longo dos anos. Sei que não consegue falar comigo sobre meu pai, mas espero que no pouco tempo que passaram juntos você tenha amado por toda uma vida.

A meu pai andarilho: senhor, nunca o conheci. Sinto que é uma alma andarilha, e sei que minha mãe o amou por causa da força que encontrou para lidar com sua ausência. Obrigado por sua sabedoria.

À minha família: a meus filhos, obrigado por tornar minha vida completa. Vendo vocês crescerem e assumirem seus lugares neste mundo, sei que ajudarão a devolver seu equilíbrio. Por sorrir em todos os natais e aniversários sem mim e muitas vezes com presentes improvisados. Nunca os ouvi se queixando. Vocês são minha vida!

À minha família de lobos: sempre disse que cada dia com vocês começa e termina com um milagre. Por seus ensinamentos pacientes e por partilharem comigo seus segredos de família. Espero nunca decepcioná-los. Deem a mim sua sabedoria para que eu possa saber como ajudar seus filhos a viver em paz neste mundo.

Finalmente, a Helen: obrigado por sua força, meu anjo. Você sempre acreditou em mim e teve a força para ficar ao meu lado. Sem sua coragem, eu nunca teria sido capaz de dar os passos que dei. Desculpe se a decepcionei. Você e Homenzinho (Arran) estarão para sempre no meu coração e no dos meus filhos.

Índice

Este livro foi composto na tipologia Excelsior Lt Std, em corpo 10/15, e impresso em papel off-white no Sistema Cameron da Divisão Gráfica da Distribuidora Record.